일본어문장 트레이닝 2

하치노 토모카 지음

제이앤씨
Publishing Company

한국인 학습자가 효과적으로 일본어를 배울 수 있는 교재
韓国人学習者が効果的に日本語を学べる教材

◆ 문장의 뼈대(구조)를 파악함으로써 회화력과 문장력을 동시에 익힐 수 있다.
　文の骨組みを知ることで、会話力と文章力を同時に身につけることができる。

일본어를 읽지 못하거나 알아듣지 못하고 말하지 못하는 것은 일본어의 문법(규칙)을 이해하지 못하고 있기 때문이다. 문장의 뼈대를 파악함으로써 회화력과 문장력을 동시에 익힐 수 있다. 그러기 위해선 학습한 문형으로 문장을 만들어보는 실전 연습이 필요하다.

日本語が読めない、聞き取れない、しゃべれないのは、日本語の文法(規則)を理解していないからである。文の骨組みを知ることで、会話力と文章力を同時に身につけることができる。そのためには、習った文型で文章を作る実践練習が大切。

◆ 일본어적인 발상을 배울 수 있다.
　日本語的な発想を学ぶことができる。

수수표현, 수동표현, 경어 등 한국어에는 없는 일본어 표현은 직역으로는 통하지 않는다. 한국인 학습자들에게 어려운 일본어 표현에 대해 문법의 규칙 뿐만 아니라,「한국어와 일본어의 차이」에 초점을 둔 일본어적인 발상을 학습할 수 있다.

授受表現、受身表現、敬語など、韓国語にはない日本語表現は、直訳では通じない。韓国人学習者に難しい日本語表現について、「韓国語と日本語の違い」に焦点を当て日本語的な発想を学ぶことができる。

◆ 한국인 학습자들에게 맞추어 만든 한국인을 위한 일본어 학습서
韓国人学習者に合わせて作った韓国人のための日本語学習書

　한국에서 약20년간 일본어를 가르친 일본인 교수가 한국인 학습자들에게 맞추어 만든 학습서. 일본어와 한국어의 표현 차이를 중심으로, 중급 일본어부터 상급까지 한 권으로 끝내는 학습서. 대화나 문장에 바로 실전해 볼 수 있다.

　　約20年間、韓国で日本語を教えている日本人教授が韓国人学習者に合わせて作った学習書。 日本語と韓国語の表現の違いを中心に中級日本語から上級までカバーした学習内容で、会話や文章に即実践できる。

2020年 8月

著者 八野　友香

1. 일본어는 한국인 학습자에 있어 습득하기 쉬운 외국어

日本語は韓国人学習者にとって習得しやすい外国語

　한국인학습자에게 있어 일본어는 다른 언어와는 달리 문법적으로나 표현적으로나 비슷하기 때문에 습득하기 쉬운 외국어이라고 할 수 있다. 그러나, 두 언어의 뉘앙스 차이가 원인이 되어 자신이 의도하지 않은 것이 전달되는 경우가 있다. 일본어와 한국어는 형태뿐만 아니라 발상적으로도 차이점이 있는데, 한국인 학습자가 그것을 느끼기는 어렵다.

2. 뉘앙스 차이

ニュアンスの違い

　한국인 학습자는 일본어의 형태적인 특징과 의미에 대한 이해가 빠르지만 어용론적(語用論的)특징은 이해하기 어렵다. 예를 들어, 상급자 레벨이더라도 수수표현과 수동표현을 사용해야 하는 상황에서 적절한 표현을 사용하는 것은 어렵다.

　학습자의 오용으로는 문법적 오용(文法的誤り)과 어용론적 오용(語用論的誤り)이 있다. 문법적 오용은 학습능력 부족이 원인이지만, 어용론적 오용은 화자(話者)인 학습자가 의도하지 않은 부분에서 오해를 낳을 위험성이 있는 오류이다. 때로는 화자의 인격과 인간성의 판단으로 이어지는 경우가 있다. 한국어의 어용론적 현상과 일본어의 어용론적 현상에는 차이가 있다. 이 양국간의 어용론적 차이가 즉 뉘앙스 차이인 것이다. 그러므로, 일본어 학습자는 일본어의 어용론적 특징을 인식해야 한다.

3. 어용론적 오용

語用論的誤り

　어용론적 오용에는 사회어용론적 오용(社会 語用論的誤り)과 언어어용론적 오용(言語語用論的誤り)이 있다. 사회어용론적 오용이란, 간단히 말하자면 국민성에 의한 것이다. 예를 들면, 일본어 화자(日本語話者)와 한국어 화자(韓国語話者)는 언어적인 배려(言語的配慮)에 대한 차이가 있다. 일본어 화자는 남에게 폐 끼치는 것을 선호하지 않는다. 그리고 명확히 말하는 것을 피하고, 상대방이 헤아려 주기를 기대하면서 심적인 거리를 두고 조심스럽게 말하는 경향이 있다. 반면, 한국어 화자는 심적인 거리가 가깝고, 친해지기 위해 폐 끼치는 것

이 나쁜 일이 아니라고 생각하며 사물을 명확히 말하는 경향이 있다.

다음으로 언어어용론적 오용은, 한국어 표현이 가진 의미와 일본어 표현이 가진 의미가 일치하지 않고, 그 차이에 의해 생기는 오용이다. 예를 들면, 일본어는 내가 상대방에게 무언가를 해준다는 우위의 입장에선 경어표현을 사용할 수 없다.

4. 학습 목표
学習目標

모국어의 언어습관이 제2언어습득을 방해하는 것을 '모어의 간섭(母語の干渉)'이라고 한다. 이 수업에서는 일본어와 한국어의 차이에 초점을 두어 일본어적인 발상을 습득하는 훈련으로 일본어다운 문장 작성 능력을 기르는 것을 목표로 한다.

목차

일본어문장 트레이닝 1
목차

제1장

「～ていく」와 「～てくる」

🌸 **학습 내용**

동사 て형에 **いく**와 **くる**를 붙인 「～ていく」와 「～てくる」에 대해서 학습한다.

🌸 **학습 목표**

「～ていく」와 「～てくる」가 가지고 있는 용법을 이해하고 사용할 수 있다.

🌸 Point 공간적 이동과 상태의 변화

〈공간적 이동〉

1. A：田中さんの家に何を持っていきますか。

    다나카 씨 집에 무엇을 가지고 가겠습니까?

    B：私は、ケーキを買っていきます。

    저는 케이크를 사 가겠습니다.

 ➡

2. (다나카 씨 집에서)

　　A : それは、何ですか。그것은 뭐에요?

　　B : おみやげです。有名なお店でケーキを買ってきました。
　　　　선물이에요. 유명한 가게에서 케이크를 사 왔습니다.

〈상태의 변화, 지속〉

1. 雪がだんだん積もっていく。눈이 점점 쌓여간다.

2. ずっとこの会社で仕事をしてきました。계속 이 회사에서 일을 해 왔습니다.

❀ 생각해 보기

다음은, 안데르센 동화 「성냥팔이 소녀」의 일부분입니다.

음성을 듣고, a, b에 있는 말을 자연스러운 표현으로 바꿔 보세요.

「マッチ売りの少女 성냥팔이 소녀」

少女はあちらこちらさがしましたが、どうしても見つかりません。
소녀는 이쪽저쪽 찾았지만, 아무리 찾아도 보이지 않습니다.

しかたなく、はだしのままで歩きだしました。

어쩔 수 없이, 맨발인 채로 걷기 시작했습니다.

冷たい雪の上をいくうちに、少女の足はぶどう色に a (変わりました)。

차가운 눈 위를 걷는 동안, 소녀의 발은 보랏빛으로 a (변했습니다).

しばらく行くと、どこからか肉を焼く b (においがしました)。

잠시 가다 보니, 어디선가 고기를 굽는 b (냄새가 났습니다).

「ああ、いいにおい。・・・おなかがすいたなあー」

「아아, 좋은 냄새. ・・・배가 고파졌어」

정답 : a 変わっていきました。 변해갔습니다.

b においがしてきました。 냄새가 났습니다.(냄새가 날아왔습니다.)

오늘의 단어

積もる	쌓이다
どんどん	자꾸, 갈수록
だんだん	점점
少しずつ	조금씩
見る見るうちに	금세, 잠깐 사이에
ますます	더욱 더
寄る	들르다, 다가가다[서다]
電気がつく ⇔ 電気が消える	전기가(불이) 들어오다 ⇔ 전기가(불이) 꺼지다
電気をつける ⇔ 電気を消す	전기를(불을) 켜다 ⇔ 전기를(불을) 끄다
危うく	하마터면
せっけん	비누

幼稚園	유치원
猫	고양이
身分証明書	신분증
遊園地	놀이공원
傘	우산
船	배
島	섬
ますます	더욱 더
心	마음
離す	떼다
ふうせん	풍선
瞬間	순간
さっき	방금, 아까, 조금 전
済ませる	끝내다, 마치다
タイヤがパンクする	타이어가 펑크나다
引っ張る	(잡아)끌다, 끌어[잡아]당기다
老夫婦	노부인, 노파
引っ越す	이사하다
話し声	이야기소리
台所	부엌
におい	냄새
郵便物	우편물
向こう	건너편, 맞은편
知人	지인
わざわざ	일부러

학습하기

핵심문법 1 「～ていく」「～てくる」 만드는 법

1 「～ていく」「～てくる」 만드는 법

* 「て」 다음에 「~いく 가다」와 「~くる 오다」는 보통 **ひらがな**로 쓴다.

　단, 공간적 이동인 경우, 「~て行く」, 「~て来る」와 같이 한자로 쓰기도 한다.

- 동사 **て**형＋**ていく**

  書く → **書いていく**

  ① **買う** → **買っていく**

  ② **話す** → **話していく**

  ③ **待つ** → **待っていく**

- 동사 **て**형＋**てくる**

  書く → **書いてくる**

  ① **行く** → **行ってくる**

  ② **呼ぶ** → **呼んでくる**

  ③ **聞く** → **聞いてくる**

Tip 동사 **て**형 만드는 법

　★ 1그룹　동사

　　① 어미가 「く」인 동사

　　　・「く」를 「い」로 바꾸고 「て」를 붙인다.

- 「ぐ」는 「い」로 바꾸고 「で」를 붙인다.
- 〈예외〉行く 가다 →　行って

② 어미가 「む」「ぶ」「ぬ」인 동사

- 어미 「む」「ぶ」「ぬ」를 「ん」으로 바꾸고 「で」를 붙인다.

③ 어미가 「う」「つ」「る」인 동사

- 어미 「う」「つ」「る」를 「っ」으로 바꾸고 「て」를 붙인다.

④ 어미가 「す」인 동사

- 어미 「す」를 「し」로 바꾸고 「て」를 붙인다.

★ 2그룹 동사

어미의 「る」를 떼고 「て」를 붙인다.

★ 3그룹 동사

する　→　して / 来る　→　来て

1그룹동사	書く	쓰다	い	て	書いて
	急ぐ	서두르다		で	急いで
	休む	쉬다	ん	で	休んで
	遊ぶ	놀다			遊んで
	死ぬ	죽다			死んで
	買う	사다	っ	て	買って
	待つ	기다리다			待って
	帰る	돌아가다			帰って
	話す	이야기하다	し	て	話して
2그룹동사	食べる	먹다	る	て	食べて
	見る	보다			見て
	教える	가르치다			教えて
3그룹동사	する	하다			して
	来る	오다			来て

2 「持っていく/持ってくる」(가지고 가다/가지고 오다)

① 明日はおにぎりを作って持っていきます。 내일은 주먹밥을 만들어서 가지고 가겠습니다.

② 今日は、お弁当を持ってきました。 오늘은 도시락을 가지고 왔습니다.

③ A：明日のパーティに何か飲み物を持ってきてください。

　　　내일 파티에 뭔가 마실 것을 가지고 와주세요.

　　B：じゃあ、サラダを持っていきますね。 그럼 샐러드를 가지고 가겠습니다.

3 「連れていく/連れてくる」(데리고 가다/데리고 오다)

① 毎朝、車で娘を幼稚園に連れていきます。 매일 아침 차로 딸을 유치원에 데리고 갑니다.

② 学生が教室に猫を連れてきました。 학생이 교실에 고양이를 데리고 왔습니다.

③ A：子供も連れていってもいいですか？ 아이도 데리고 가도 될까요?

　　B：もちろん。連れてきてもいいですよ。 물론이죠. 데리고 와도 됩니다.

4 「〜ないでいく」「〜ないでくる」

● 동사 ない형＋でいく/でくる

　예) ごはんを食べないで行きます。 밥을 먹지 않고 가겠습니다.

　예) お店に寄らないで来ました。 가게에 들르지 않고 왔습니다.

　　① 買わない → 買わないでいく

　　② 待たない → 待たないでいく

　　③ 食べない → 食べないでくる

　　④ 寄らない → 寄らないでくる

Q 「～ないでいく」「～ないでくる」 대신 '～なくていく' '～なくてくる'를 써도 되나요?

예를 들어,

ごはんを食べ<u>ないで</u>いきます。

？ごはんを食べ<u>なくて</u>いきます。

A 먼저, 동사 て형의 부정형에는 「～なくて」와 「～ないで」 두 가지가 있는데, 이유를 말할 때는 「～なくて」를 사용하고, 이유가 아닌 것 (부대상황(付帯状況,)병렬(並列),수단(手段))을 말할 때는 「～ないで」를 사용합니다.

예)

1. 電気がつか<u>なくて</u>困った。 전기가(불이) 들어오지 않아 곤란했다.

    이유: 어떤 동작이나 행위 때문에 뒤 문장이 일어난다는 뜻.

    「電気が<u>つかなかったので</u>困った。」(전기가(불이) 들어오지 않아서 곤란했다.)

2. 電気を消さ<u>ないで</u>出てきた。 전기를(불을) 끄지 않고 나왔다.

    부대상황 : 어떤 동작이나 행위를 하지 않은 채, 다음 동작이나 행위를 했다는 뜻.

    「電気を消さ<u>ないまま</u>出てきた。」(전기를(불을) 끄지 않은 채 나왔다.)

('일본어문장트레이닝1' 11과 참고.)

이처럼 **なくて** 뒤에는 '～하지않아서 좋았다' 라든가 '～하지않아서 걱정이다' 와 같이 감정이나 심리적인 표현이 옵니다.

×ごはんを食べ<u>なくて</u>いきます。

○食べ<u>なくて</u>良かった。危うくせっけんを食べるところだった。

    먹지 않아서 다행이다. 하마터면 비누를 먹을 뻔했다.

○子供が昨日から何も食べ<u>なくて</u>心配です。 아이가 어제부터 아무것도 먹지 않아서 걱정입니다.

① 신분증을 가지고 와 주세요.   단어 **身分証明書** 신분증

　➡ _____

② 일요일에 여동생을 놀이공원으로 데리고 갔습니다.   단어 **遊園地** 놀이공원

　➡ _____

③ 우산을 가지고 가는 편이 좋을 거에요.   단어 **傘** 우산

　➡ _____

핵심문법 2 　공간적 이동 ～ていく

④ **～ていきます** ~해갑니다, ~하고 갑니다

● 동사 **て형**＋**ていきます**

1) **順次的動作**: 어떤 행위를 하고 나서 가는 것을 나타낸다.
　① **夕食は食べ**ていきます。 저녁은 먹고 가겠습니다.
　② **ケーキは私が買っ**ていきます。 케이크는 제가 사 가겠습니다.
　③ **友達の家にワインを買っ**ていきました。 친구 집으로 와인을 사 갔습니다.
　④ **お茶を飲ん**でいきます。 차를 마시고 가겠습니다.
　⑤ A : **まだ、帰りませんか。** 아직 (집에) 안 가요?
　　　B : **もう少し、ここで勉強し**ていきます。 조금 더 여기서 공부하고 가겠습니다.

2) **少しずつ遠ざかる** : 멀어져가는 이동을 나타낸다.
　① **船は、どんどん島から離れ**ていきました。 배는 계속 섬에서 멀어져갔습니다.
　② **子供たちは家に帰っ**ていきました。 아이들은 집으로 돌아갔습니다.

③ 二人の心はますます離れていきました。 두 사람의 마음은 더욱 더 멀어졌습니다.

④ 手を離した瞬間、ふうせんが飛んでいってしまいました。

   손을 뗀 순간, 풍선이 날아가 버렸습니다.

3) 移動時の状態：이동 수단 혹은 이동할 때의 상태를 나타낸다.

① 駅まで歩いていきます。 역까지 걸어서 갑니다.

② タクシーに乗っていきましょう。 택시를 타고 갑시다.

③ 明日は、赤いドレスを着ていきます。 내일은 빨간 드레스를 입고 가겠습니다.

④ A：田中さん、どこにいるか知っていますか？ 다나카 씨, 어디에 있는지 아세요?

   B：田中さんですか？さっき走っていくのを見ましたけど。

   다나카 씨요? 방금 뛰어간 것을 보긴 했는데.

[문장연습 쓰기노트]   정답 329쪽

① 먼저 이 일을 끝내고 가겠습니다.   단어 済ませる、終わらせる 끝내다

   ➡ _____

② 사건 후, 두 사람의 마음은 갈수록 멀어져 갔습니다.

   ➡ _____

③ 자전거 타이어가 펑크 나서 집까지 끌고 갔습니다.

                단어 タイヤがパンクする 타이어가 펑크 나다. 引っ張る 끌다

   ➡ _____

④ ～てきます ~해오다, ~하고 오다

● 동사 て형 ＋ てきます

1) 어떤 행위를 하고 나서 오는 것을 나타낸다. (順次的動作)

① パンを買ってきます。 빵을 사 오겠습니다.

② 田中さんに聞いてきます。 다나카 씨에게 물어보고 오겠습니다.

③ おみやげを買ってきました。 선물을 사 왔습니다.

④ 田中さんに会ってきました。 다나카 씨를 만나고 왔습니다.

⑤ 単語を全部覚えてきました。 단어를 모두 외우고 왔습니다.

⑥ 夕食は食べてきました。 저녁밥은 먹고 왔습니다.

⑦ 宿題をしてこない生徒が多いです。 숙제를 해 오지 않는 학생이 많습니다.

2) 가까워지는 이동을 나타낸다. (少しずつ近づく)

① となりの家に老夫婦がひっこしてきました。 옆 집에 노부부가 이사 왔습니다.

② 子供たちが公園へ集まってきました。 아이들이 공원에 모여 들었습니다.

③ 子供がけんかして、泣きながら帰ってきました。 아이가 싸워서 울면서 돌아왔습니다.

 * 이쪽으로 향한 <u>사물</u>의 접근을 나타낸다.

④ 外から話し声が聞こえてきました。 밖에서 이야기 소리가 들려 왔습니다.

⑤ 台所からいいにおいがしてきました。 부엌에서 좋은 냄새가 났습니다.(냄새가 날아왔습니다.)

⑥ 一週間前に送った郵便物が自分のところへ戻ってきました。

 1주일 전에 보낸 우편물이 나한테 되돌아왔습니다.

3) 이동 수단 혹은 이동할 때의 상태를 나타낸다. (移動時の状態)

① 向こうから田中さんが歩いてきます。 건너편에서 다나카 씨가 걸어옵니다.

② ここまでタクシーに乗ってきました。 여기까지 택시를 타고 왔습니다.

③ 今朝、寒かったのでコートを着てきました。 오늘 아침에 추워서 코트를 입고 왔습니다.

* 다음 4, 5는 「てくる」에만 있는 용법.

4) 토픽(話題)을 가지고 온다.

① 連休は日本へ行ってきました。おいしいものをたくさん食べてきました。

　　연휴 때 일본에 갔다 왔습니다. 맛있는 것을 많이 먹고 왔습니다.

② 今年の夏はキャンプに行ってきました。 올 여름에는 캠프에 갔다 왔습니다.

③ この間、出張で大阪に行ってきました。 지난 번에 출장으로 오사카에 갔다 왔습니다.

5) 일방적인 동작(こちらへの一方的な動作)

① 知らない人が話しかけてきました。 (×話しかけました。) 모르는 사람이 말을 걸어왔습니다.

② 部長が急な用事ができたと言って、夜中に電話してきました。 (×電話しました。)

　　부장님이 급한 일이 생겼다면서 밤중에 전화를 걸어왔습니다.

③ 知人がわざわざ遠くから訪ねてきました。 (×訪ねました。)

　　지인이 일부로 멀리서 찾아왔습니다.

④ 中学の時の友達がメールを送ってきました。 (×送りました。)

　　중학교 때 친구가 메일을 보내왔습니다.

[문장연습 쓰기노트]　　　　　　　　　　　　　　　　　　　정답 329쪽

① 아버지가 케이크를 사 왔습니다.　　　　　　　　　　단어 ケーキ 케이크

　➡ _____

② 길을 몰라서 택시를 타고 왔습니다.　　　　　　단어 道が分からない 길을 모른다

　➡ _____

③ 여름 방학에 홋카이도에 갔다왔습니다.　　　　　　단어 北海道 홋카이도

　➡ _____

④ 친구 집에 놀러 갔다오겠습니다.

➡ _____

핵심문법 4 상태의 변화, 지속 ～ていく

---

1 계속하는 동작 (미래로)

행위가 계속해서 가는 것을 나타낸다.

💡 ～ていきます

● **동사 て형 + ていきます** ~해 가겠습니다.

「これから(앞으로, 이제부터)」등의 표현과 함께 사용한다.

① **これから二人で幸せに暮らし**ていきます。 앞으로 둘이서 행복하게 살아가겠습니다.
② **卒業後も日本語の勉強を続け**ていきます。 졸업 후에도 일본어 공부를 계속해 가겠습니다.
③ **これからもいっしょにがんばっ**ていこう。 앞으로도 같이 열심히 해 가자.

---

2 상태변화의 진전

무의지(無意志)동사에 접속하여, 변화가 진행되고 있는 것을 나타낸다.

● **동사 て형 + ていきます** ~해 갑니다.

* 「**どんどん** 자꾸, 갈수록」「**だんだん** 점점」「**少しずつ** 조금씩」「**見る見るうちに** 금세」「**ますます**
더욱더」 등 변화를 나타내는 부사(副詞)와 함께 사용되는 경우가 많다.

① **少子化はますます進ん**でいくだろう。 저출산은 더욱 더 진행해 갈 것이다.
② **彼女はどんどんやせ**ていった。 그녀는 자꾸 살 빠져갔다.

③ 色が見る見るうちに変わっていきました。 색이 금세 변해 갔습니다.

3 소실(消失)

무의지(無意志)동사에 접속하여, 원래 존재했던 사물이 말하는 사람의 시야에서 사라지는 것을 나타낸다.

- 동사 て형＋ていきます ~해 갑니다.
  ① 水がどんどん減っていく。 물이 자꾸 줄어간다.
  ② 太陽が沈んでいく。 태양이 저물어 간다.
  ③ 覚えたそばから忘れていく。 기억하자마자 잊어간다.

[문장연습 쓰기노트]　　　　　　　　　　　　　　　　　　　　　정답 329쪽

① 앞으로도 노력해 가겠습니다.

➡ _____

② 고령자 인구는 앞으로도 더욱더 늘어간다.　　　단어 高齢者人口 고령자 인구

➡ _____

③ 남자는 인파 속으로 사라져갔다.　　　단어 人ごみの中 인파 속, 消える 사라지다

➡ _____

핵심문법 5 상태의 변화, 지속 ～てくる

1 계속하는 동작 (과거부터 현재까지)

계속해 온 것을 나타낸다.

- 동사 **て형＋てきました**　~해 왔습니다.

「今まで(지금까지)」「ずっと(쭉)」등의 표현과 함께 사용한다.

① **ずっと写真の仕事をして**きました。 쭉 사진 일을 해 왔습니다.

② **今までがまんして**きました。 지금까지 참아 왔습니다.

③ **水泳は学生のころから続けて**きました。 수영은 학생 때부터 계속해 왔습니다.

④ **この伝統は、何百年も前から続いて**きました。 이 전통은, 몇 백 년 전부터 계속되어 왔습니다.

2 상태변화의 개시(開始)

무의지(**無意志**)동사에 접속하여, 변화가 시작된 것을 나타낸다.

- 동사 **て형＋てきました** ~하기 시작했습니다.

① **雨が降って**きました。 비가 내리기 시작했습니다.

② **風が強くなって**きましたね。 바람이 강해지기 시작했네요.

③ **人口が増えて**きました。 인구가 늘어나기 시작했습니다.

④ **日本語を学ぶ人が増えて**きました。 일본어를 배우는 사람이 많아지기 시작했습니다.

⑤ **少しずつ日本の生活に慣れて**きました。 조금씩 일본 생활에 익숙해지기 시작했습니다.

＊ 형용사가 앞에 올 경우, 「**なる**(~해지다)」를 접속하여 「**~なってきた**」의 형태가 된다.
(제3장 참고.)

● い형용사 ~~い~~＋くなる

寒い 춥다 → 寒くなる 추워지다

暑い 덥다 → 暑くなる 더워지다

● な형용사＋になる

元気 건강하다 → 元気になる 건강해지다

きれい 아름답다/예쁘다/깨끗하다 → きれいになる 아름다워지다/예뻐지다/깨끗해지다

① 寒くなってきました。 추워지기 시작했습니다.
② 急におなかが痛くなってきました。 갑자기 배가 아파지기 시작했습니다.
③ 日本語がおもしろくなってきました。 일본어가 재미있어지기 시작했습니다.
④ なんだか心配になってきました。 왠지 걱정되기 시작했습니다.

✋ 質問！ ─────────────────────────────

Q ①②에 뉘앙스 차이가 있나요?

① 雪が降ってきた。 눈이 내리기 시작했다.
② 雪が降りだした。 눈이 내리기 시작했다.

A ①② 둘다 '눈이 내리기 시작했다.'라는 같은 의미입니다. 「降り出す」는 '내리기 시작하다'라는 복합동사입니다.

뉘앙스의 차이를 말한다면,

눈이 휘날리기 시작하는 것(雪が舞い降りてくる)을 보고 말할 때는 ①이지만,

②는 눈이 내리기 시작한 시점을 가리키고 있습니다.

지금 막 눈이 세차게 내리기 시작했다라고 말할 때는 ②를 사용하지만,

회화에서는 ①을 자주 사용합니다.

───────────────────────────────────

무의지(無意志)동사에 접속하여, 원래 존재하지 않았던 또는 말하는 사람에게 보이지 않았던 것이 보이게 되는 것을 나타낸다.

① 子供の歯がようやく生えてきました。 아이의 이(빨)가 나기 시작했다.

② 夏になって蚊が出てきました。 여름이 되자 모기가 나오기 시작했다.

③ 太陽が地平線から昇ってきました。 태양이 지평선에서 떠오르기 시작했다.

[문장연습 쓰기노트]   정답 329쪽

① 계속 노력해 왔는데 좀처럼 결과가 안 나온다.

> 단어 〜のに 〜했는데,   なかなか 좀처럼

➡ _____

② 배가 고프기 시작했습니다.

➡ _____

③ 요즘 더워지기 시작했습니다.

➡ _____

정리하기

한국어와 다른 일본어

1. 「~てくる」에는 일방적인 동작(こちらへの一方的な動作)을 나타내는 용법이 있다.

自分(話し手)に対してなされるときには、日本語では「てくる」が必要になる。

상대방이 나한테 일방적으로 하는 행동에 대해서 「てくる」을 사용해야 한다.

예) 모르는 사람이 저에게 말을 걸었어요.

　　○ 知らない人が話しかけてきました。

　　? 知らない人が話しかけました。

예) 중학교 때 친구가 일부러 멀리서 저를 찾아왔어요.

　　○ 中学の時の友達がわざわざ遠くから訪ねてきました。

　　? 中学の時の友達がわざわざ遠くから私を訪ねました。

2. 「~てくる」에는 상태변화의 개시(開始)를 나타내는 용법이 있다.

예) 少しずつ日本の生活に慣れてきました。 조금씩 일본 생활에 익숙해지기 시작했습니다.

* 이 때, 무의지(無意志)동사에만 접속할 수 있다.

* 예를 들어, 「勉強する」(공부하다)는 의지 동사이기 때문에 이 경우, 「~し始める」를 사용한다.

예) 일본어를 공부하기 시작했습니다.

　　× 日本語を勉強してきました。

　　○ 日本語を勉強し始めました。

3. 「~ていく」는 미래로 계속하는 동작, 「~てくる」는 과거부터 현재까지 계속해 온 동작을

나타낸다.

예) だんだん日本語を学ぶ人が{×増えていきました/○増えてきました}。
　　점점 일본어를 배우는 사람이 늘어나고 있습니다.

4. 「~てくる」는 변화가 생긴 것을 나타내고, 상태를 나타내는「~ている」는 현재의 상태만을
나타낸다.

예) だんだん日本語を学ぶ人が増えてきました。(과거에서 현재까지 점점 늘어나고 있는 변화를 표현)
예) だんだん日本語を学ぶ人が増えています。(현재 늘어난 상태만 표현)

〈용법 정리〉

	~ていく	~てくる
공간적 이동		
1	순차적 동작	순차적 동작
2	조금씩 멀어져가다	조금씩 가까워지다
3	이동시 상태	이동시 상태
4		토픽(話題)을 가지고 온다
5		이쪽으로 오는 일방적인 동작
상태의 변화, 지속		
1	동작의 계속 (미래로)	동작의 계속(과거에서 현재까지)
2	상태 변화의 진전(進展)	상태 변화의 개시(開始)
3	소실(消失)	출현(出現)

일작

정답 329쪽

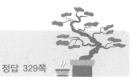

다음 한국어 문장을 일본어로 바꾸세요.

1. 역까지 걸어서 갑니다.

   ➡ _____

2. 작은 아이도 데려 가겠습니다.

   ➡ _____

3. 점심은 준비해서 오세요.

   ➡ _____

4. 친구가 동창회 안내서를 보내 왔습니다.

   ➡ _____

5. 눈이 내리기 시작했습니다.

   ➡ _____

상황극

구니이: **もしもし。宴会(えんかい)の準備(じゅんび)はだいじょうぶですか。なにか買(か)っていきましょうか。**

여보세요. 연회 준비는 괜찮아요? 뭐라도 사갈까요?

하치노: **そうですね。ビールが足(た)らないかもしれないので、10本(ぽん)ぐらい買(か)ってきてください。**

글쎄요. 맥주가 모자를 것 같아서 10캔정도 사 와 주세요.

구니이: **じゃあ、缶(かん)ビール10本(ぽん)買(か)っていきますね。**

그럼 캔맥주 10캔 사 갈게요.

하치노: あ、でも、お酒(さけ)飲(の)めない人(ひと)もいるから、ジュースも何本(なんぼん)か買(か)ってきてください。

술 못 마시는 사람도 있으니까 주스도 몇 캔 사 와 주세요

구니이: あ、そう。何本(なんぼん)くらいいるかな？

아 그래? 몇 캔 필요할까?

하치노: うーん。缶(かん)ジュース10本(ぽん)くらいですかね。

음.. 캔주스 10캔정도일까요?

구니이: わかった。他(ほか)にはないよね？

알았어. 또 필요한 것 없지요?

하치노: あ、レジャーシートも持(も)ってきてください。

아, 돗자리도 가지고 와 주세요

구니이: え？どこにあるの？

에? 어디 있어?

하치노: たしか倉庫(そうこ)にありましたよ。

아마 창고에 있었어요

구니이: あ、そう。じゃあ、探(さが)して持(も)っていきますよ。

그래. 그럼 찾아서 가지고 갈게요.

하치노: あ、そうだ！注文(ちゅうもん)しておいたおすしも取(お)ってきてください。

아 맞다! 주문해 놓은 초밥도 들고 와 주세요

구니이: え？おすしも？どこの店(みせ)？

에? 초밥도?가게가 어딘데?

하치노: 会社(かいしゃ)の前(まえ)の「頑固寿司(がんこずし)」です。

회사 앞 "고집초밥"입니다.

구니이: あ、そう。わかった。じゃあ。

그래. 알았어. 그럼.

하치노: あ！ついでにコーヒーもお願(ねが)いできますか？

아! 오는 길에 커피도 부탁해도 될까요?

구니이: え？誰(だれ)が飲(の)むの？

에? 누가 마셔?

하치노: 私です。

저에요.

구니이:	自分(じぶん)で買(か)いなさい！
	당신이 사라고
하치노:	あ！
	애
구니이:	なに？もう持(も)っていかないよ。
	뭐? 이제 안 가지고 갈거야.
하치노:	雨(あめ)が降(ふ)ってきた！
	비가 오기 시작했어!
구니이:	ちょっと、ちょっと！
	저기 잠깐만!

일본어 한자 쓰기연습

부수	이름	한자 1	한자 2	한자 3	한자 4
イ	にんべん	休	作	体	使
		やす 休む	つく 作る	からだ 体	つか 使う
		やす 休む	つく 作る	からだ 体	つか 使う
		やす 休む	つく 作る	からだ 体	つか 使う

제2장

「～てある」와 「～ておく」

◈ 학습 내용

상태를 나타내는 표현 「～てある」와 「～ておく」에 대해서 학습한다.

◈ 학습 목표

1. 「～てある」와 「～ておく」가 가지고 있는 용법을 이해하고 사용할 수 있다.
2. 자동사(自動詞)와 타동사(他動詞)에 대해서 이해하고 사용할 수 있다.

◈ Point 「～ている」와 「～てある」

　＜ている＞

1. 계속 동사＋ている : 동작의 진행, 습관, 직업

＊ 계속 동사 : 그 동작을 하는데 어느 정도 시간이 필요한 동작을 나타내는 동사.
　예) 今、コーヒーを飲んでいます。(진행) 지금 커피를 마시고 있습니다.
　예) 毎朝、新聞を読んでいます。(습관) 매일 아침 신문을 읽고 있습니다.
　예) 高校で日本語を教えています。(직업) 고등학교에서 일본어를 가르치고 있습니다.

2. 순간 동사＋ている : 결과 상태의 지속

＊ 순간 동사 : 결과를 남기는 타입의 동사. 동작이 순간적으로 완료된다.
　예) めがねをかけています。안경을 썼습니다.

예) **結婚し**ています。 결혼했습니다.

예) **ガラスが割れ**ています。 유리가 깨져 있습니다.

('일본어문장 트레이닝1'제13장「**ている**」참고.)

<「**〜ている**」와 「**〜てある**」>

① **ドアが閉まっ**ています。 문이 닫혀 있습니다.

「**閉まる**」「**開く**」「**割れる**」와 같이 '결과를 남기는 타입의 동사',즉 순간 동사에 「**ている**」가 붙으면, 변화의 결과 상태를 나타낸다.

이와 똑같이 상태를 나타내는 표현에 「**〜てある**」가 있다.

<「**〜てある**」의 특징>

1. 「**〜てある**」 앞에는 반드시 타동사(他動詞)가 와야 한다.

① **ドアが閉まっ**ています。 문이 닫혀 있습니다. 閉まる[自動詞]

② **ドアが閉め**てあります。 문이 닫혀 있습니다. 閉める[他動詞]

2. 「**〜てある**」 : 상태 묘사+ α

「자동사+**ている**」도 「타동사+**てある**」도 결과 상태를 나타내지만, 「**〜てある**」가 가지고 있는 의미에는 '누군가의 의도(意図)'가 포함되어 있다.

ドアが閉めてあります。 문이 닫혀 있습니다.

 → 누군가가 문을 닫았고 그 결과가 남아있다.

ドアが閉まっています。 문이 닫혀 있습니다.

단순히 문이 닫혀 있는 상태에만 주목하고 있다.

어째서 문을 닫았는지에 대한 사람의 의도는 나타내고 있지 않다.

이와 같이 한국어 표현은 똑같지만 「〜ている」와 「〜てある」에는 뉘앙스 차이가 있다. 이제, 「〜てある」가 언제 어떻게 사용되는지 학습해 봅시다.

❀ 생각해 보기
괄호 안의 일본어를 적당한 표현으로 바꿔 보세요.
− 교실에서 −
선생님: ここになんと(　書きます　)か。여기에 뭐라고 써 있나요?

정답 : 書いてあります

 오늘의 단어

[자] 集まる	모이다	−	[타] 集める	모으다
[자] 閉まる	닫히다	−	[타] 閉める	닫다
[자] 止まる	멈추다, 그치다	−	[타] 止める	멈추다, 세우다
[자] 始まる	시작되다	−	[타] 始める	시작하다

[자]	壊れる	서지다	–	[타]	壊す	부수다
[자]	割れる	부서지다	–	[타]	割る	부수다
[자]	なくなる	없어지다	–	[타]	なくす	잃다
[자]	消える	꺼지다	–	[타]	消す	끄다
[자]	落ちる	떨어지다	–	[타]	落とす	떨어뜨리다
[자]	つく	붙다 켜지다	–	[타]	つける	붙이다 키다
[자]	かかる	걸리다	–	[타]	かける	걸다
[자]	入る	들어가다	–	[타]	入れる	넣다

ポスター	포스터
はる	붙이다
洗濯物を干す	세탁물을 말리다
花を飾る	꽃을 장식하다
知らせる	알리다
すでに	이미
行き先	행선지, 목적지, 앞날, 장래
席をとる	자리를 잡다
パスポートをとる	여권을 취득하다(만들다)
黒板を消す	칠판을 지우다
そのまま	그대로
～たら	～하면
人数分	인원수만큼, 사람 수 만큼

학습하기

핵심문법 1 自動詞(자동사)와他動詞(타동사)

「~てある」 앞에는 반드시 타동사(**他動詞**)가 와야 한다. 일본어 동사는 자동사(**自動詞**)와 타동사(**他動詞**) 두 가지로 나눌 수 있다.

1 **자동사와 타동사의 구분법**

1) 자동사: 「を+동사」 형태가 되지 않은 동사　예) **さいふが落ちる。** 지갑이 떨어지다.

　 타동사: 「を+동사」 형태가 되는 동사　　예) **コーヒーを飲む。** 커피를 마시다.

　자동사: **行く, 遊ぶ, 座る**

　学校に行く。 학교에 가다.

　友達と遊ぶ。 친구와 놀다.

　いすに座る。 의자에 앉다.

　타동사: **飲む, 待つ, 読む**

　コーヒーを飲む。 커피를 마시다.

　友達を待つ。 친구를 기다리다.

　本を読む。 책을 읽다.

　* 〈명사+を+동사〉 의 〈명사+を〉 는 타동사가 나타내는 동작의 대상이다.

　　コーヒーを 飲む。

　　(「飲む」의 대상)

2) 「を+동사」 형태를 갖추어도 자동사인 경우.

　　자동사 : 歩く、飛ぶ、わたる、通る、曲がる、走る、出る、降りる、卒業する

　　(1) 〈통과하는 장소+を〉 는 자동사.

　　　　· 公園を歩く。 공원을 걷다.

　　　　· 空を飛ぶ。 하늘을 날다.

　　　　· 横断歩道をわたる。 횡단보도를 건너다.

　　　　· 駐車場を通る。 주차장을 지나가다.

　　　　· 道を曲がる。 길을 돌다.(꺾다)

　　　　· 運動場を走る。 운동장을 뛰다.

　　(2) 〈나가는 장소/ 떠나는 장소+を〉 는 자동사.

　　　　· 部屋を出る。 방을 나가다.

　　　　· 電車を降りる。 전철을 내리다.

　　　　· 大学を卒業する。 대학을 졸업하다.

3) 자동사: 자연스럽게 일어나는 변화.

　　　　예) 割れる 깨지다 →ガラスが割れる。 유리가 깨지다

　　타동사: 인간의 힘으로 일어나는 동작.

　　　　예) 割る 깨뜨리다 →ガラスを割る。 유리를 깨뜨리다.

　　　　A : エアコンを消したんですか。（消す）

　　　　　　에어컨을 껐습니까? (끄다)

　　　　B : いいえ、急に消えたんです。（消える）

　　　　　　아니요, 갑자기 꺼졌습니다. (꺼지다)

자동사:

예) **行く** 가다、 **来る** 오다、 **出る** 나가다、 **入る** 들어오다、 **座る** 앉다、 **立つ** 서다、 **乗る** 타다、

寝る 자다、 **笑う** 웃다、 **走る** 달리다、 **泳ぐ** 수영하다、 **歩く** 걷다

타동사:

예) **食べる** 먹다、 **飲む** 마시다、 **待つ** 기다리다、 **話す** 이야기하다、 **言う** 말하다、 **聞く** 듣다、

見る 보다、 **書く** 쓰다、 **読む** 읽다、 **あげる** 주다、 **勉強する** 공부하다、 **そうじする** 청소하다

---

2 **자동사와 타동사의 사용법**

1) 어디에 초점을 두어 표현하는가?

자동사: 물건에 초점을 두어, 물건의 상태를 말할 때 사용한다. 즉, 어떤 작용이 일어났는

지에 초점이 있다.

타동사: 사람에 초점을 두어, 사람의 동작을 말할 때 사용한다. 즉, 누가 그 동작을 행하는

지에 초점이 있다.

[틀리기 쉬운 표현]

1) (자)**こわれる** 부서지다 – (타)**こわす** 부수다

자동사 ○ **パソコンがこわれています。** PC가 부서져 있습니다.

타동사 × **パソコンがこわしています。**

○ **弟がわたしのパソコンをこわしました。** 동생이 내 컴퓨터를 부셨습니다.

2) (자)**消える** 꺼지다 – (타)**消す** 끄다

자동사 ○ **電気が消えています。** 전기가 꺼져 있습니다.

타동사 × **電気が消しています。**

○ **電気を消してください。** 전기를 꺼 주세요

3) (자) **なくなる** 없어지다 -(타) **なくす** 잃다

자동사 ○ **かぎがなくなってしまいました。** 열쇠가 없어져버렸습니다.

타동사 × **かぎがなくしてしまいました。**

　　　　○ **かぎをなくしてしまいました。** 열쇠를 잃어버렸습니다.

4) (자) **始まる** 시작되다 -(타) **始める** 시작하다

자동사 ○ **もうテストが始まっています。** 벌써 시험이 시작되었습니다.

타동사 × **もうテストが始めています。**

　　　　○ **テストを始めます。** 시험을 시작하겠습니다.

5) (자) **閉まる** 닫히다 -(타) **閉める** 닫다

자동사 ○ **ドアが閉まっています。** 문이 닫혀 있습니다.

타동사 ○ **ドアを閉めてください。** 문을 닫아 주세요.

　　　　× **ドアを閉まってください。**

6) (자) **集まる** 모이다 -(타) **集める** 모으다

자동사 ○ **広場に人が集まっています。** 광장에 사람이 모여 있습니다.

타동사 ○ **趣味でお皿を集めています。** 취미로 그릇을 모으고 있습니다.

　　　　× **趣味でお皿が集まっています。**

[문장연습 쓰기노트]　　　　　　　　　　　　　　　　 정답 330쪽

예) **ドアを{開けます/開きます}。 → ドアを{開けます/開きます}。**

① **電気を{つけて/ついて}ください。** 전기를 켜 주세요.

　➡ _____

② 家の前に車が{とめて/とまって}います。 집 앞에 차가 세워져 있습니다.

➡ _____

③ 冷蔵庫にジュースを{入れて/入って}ください。 냉장고에 주스를 넣어 주세요.

➡ _____

④ 店の前に人が{並べて/並んで}います。 가게 앞에 사람이 줄 서 있습니다.

➡ _____

⑤ かぎが{かけて/かかって}います。 열쇠가 잠겨져 있습니다.

➡ _____

핵심문법 2 「～てある」

1 「～ている」와 「～てある」의 차이

1) 「～てある」는 동작의 <u>진행</u>을 나타낼 수 없다.

	동작의 진행	결과 상태의 지속
「～ている」	○「歩いている」	○「めがねをかけている」
「～てある」	×「×歩いてある」	○「花が飾ってある」

「～ている」는 동작의 진행(「歩いている」)과 상태(「めがねをかけている」「友達が来ている」)를 나타낸다. 반면, 「～てある」는 「花が飾ってある」와 같이 행위의 결과 상태만 나타내며, 「×歩いてある」라고 할 수 없다. 이와 같이 「～てある」는 동작의 진행을 나타낼 수 없다.

2) 「～てある」 앞에는 반드시 <u>타동사</u>가 와야 한다.
상태를 나타낼 때, 일반적으로 「～ている」 앞에는 순간적으로 동작이 성립되는 <u>자동사</u>가 오고, 「～てある」 앞에는 반드시 <u>타동사</u>가 와야 한다.

예) 閉まる 자동사 / 閉める 타동사

　　○ 閉めてある。

　　× 閉まってある。

3) 「~てある」는 누군가의 <u>의도(意図)</u>가 포함된 표현이다.

　閉まる一閉める와 같이 '쌍을 이루는 자동사와 타동사'인 경우, '자동사＋**ている**'와 '타동사＋**てある**'는 비슷한 의미를 가진다. 하지만, <u>뉘앙스 차이</u>가 있다.

　「**~ている**」는 단순히 상태만 나타낸다. 반면, 「**~てある**」는 누군가의 의도(意図)가 포함되어 있다.

① **ドアが閉まっ**ています。

　　→ 문이 닫혀 있는 상태를 단순히 묘사.

② **ドアが閉め**てあります。

　　→ 누군가가 의도(意図)적으로 문을 잠갔고, 그 닫힌 상태가 유지되고 있다.

사람의 의도가 포함되어 있는 표현.

「~ている」	「~てある」
電気がついています。 전기가 켜져 있습니다.	電気がつけてあります。 전기가 켜져 있습니다.
エアコンが消えています。 에어컨이 꺼져 있습니다.	エアコンが消してあります。 에어컨이 꺼져 있습니다.
かぎがかかっています。 열쇠가 잠겨 있습니다.	かぎがかけてあります。 열쇠가 잠겨 있습니다.

2　🔊④ **~てあります** **~(되어)있습니다. ~해 놓았습니다. ~해 두었습니다.**

● 타동사 **て**형＋てあります

　누군가가 의도(意図)적으로 어떤 행위를 한 결과가 남아 있는 것을 나타낸다.

용법 1. 눈으로 본 상태를 표현한다. 이 경우, 「~が~てあります/てありました」형태가 된다.

① 荷物が置いてあります。 짐이 놓여 있습니다.

② 部屋がきれいにそうじしてあります。 방이 깨끗하게 청소되어 있습니다.

③ 窓が開けてあります。　 창문이 열려 있습니다.

④ 店の前にポスターがはってあります。 가게 앞에 포스터가 붙어 있습니다.

⑤ くわしい説明が教科書に書いてあります。 자세한 설명이 교과서에 쓰여(써져) 있습니다.

⑥ ホテルの部屋に戻ったら、部屋がきれいにそうじしてありました。

　　 호텔 방에 돌아왔더니, 방이 깨끗하게 청소되어 있었습니다.

[문장연습 쓰기노트]　　　　　　　　　　　　　　　　　　　　　　정답 330쪽

예) おさらをテーブルにならべた。 그릇을 테이블에 진열했다.

　　➡ おさらがテーブルに並べてあります。 그릇이 테이블에 진열되어 있습니다.

① 家の前に車を止める。 집 앞에 차를 세우다.

　➡ _____

② ドアを開ける。 문을 열다.

　➡ _____

③ 洗濯物を干す。 세탁물을 말리다.

　➡ _____

④ 花を飾る。 꽃을 장식하다.

　➡ _____

⑤ 名前を書く。 이름을 쓰다.

　➡ _____

용법 2. 직접 눈으로 본 것이 아니라 준비가 완료되어 있는 상태를 표현한다. 이 경우,
「~を/(は)~てあります」형태가 된다.

① 社員に会議の日程を知らせてあります。 사원들에게 회의 일정을 알려 두었습니다.

② その件については、すでに調べてあります。 그 건에 대해서는, 이미 조사해 놓았습니다.

③ 田中さんには行き先を伝えてあります。 다나카 씨에게는 행선지(목적지)를 전달해 놓았습니다.

④ 書類はもうコピーしてあります。 서류는 이미 복사해 두었습니다.

⑤ もう席はとってあります。 이미 자리는 잡아 놓았습니다.

[문장연습 쓰기노트]　　　　　　　　　　　　　　　　　　　　　　　정답 330쪽

① A：ホテルは予約しましたか。　　호텔은 예약했습니까?

　　B：はい、もう(　　　　　　　　　　　　　　　　　)。 네, 이미 예약해 두었습니다.

② A：パスポートはとりましたか。

　　B：はい、もう(　　　　　　　　　　)。

③ A：チケットは買いましたか。

　　B：はい、もう(　　　　　　　　　　)。

④ A：荷物は準備しましたか。

　　B：はい、もう(　　　　　　　　　　)。

⑤ A：コースは決めましたか。

　　B：はい、もう(　　　　　　　　　　)。

1 **④〜ておきます〜해 놓겠습니다.**

● 동사의 **て**형＋**ておきます**

나중에 일어날 일을 예상해서, 미리 하는 것을 나타낸다.

용법 1. **준비** : 어떠한 목적을 위해서 미리 일을 끝내는 것, 준비하는 것을 나타낸다.

① **ホテルを予約しておきます。** 호텔 예약을 해 놓겠습니다.

② **地図で場所を調べておきます。** 지도에서 장소를 찾아놓겠습니다.

③ **書類をコピーしておきました。** 서류를 복사해 두었습니다.

④ **教科書をよく読んでおいてください。** 교과서를 잘 읽어 두세요.

⑤ 학생: **先生、私が黒板を消しておきました。** 선생님, 제가 칠판을 지워 두었습니다.

　　선생님: **ありがとう。** 고마워요.

✋ **質問！** ──────────────

Q **黒板を消しておきました。** (칠판을 지워두었습니다.) 대신에
　 黒板を消しました。 라고 하면 틀리나요?

A 틀리지는 않지만, 수업이 시작하기 전에 미리 한 행동이어서 「〜**ておく**」가 있는 것이 더
자연스럽다. 「〜**した**」는 사건의 결과만을 나타내지만, 「〜**ておいた**」는 <u>어떤 목적을 위해
미리 해놓은 것</u>을 나타낸다.

　黒板を消しておきました。 ←수업을 위해 미리 칠판을 지우고 준비를 했다.

　黒板を消<u>しました</u>。 ← 칠판을 지운 사실만을 전한다.

Tip 회화에서는 일반적으로 「~ておく」를 「~とく」, 「~でおく」를 「~どく」라고 한다.

買っておく→買っとく　例)卵、買っといたよ。（買っておいたよ。）계란 사뒀(놨)어.

読んでおく→読んどく　例)本、読んどいて。（読んでおいて（ください）。）책 읽어둬(놔).

용법 2. 〈방치〉: 어떤 목적으로 위해 그대로 둔다.

① そのままにしておきました。 그대로 두었습니다.

② つくえはこのままにしておいてください。 책상은 이대로 놓아 두세요.

③ 窓は開けておいてください。 창문은 열어 놓으세요.

● 동사의 ない형＋ないでおきます ~하지 않은 상태로 두겠습니다.

④ まだチケットは買わないでおきます。 아직 표는 사지 않겠습니다. (買わない 상태로 두겠습니다.)

⑤ 田中さんには言わないでおいてください。 다나카 씨에게는 말하지 마세요. (言わない 상태로 두세요)

용법 3. 〈조치〉: 「~たら、~ておきます」 ~하면 ~해 놓겠습니다.

「~たら」: 동사た형+たら (~하면) 11장 참고.

① 家に帰ったら、そうじをしておきます。 집에 돌아가면 청소해 놓겠습니다.

② 本を読んだら、しまっておきましょう。 책을 읽으면, 정리해 놓읍시다.

③ 授業が終わったら、復習しておいてください。 수업이 끝나면 복습해 놓으세요.

[문장연습 쓰기노트]　　　　　　정답 330쪽

「~ておく」를 이용해서 문장을 만드세요.

예) そこに置いてください。

　　→ そこに置いておいてください。 거기에 놓아주세요

① 田中さんに連絡します。

　⇒ _____

② 食事を準備しました。

　➡ _____

③ ドアを開けたままにしてください。

　➡ _____

④ 行く前に電話した方がいいですよ。

　➡ _____

⑤ 果物を食べる前によく洗いましょう。

　➡ _____

핵심문법 4 「～てある(準備完了)」와 「～ておく(準備)」

1 현재형 「～てあります」와 「～ておきます」의 차이

1) 「**～てあります**」는 이미 실행된 행위의 현재 상태를 나타낸다. (준비완료)

예) 旅行の準備 여행 준비

　① A : パスポートは、取りましたか。 여권은 취득했습니까?(만들었습니까?)

　　B : はい、取ってあります。 네, 만들어두었습니다.

　② A : 飛行機のチケットは、買いましたか。 비행기 티켓은, 구입했습니까?

　　B : はい、買ってあります。 네, 구입해두었습니다.

　③ A : ホテルは予約しましたか。 호텔은 예약했습니까?

　　B : はい、予約してあります。 네, 예약해 두었습니다.

2）「～ておきます」는 아직 실행 되지 않은 <u>사전 준비</u>를 나타낸다.

예）**旅行の準備** 여행 준비

① **パスポートをとっておきます。（まだとっていない。）**

여권을 만들어 놓겠습니다. (아직 만들지 않음)

② **飛行機のチケットを買っておきます。（まだ買っていない。）**

비행기 티켓을 구입해놓겠습니다. (아직 사지 않음)

③ **ホテルを予約しておきます。（まだ予約していない。）**

호텔을 예약해 놓겠습니다. (아직 예약하지 않음)

3）「～てあります」는 미래를 나타내는 단어와 함께 사용되지 않는다.

예）**明日、メールを送って（×あります/○おきます）。** <u>내일</u> 메일을 보내 놓겠습니다.

4）「～てあります」는 과거를 나타내는 단어와 함께 사용되지 않는다.

예）**昨日、メールを送って（×あります/○おきました）。** <u>어제</u> 메일을 보내 두었습니다.

2 「～てあります」와 「～ておきました」

다음 a 「～てあります」, b 「～ておきました」는 같은 의미로 사용된다.

① A：**田中さんに会議の資料を送りましたか。** 다나카씨에게 회의 자료를 보냈습니까?

B：a **はい、メールで送ってあります。** 네, 메일로 보내놓았습니다.

　　b **はい、メールで送っておきました。** 네, 메일로 보내놓았습니다.

② A：**コピーは準備できましたか。** 복사는 준비되었습니까?

B：a **はい、人数分コピーしてあります。** 네, 인원수만큼 복사해 두었습니다.

　　b **はい、人数分コピーしておきました。** 네, 인원수만큼 복사해 두었습니다.

Tip 뉘앙스의 차이

「~てあります」와 「~ておきました」에는 뉘앙스의 차이가 있다.

「~てあります」: 행위의 결과 상태에 초점.

즉 ①「資料」/②「コピー」에 초점을 두고 있다.

「~ておきました」: 사람이 하는 행동에 초점.

✋ 質問！ ————————————————————————

Q 「~てありました」라는 표현은 언제 사용되나요?

A 직접 눈으로 본(확인한) 상태를 나타내는 경우에만 사용됩니다.

① A：私のかばんを見ませんでしたか。 제 가방을 보지 않았습니까?

　 B：机の上に置いてありましたよ。 책상 위에 놓여 있었습니다.

② 黒板に山田さんの名前も書いてありましたよ。 칠판에 야마다 씨의 이름도 쓰여(써져) 있었습니다..

──

[문장연습 쓰기노트]　　　　　　　　　　　　　　　　　정답 330쪽

① A：ホテルを予約して(a ありましたか/ b おきましたか)。

　 B：はい、予約して(a ありました/ b おきました)。

② A：いすは、並べて(a ありますか/ b おきますか)。

　 B：はい、並べて(a ありました/ b おきました)。

정리하기

한국어와 다른 일본어

1. 「~てある」와「~ている」

창문이 열려있다.

　　a 窓が開けてある。　　(開ける：열다)

　　b 窓が開いている。　　(開く：열리다)

타동사+てある : 사건의 결과뿐만 아니라 동작을 한 주체의 의도(意図)가 함축되어 있
　　　　　　　다. ('의도에' 초점)

자동사+ている : 자연적으로 일어난 사건의 결과에만 초점을 맞추고 있다. (상태에 초점)

예) 창문이 열려있습니다.

　　a 窓が開けてあります。

　　　→ 공기를 깨끗하게 하기 위해서와 같은 동작의 주체의 의도가 함축되어 있다.

　　b 窓が開いています。

　　　→ 열려 있다고 하는 상황을 묘사하는 것뿐.

2. 「~てある」와「~ておく」

A : チケットは買いましたか。티켓을 샀습니까?

B : ① はい、買ってあります。네, 사 놓았습니다.

　　② はい、買っておきました。네, 사 놓았습니다.

① ②는 어떻게 다를까?

둘 다 "티켓은 이미 샀다." 라는 뜻이다. 뉘앙스 차이가 있다면, ① 買ってあります。는 구
매한 결과 티켓이 존재하고 있는 상황을 나타내는 반면, ② 買っておきました。는 미리 티

켓을 준비해 놓았다 라는 뜻이다. 즉, 「~てある」는 그 행위를 한 결과가 존재하는 상태를 말하는 것이고, 「~ておく」는 「買う」라는 행위에 초점이 있다.

또한, 「~てあります」는, <u>이미 실행된 행위</u>의 현재상태를 나타내기 위해, 미래와 과거를 나타내는 단어와 함께 사용되지 않는다.

③ 明日、チケットを買って(○おきます/×あります)。 내일, 티켓을 사 놓겠습니다.

④ 昨日、チケットを買って(○おきました/×ありました)。 어제, 티켓을 사 두었습니다.

3. 「~ておく」

용법 1. 준비

예) 書類をコピーしておきました。

예) 書類をコピーしました。

　　→ 나중에 일어날 일을 생각해서 미리 한 행동에 대해서 말할 때는 「~ておく」가 있는 것이 더 자연스럽다.

용법 2. 방치

예) そのままにしておきました。

　　→ 방치 용법에서는 「~ておく」를 생략할 수 없다.

용법 3. 조치

예) 家に帰ったら、そうじをしておきます。

일작

정답 330쪽

다음 한국어 문장을 일본어로 바꾸세요.

1. 시험 전에 확실히 복습해 두겠습니다.

   ➡ _____

2. 결혼하기 전에 돈을 모아 두겠습니다.

   ➡ _____

3. 여행 전에 여권을 받아 놔 주세요.

   ➡ _____

4. 책상은 그대로 나둬 주세요.

   ➡ _____

5. 부모님께 연락드려 놓았습니다.

   ➡ _____

상황극

구니이:　　八野(はちの)さん、出張(しゅっちょう)の準備(じゅんび)はできていますか。

하치노 씨, 출장 준비는 되어 있어요?

하치노:　　ばっちりです。

완벽해요.

구니이:　　仕事(しごと)しに行(い)くのに楽(たの)しそうですね。えっと、ホテルも予約(よやく)しましたか。

일하러 가는데 즐거워 보이네요. 호텔도 예약했어요?

하치노: はい、予約(よやく)してあります。

네, 예약해 놓았어요.

구니이: 書類(しょるい)もコピーしてありますね。

서류도 복사해 놓았지요?

하치노: はい。人数分(にんずうぶん)、コピーしときました。

네, 인원수분 복사해 두었습니다.

구니이: 荷物(にもつ)の準備(じゅんび)もしてありますか。

짐 준비도 해 놓았어요?

하치노: もちろんです。スーツも入(い)れたし、洗面用具(せんめんようぐ)も入(い)れたし、ゆかたも入(い)れたし。

물론이죠. 정장도 넣었고, 세면 도구도 넣었고, 유카타도 놓았고.

구니이: は？ゆかたは何(なん)で持(も)っていくんですか？

하? 유카타는 왜 가지고 가는거예요?

하치노: ちょうどお祭(まつ)りがあるので、ゆかた着(き)ていってきます。

마치 마츠리가 있어서 유카타 입고 갔다오겠습니다.

구니이: いつ？

언제?

하치노: 二日目(ふつかめ)の夜(よる)です。友達(ともだち)も誘(さそ)っときました。

둘째 날 밤이요. 친구도 불러 놓았어요.

구니이: ちょっと、そんな時間(じかん)はないですよ。

저기요, 그런 시간은 없어요.

하치노: 大丈夫(だいじょうぶ)ですよ。会議(かいぎ)が終(お)わってから行(い)きますから。あー、楽(たの)しみ。

괜찮아요. 회의가 끝나고 나서 갈 테니까요. 기대 돼.

일본어 한자 쓰기연습

부수	이름	한자 1	한자 2	한자 3	한자 4
氵	さんずい	海	泳	洗	漢
		うみ 海	およ 泳ぐ	あら 洗う	かんじ 漢字
		うみ 海	およ 泳ぐ	あら 洗う	かんじ 漢字
		うみ 海	およ 泳ぐ	あら 洗う	かんじ 漢字

자동사와 타동사 외우기

1. 일반화하기 어렵기 때문에 한 단어씩 어휘로서 외울 수 밖에 없다.

2. 자동사와 타동사가 쌍을 이루는 동사도 있지만, 자동사만 있는 동사, 타동사만 있는 동사도 있다.

3. 쌍을 이루는 자동사와 타동사(**自他の対応がある動詞**)
   - 규칙성이 높은 타입.
   - 자동사를 외워두면, 타동사의 형태를 알 수 있다.
     1) -aru로 끝나는 것은 모두 자동사이고, -eru로 바뀌면 타동사가 된다.
     2) -reru로 끝나는 것은, 모두 자동사이다.
     3) -su로 끝나는 것은, 모두 타동사이다.

[自他動詞表]

자동사(自動詞)	타동사(他動詞)
유형 : -aru/-eru	
上^あがる 오르다	上^あげる 올리다
集^{あつ}まる 모이다	集^{あつ}める 모으다
捕^{つか}まる 붙잡히다	捕^{つか}まえる 붙잡다
伝^{った}わる 전해지다	伝^{った}える 전하다
終^おわる 끝나다	終^おえる 끝내다
変^かわる 변하다	変^かえる 바꾸다
決^きまる 정해지다	決^きめる 정하다
下^さがる 내리다, 내려가다	下^さげる 내리다
閉^しまる 닫히다	閉^しめる 닫다
止^とまる 멈추다, 그치다	止^とめる 멈추다, 세우다
始^{はじ}まる 시작되다	始^{はじ}める 시작하다
曲^まがる 구부러지다	曲^まげる 구부리다
見^みつかる 발견되다	見^みつける 발견하다
かかる 걸리다	かける 걸다

–reru/–su	
壊れる 부서지다	壊す 부수다
倒れる 넘어지다	倒す 넘어뜨리다
汚れる 더러워지다	汚す 더럽히다
–reru/–ru	
売れる 팔리다	売る 팔다
折れる 접히다	折る 접다
切れる 잘리다	切る 자르다
取れる 떨어지다, 빠지다	取る 잡다, 취하다
割れる 부서지다	割る 부수다
–ru/–su	
写る 비쳐 보이다, 찍히다	写す 그리다, 찍다
返る 되돌아가다	返す 되돌리다
帰る 돌아오(가)다	帰す 돌려보내다
出る 나가다	出す 내보내다
直る 고쳐지다	直す 고치다
治る 낫다	治す 낫게 하다
残る 남다	残す 남기다
回る 돌다	回す 돌리다
戻る 되돌아오(가)다	戻す 되돌리다
なくなる 없어지다	なくす 잃다
消える 꺼지다	消す 끄다
–eru/–asu	
遅れる 늦다	遅らす 늦추다
逃げる 도망치다	逃がす 놓치다
ぬれる 젖다	ぬらす 적시다
冷える 차가워지다	冷やす 차게 하다
増える 늘다	増やす 늘리다
ゆれる 흔들리다	ゆらす 흔들다
–iru/–osu	
起きる 일어나다	起こす 일으키다
落ちる 떨어지다	落とす 떨어뜨리다
降りる 내리다	降ろす 내리다
下りる 내려오다	下ろす 내리다

−u/−eru	
開く 열리다	開ける 열다
育つ 자라다	育てる 기르다
立つ 서다	立てる 세우다
建つ 서다, 세워지다	建てる 세우다, 짓다
つく 붙다 켜지다	つける 붙이다 키다
続く 계속되다	続ける 계속하다
届く (짐이)도착하다, 닿다	届ける (짐을)보내다
入る 들어가다	入れる 넣다
並ぶ 한 줄로 서다, (일렬로)늘어서다	並べる (일렬로)늘어놓다
−u/−asu	
動く 움직이다	動かす 움직이게 하다
乾く 마르다	乾かす 말리다
飛ぶ 날다	飛ばす 날리다
泣く 울다	泣かす 울리다
沸く 끓다	沸かす 끓이다

제3장

「なる 되다」와 「する 하다」

❀ 학습 내용

변화표현(変化表現)「なる 되다」와 「する 하다」에 대해서 학습한다.

❀ 학습 목표

「なる」와 「する」 앞에 「ことに」와 「ように」가 오는 표현, 「ことになる 〜하게 되다」와 「ことにする 〜하기로 하다」, 「ようになる 〜하게 되다」와 「ようにする 〜하도록 하다」를 구별해서 사용할 수 있다.

❀ Point

1. 「なる 되다」와 「する 하다」

   * 「なる」: 자연적인 변화.
   예) 最近、寒くなりました。 요즘 추워졌습니다.

   * 「する」: 누군가가 의식적으로 변화 시키다.
   예) 部屋をあたたかくします。 방을 따뜻하게 합니다.

2. 활용 방법

   * い형용사 : 〜くなる/〜くする
   예) 早くなる 빨라지다 / 早くする 빠르게 하다

* な형용사 : ～になる/～にする

   예) きれいになる ^{깨끗해지다} /きれいにする ^{깨끗하게 하다}

* 명사 : ～になる/～にする

   예) 本になる ^{책이되다} /本にする ^{책으로 하다}

* 동사는 앞에 「ことに」나 「ように」를 붙여야 한다.

   예) 行くことになる ^{가게 되다} /行くことにする ^{가기로 하다}

   예) 行くようになる ^{가게 되다} /行くようにする ^{가도록 하다}

3. 한국어와 다른 일본어-「ことになる」와 「ようになる」

「ことに」와「ように」중에서, 다음 문장에 알맞은 것을 각각 하나씩 골라주세요.

① 来月、東京に行く{ことに/ように}なりました。
② 子供が何でも食べる{ことに/ように}なりました。

이 문장들을 한국어로 하면 다음과 같이 '～하게 되다'로 번역된다.

① 다음 달 도쿄에 가게 되었습니다.
② 아이가 무엇이든 먹게 되었습니다.

하지만 일본어는 다음과 같이 표현이 달라진다.

① 来月、東京に行くことになりました。
② 子供が何でも食べるようになりました。

「ことになる」는 미래의 행위에 대해서 어떠한 결정이 내려질 때에 사용된다.

한편, 「ようになる」는 불가능한 일이 가능해지거나, 실행되지 않은 상태에서 실행된 상태로 변화하는 것을 나타낸다.

이와 같이 일본어다운 표현을 구분지어 사용할 때에는, 한국어 번역에 의존하지 않고 일본어 표현이 가지는 용법에서 그 차이를 습득하는 것이 필요해진다.

여기서는 「なる」와「する」 앞에 「ことに」와 「ように」가 오는 표현이 가지고 있는 용법에 대해서 구체적으로 알아봅시다.

❀ 생각해 보기

A : 部屋が広く(　　　　　　　　　　)ね。 방이 넓어졌네요.

B : 物を片づけて、部屋を広く(　　　　　　　　)。 물건을 정리해서 방을 넓게 했어요.

정답 : A : なりました　B:しました

오늘의 단어

何^{なん}でも	무엇이든지, 모두
片^{かた}づける	치우다, 정리하다
涼^{すず}しい	시원하다, 선선하다
規則^{きそく}	규칙
ずいぶん	꽤, 몹시
スマートフォン(スマホ)	스마트폰(핸드폰)
楽^{らく}	편안함, 쉬움
きっかけ	계기
スチュワーデス	스튜어디스(승무원)
歌手^{かしゅ}	가수
試合^{しあい}	시합
中止^{ちゅうし}	중지
旅行先^{りょこうさき}	여행지
北海道^{ほっかいどう}	[지명] 홋카이도
開始時間^{かいしじかん}	개시(시작)시간
二十歳^{はたち}	20세, 스무 살
集合場所^{しゅうごうばしょ}	집합 장소
運動場^{うんどうじょう}	운동장
味^{あじ}が濃^こい⇔味^{あじ}が薄^{うす}い	맛이 진하다⇔맛이 싱겁다
画像^{がぞう}	화상
サイズ	사이즈
歯^は	이(빨)

歯磨き粉 (はみがきこ)	치약
物 (もの)	물건
きちんと	깔끔히, 정확히
無駄 (むだ)	쓸데없음, 헛됨
調味料 (ちょうみりょう)	조미료
セット	세트
ぞうきん	걸레
美容院 (びよういん)	미용실
髪 (かみ)	머리카락
ストレート	스트레이트
設定 (せってい)	설정
オン⇔オフ	on(스위치가 켜져 있음) ⇔ off(스위치가 꺼져 있음)
胃が痛い (いがいたい)	속이 쓰리다
社内旅行 (しゃないりょこう)	사내 여행
留学する (りゅうがくする)	유학하다
転勤する (てんきんする)	전근하다
歓送会 (かんそうかい)	환송회
修学旅行 (しゅうがくりょこう)	수학여행
ごみ	쓰레기
駅構内 (えきこうない)	역 구내
台風の影響 (たいふうのえいきょう)	태풍의 영향
出版する (しゅっぱんする)	출판하다
名古屋 (なごや)	[지명] 나고야
支社 (ししゃ)	지사
たばこをやめる	담배를 끊다

日記（にっき）	일기
春（はる）	봄
栄養（えいよう）バランス	영양의 균형
意識（いしき）する	의식하다
身近（みぢか）に感（かん）じる	친근하게 느끼다
着物（きもの）	일본 전통옷
文句（もんく）を言（い）う	불평하다
胃（い）をこわす	배탈이 나다
維持（いじ）する	유지하다
井戸水（いどみず）	우물물
消毒（しょうどく）する	소독하다
細（こま）かい	자세하다
囲（かこ）い	울타리, 둘러쌈
しばふ	잔디밭
柵（さく）	울타리
食（た）べ過（す）ぎる	과식하다
なるべく	되도록, 가능한 한
チェックする	체크하다, 확인하다
興味（きょうみ）を持（も）つ	흥미를 가지다

핵심문법 1 「なる 되다」와「する 하다」

1 형용사/명사+なる

자연적인 변화를 나타낸다.

형용사/명사+**なる**

い형용사+**くなります**~해집니다.

な형용사+**になります**~해집니다

명사+**になります**~가 됩니다.~하게 됩니다.

1) ⑤ い형용사+**くなります** ~해집니다.

● い형용사**い**+**くなる**

大きい	크다	→	大きくなる	커지다
小さい	작다	→	小さくなる	작아지다
暑い	덥다	→	暑くなる	더워지다
難しい	어렵다	→	難しくなる	어려워지다
いい	좋다	→	*良くなる	좋아지다

① 最近、忙しくなりました。 최근 바빠졌습니다.

② 朝晩ずいぶん涼しくなりましたね。 아침저녁 꽤 선선해졌네요.

③ 薬を飲んで調子が良くなりました。 약을 먹고 상태가 좋아졌습니다.

④ 午後になって風が強くなってきました。 오후가 되어 바람이 강해지기 시작했습니다.

⑤ 部屋が暖かくなりませんでした。 방이 따뜻해지지 않았습니다.

정답 331쪽

[문장연습 쓰기노트]

① 시험이 어려워졌습니다.   단어 試験 시험, 難しい 어렵다

➡ _____

② 이사를 해서 회사가 멀어졌습니다.   단어 会社 회사, 遠い 멀다

➡ _____

③ 요즘 시원해졌습니다.   단어 最近 최근, 涼しい 시원하다, 선선하다

➡ _____

④ 올해부터 규칙이 엄해졌습니다.

➡ _____

⑤ 열심히 공부했기 때문에 성적이 좋아졌습니다.

➡ _____

2) ⑤ な형용사 ＋ になります ~해집니다

● な형용사 ＋ になる

きれい	아름답다, 예쁘다, 깨끗하다	→	きれいになる	아름다워지다, 예뻐지다, 깨끗해지다
静か	조용하다	→	静かになる	조용해지다
有名	유명하다	→	有名になる	유명해지다
便利	편리하다	→	便利になる	편리해지다
上手	능숙하다	→	上手になる	능숙해지다

① 交通が便利になりました。 교통이 편리해졌습니다.

② キムさんはずいぶん日本語が上手になりました。 김씨는 꽤 일본어가 능숙해졌습니다.

③ スマートフォンを持つようになって、写真を撮るのが簡単になりました。

　　스마트폰을 가지게 되어, 사진 찍는 것이 쉬워졌습니다.

④ どうか幸せになってください。 부디 행복해지세요.

⑤ 勤務時間は短くなりましたが、仕事は楽になりませんでした。

　　근무시간은 짧아졌습니다만, 일은 편해지지 않았습니다.

[문장연습 쓰기노트]　　　　　　　　　　　　　　　　　　　　　　　정답 331쪽

① 빨리 건강해지세요.　　　　　　　　　　　　　　　**단어** 早く 빨리, 元気 건강하다

➡ _____

② 요즘 예뻐졌어요.　　　　　　　　　　　　　　　　**단어** 最近 요즘, きれい 예쁘다

➡ _____

③ 일본 드라마를 계기로 일본이 좋아졌습니다.

➡ _____

④ 청소를 해서 방이 깨끗해졌습니다.

➡ _____

⑤ 걱정이 되서 부모님에게 전화해보았습니다.

➡ _____

3) ⑤ 명사＋になります ~가 됩니다. ~하게 됩니다.

● 명사＋になる

スチュワーデス	스튜어디스(승무원)	→	スチュワーデスになる	스튜어디스(승무원)가 되다
教師	교사	→	教師になる	교사가 되다
大学生	대학생	→	大学生になる	대학생이 되다

① 息子が大学生になりました。 아들이 대학생이 되었습니다.

② 歌手になりたいです。 가수가 되고 싶습니다.

③ 兄は教師になりませんでした。 형은 교사가 되지 않았습니다.

「명사＋になる」는 ④⑤⑥⑦와 같이 <u>다른 사람의 의지 또는 어떤 조건에 의해, 어떤 일이
결정되었다</u>고 말할 때도 사용된다.

④ 初級が終わって中級になりました。 초급이 끝나고 중급이 되었습니다.

⑤ 試合は中止になりました。 시합은 중지 되었습니다.

⑥ 明日は仕事が休みになりました。 내일은 일을 쉬는 날이 되었습니다.

⑦ 会議は午後からになりました。 회의는 오후부터입니다.(오후부터가 되었습니다.)

Tip 「~になります」는 「~にします」에 비해 말하는 사람의 적극적인 자세는 표면에 드러나
지 않는다.
⑦' 会議は午後からにします。 회의는 오후부터로 하겠습니다.

[문장연습 쓰기노트]   정답 331쪽

① 봄이 되었습니다.   단어 春 봄

   ➡ _____

② 여행지는 홋카이도가 되었습니다.   단어 旅行先 여행지

   ➡ _____

③ 개시 시간이 되었습니다.   단어 開始時間 개시 시간

   ➡ _____

④ 아들은 올해로 스무 살이 되었습니다.

   ➡ _____

⑤ 집합 장소는 운동장으로 되었습니다.

➡ _____

형용사/명사+する

어떤 일을 의식적으로 결정하거나 의식적으로 변화 시키는 것을 나타낸다.

형용사/명사+**する**

い형용사＋**くします** ~하게 합니다

な형용사＋**にします** ~하게 합니다, ~로 합니다.

명사＋**にします** ~로 합니다.

1) ⑤ い형용사＋**くします** ~하게 합니다

● い형용사い＋**くする**

大きい	크다	→	大き**くする**	크게 하다
小さい	작다	→	小さ**くする**	작게 하다
早い	빠르다	→	早**くする**	빨리 하다
難しい	어렵다	→	難し**くする**	어렵게 하다
いい	좋다	→	＊良**くする**	좋게 하다

① 部屋を暖かくします。 방을 따뜻하게 합니다.

② 音を少し大きくしました。 소리를 조금 크게 했습니다.

③ 早くしてください。 빨리 해 주세요.

④ 荷物は軽くしてください。 짐은 가볍게 해주세요.

⑤ 味をこくしませんでした。 맛을 진하게 하지 않았습니다.

① 기간을 짧게 했습니다.

➡ _____

② 조금 맵게 해주세요

➡ _____

③ 되도록 방을 어둡게 해 주세요

➡ _____

④ 영상의 사이즈를 작게한 뒤에 보내겠습니다.

➡ _____

⑤ 이 치약은 이(빨)를 하얗게 하고 싶은 분에게 추천합니다.

➡ _____

2) ⑤ な형용사＋にします ~하게 합니다, ~로 합니다.

● な형용사＋にする

きれい	아름답다, 예쁘다, 깨끗하다	→	きれいにする	아름답게 하다, 예쁘게 하다, 깨끗하게 하다
静か	조용하다	→	静かにする	조용하게 하다
複雑	복잡하다	→	複雑にする	복잡하게 하다

① 部屋をきれいにする。 방을 깨끗하게 하다.
② 彼女を幸せにする。 그녀를 행복하게 하다.
③ 物を大切にする。 물건을 소중히 하다.
④ 少し静かにしてください。 조금 조용히 해주세요.

① 남에게 친절히 하다(대하다)

➡ _____

② 그는 일을 정확하고 성실하게 하는 사람입니다.

➡ _____

③ 시간을 헛되이 하지 않기 위한 방법

➡ _____

④ 이것은 요리를 간단하게 하는 조미료 세트입니다.

➡ _____

⑤ 선물 고마워요. 소중히 하겠습니다.

➡ _____

3) ⑤ 명사＋にします ~로 합니다.

● 명사＋にする

① 古いタオルをぞうきんにする。 낡은 수건을 걸레로 하다.

② 待ち合わせ場所を明洞(ミョンドン)にしました。 약속 장소를 명동으로 했습니다.

③ 美容院で髪をストレートにしました。 미용실에서 머리카락을 폈습니다.

④ 設定をオンにしなかった。 설정을 on으로 하지 않았다.

⑤ (커피숍에서)

A : 何にしますか。 무엇으로 하시겠습니까?

B : 私はアイスコーヒーにします。 저는 아이스커피로 하겠습니다.

① 오늘은 이미 늦었기 때문에 회의는 내일로 하겠습니다.

➡ _____

② 어느쪽으로 하겠습니까?

➡ _____

③ 파란 쪽으로 하겠습니다.

➡ _____

● 관용 표현

気になる 신경쓰이다 / **気にする** 신경쓰다

① **これからのことが気になります。** 앞으로의 일이 신경 쓰입니다.
② **彼女のことが気になります。** 그녀가 신경 쓰입니다.
③ **だいじょうぶです。気にしないでください。** 괜찮습니다. 신경쓰지 마세요.
④ **気にしすぎて胃が痛い。** 너무 신경 써서 속 쓰리다.

핵심문법 2 「ことになる ～하게 되다」와 「ことにする ～하기로 하다」

● **ことになる** ～하게 되다
내 의지와 상관없이 외적 요인에 의해 어떤 사건이 결정된 것을 나타낸다. 결정을 내린 주체가 명료하지 않고, 자연적으로 (어쩌다 보니, 저절로) 그런 결론이나 결과가 되는 것을 나타낸다. 완곡적인 표현.

● **ことにする** ～하기로 하다
내가 주체적으로 결정한 것을 나타낸다. 결정을 내린 주체가 확실하다.

예) 社内旅行は京都に行くことになりました。

　　사내 여행은 교토로 가게 되었습니다. → 회의에서 정했다.

예) 社内旅行は京都に行くことにしました。

　　사내 여행은 교토에 가기로 했습니다. → 내가 주체적으로 정했다.

1　ことになる ～하게 되다

1) ④ ～ることになります ~하게 됩니다.

　④ ～ないことになります ~하지 않게 됩니다.

- 동사 보통형+ことになる

- 동사 ない형＋ないことになる

내 의지와 상관없이 외적요인에 의해 사건이 결정된 것을 나타낸다.

① 来年、アメリカの大学院に留学することになりました。

　　내년에 미국 대학원으로 유학하게 되었습니다.

② プサン支社へ転勤することになりました。 부산 지사로 전근 가게 되었습니다.

③ 歓送会は3日に行われることになりました。 환송회는 3일에 실시하게 되었습니다.

　　* 行われる 실시되다

④ 昨日の会議で、今年は修学旅行に行かないことになりました。

　　어제 회의에서 올해는 수학여행에 가지 않게 되었습니다.

⑤ 今年の秋に結婚することになりました。 올 가을에 결혼하게 되었습니다.

★한국어와 다른 일본어★ 「ことになりました」

결혼한다고 이야기할 때 a, b 어느 쪽이 일본어다운 표현일까?

　a 結婚することになりました。

　b 結婚することにしました。

정답은 a.

누군가에게 이야기하는 장면에서는 「**ことになりました**」를 쓴다. 「**ことになりました**」에는 "여러분들 덕분에 이런 결과가 되었습니다."와 같은 의미가 포함되어 있어, 특히 경사나 성공 보고인 경우, 겸손함과 감사의 마음도 전할 수 있어서 좋은 인상을 줄 수 있다.

2) 「**~ことになっている**」 ~하게 되어 있다.

약속, 예정, 규칙, 사회적 관례 등을 나타낸다.

① 今日、すずきさんと1時に新宿で会うことになっています。

　오늘 스즈키 씨와 1시에 신주쿠에서 만나기로 되어 있습니다.

② このアパートではごみを日曜日に出すことになっています。

　이 아파트에서는 쓰레기를 일요일에 내놓게 되어 있습니다.

③ 駅構内では、たばこを吸えないことになっています。

　역구내에서는 담배를 피울 수 없게 되어 있습니다.

④ 留学生は仕事をしてはいけないことになっています。

　유학생은 일을 하면 안 되는 것으로 되어 있습니다.

⑤ 今日から沖縄へ社内旅行へ行くことになっていましたが、台風の影響で中止になり

　ました。 오늘부터 오키나와로 사내여행을 가게 되어 있었습니다만, 태풍의 영향으로 중지되었습니다.

[문장연습 쓰기노트]　　　　　　　　　　　　　　　　　　　　　　　　　정답 331쪽

① 다음 달 도쿄로 이사하게 되었습니다.　　　　　　**단어** 東京 도쿄,　引っこす 이사하다

　➡ _____

② 출장은 가지 않게 되었습니다.　　　　　　　　　　　　　　**단어** 出張 출장

　➡ _____

③ 이번에 책을 출판하게 되었습니다.

　➡ _____

④ 덕분에 나고야에도 지점을 내게 되었습니다.

　➡ _____

⑤ 8시50분까지 출근하게 되어 있습니다.

　➡ _____

2 **ことにする ~하기로 하다**

1) 💡 **～ることにします** ~하기로 합니다.

　💡 **～ないことにします** ~하지 않기로 합니다.

● 동사 보통형+**ことにする**

● 동사 **ない**형＋**ないことにする**

본인의 결정, 결의를 나타낸다.

① <ruby>明日<rt>あした</rt></ruby>**からダイエットする**ことにします。 내일부터 다이어트하기로 합니다.

② <ruby>友達<rt>ともだち</rt></ruby>**と**<ruby>明日<rt>あす</rt></ruby><ruby>会<rt>あ</rt></ruby>**う**ことにしました。 친구와 내일 만나기로 했습니다.

③ <ruby>健康<rt>けんこう</rt></ruby>**のために、たばこをやめる**ことにしました。 건강을 위해 담배를 끊기로 했습니다.

④ <ruby>今日<rt>きょう</rt></ruby>**はどこにも**<ruby>行<rt>い</rt></ruby>**かないで**<ruby>家<rt>いえ</rt></ruby>**で**<ruby>勉強<rt>べんきょう</rt></ruby>**する**ことにしたよ。

　오늘은 아무 데도 안 가고 집에서 공부하기로 했어.

⑤ <ruby>旅行<rt>りょこう</rt></ruby>**に**<ruby>行<rt>い</rt></ruby>**かない**ことにしました。 여행에 가지 않기로 했습니다.

2) 「**ことにしている**」 ~하기로 하고 있다

과거에 결정한 것을 지금도 지키고 있다. 또한 지금도 그 마음을 가지고 있다. (＝~と<ruby>決<rt>き</rt></ruby>

めている: ~하기로 정한 것을 지금도 지키고 있다.)

① <ruby>毎日<rt>まいにち</rt></ruby><ruby>必<rt>かなら</rt></ruby>**ず**<ruby>日記<rt>にっき</rt></ruby>**を**<ruby>書<rt>か</rt></ruby>**く**ことにしている。 매일 꼭 일기를 쓰기로 하고 있다.

　(**書くと決めている。** 쓰기로 정한 것을 지키고 있다.)

② **毎朝運動をする**ことにしている。 매일 아침 운동을 하기로 하고 있다.

   (**運動すると決めている**。 운동하기로 정한 것을 지키고 있다.)

③ **今年の春から日本へ留学する**ことにしています。 올 봄부터 일본에 유학하기로 (계획)하고 있습니다.

   (**留学すると決めている**。 유학가기로 정한 그 마음을 지금도 가지고 있다.)

[문장연습 쓰기노트]   정답 332쪽

① 다음 달부터 편의점에서 아르바이트를 하기로 했습니다.

                                            단어 **アルバイト** 아르바이트,   **コンビニ** 편의점

   ➡ _____

② 올해는 친정에 돌아가지 않기로 했습니다.   단어 **実家** 친정

   ➡ _____

③ 앞으로 단 것은 많이 먹지 않기로 하겠습니다.   단어 **甘い物** 단 것

   ➡ _____

④ TV는 하루에 한 시간만 보기로 하고 있습니다.

   ➡ _____

⑤ 밤에는 커피를 마시지 않기로 하고 있다.

   ➡ _____

핵심문법 3 「ようになる ～하게 되다」와 「ようにする ～하도록 하다」

• ようになる ~하게 되다 : 장기간 걸쳐서 객관적으로 변화해 가는 과정을 나타낸다.

1) 동사(가능형) + **ようになる**   ~할 수 있게 되다

   불가능했던 일이 가능하게 된 것을 나타낸다.

예) コーヒーが飲めるようになった。 커피를 마실 수 있게 되었다. (불가능→가능)

2) 동사(사전형) + **ようになる** ~하게 되다

행동의 변화 또는 습관의 변화를 나타낸다.(습관화 되었다, 이전에는 없었던 습관이

생겼다)

예) コーヒーを飲むようになった。 커피를 마시게 되었다. (습관의 변화)

● **ようにする** ~하도록 하다 : 언제나 신경 쓰고 있는 것을 나타낸다.

예) 毎朝、水を飲むようにします。 매일 아침 물을 마시도록 하겠습니다.

1 「~ようになる」 ~하게 되다

1) ④ ~るようになります ~하게 됩니다

● 동사의 가능형 + **ようになる**   ~할 수 있게 되다

불가능했던 일이 가능하게 되었다.

① 泳げるようになった。 헤엄칠 수 있게 되었다.

② 朝早く起きられるようになった。 아침 일찍 일어날 수 있게 되었다.

③ 日本語が分かるようになった。 일본어를 알게 되었다.

④ だんだんできるようになりました。 점점 할 수 있게 되었습니다.

⑤ 日本語が話せるようになりたい。 일본어를 말할 수 있게 되고 싶다.

[문장연습 쓰기노트]   정답 332쪽

① 일본어를 조금 말 할 수 있게 되었습니다.

➡ _____

② 요즘 잘 잘 수 있게 되었습니다.

　➡ _____

③ 한자를 읽을 수 있게 되었습니다.

　➡ _____

④ 컴퓨터를 사용할 수 있게 되었습니다.

　➡ _____

⑤ 요리를 더 맛있게 만들 수 있게 되고 싶다.

　➡ _____

● 동사의 사전형＋ようになる ~하게 되다

행동의 변화 또는 '습관화되었다', '이전에는 없었던 습관이 생겼다'와 같은 습관의 변화를 나타낸다.

① 子供が野菜を食べるようになった。아이가 채소를 먹게 되었다.

② となりの子供は最近きちんとあいさつするようになりました。
이웃집 아이는 최근 제대로 인사하게 되었습니다.

③ ダイエットを始めて、栄養バランスを意識するようになりました。
다이어트를 시작하고 영양의 균형을 의식하게 되었습니다.

④ 日本語が身近に感じるようになってきました。일본어가 친근하게 느껴지게 되었습니다.

⑤ 最近、新聞を読まないようになった。최근, 신문을 읽지 않게 되었다.

＊「~ないようになった」는「~なくなった」로 바꿔 쓸 수 있다.
　예) 最近、新聞を読まなくなった。

2) 🔈④ ~なくなります ~하지 않게 됩니다.

　예) コーヒーを飲まなくなった。커피를 마시지 않게 되었다. (습관의 변화)
　예) コーヒーが飲めなくなった。커피를 마실 수 없게 되었다. (가능→불가능)

● 동사 **ない형＋なくなる** ~하지 않게 되다

상태 혹은 습관의 변화를 나타낸다.

① 日本人は着物を着なくなった。 일본인은 기모노를 입지 않게 되었다.

② 最近は手紙を送らなくなった。 최근에는 편지를 보내지 않게 되었다.

③ 彼は文句を言わなくなった。 그는 불만을 말하지 않게 되었다.

● 동사 **가능·부정형＋なくなる** ~ 할 수 없게 되다

가능했던 것이 불가능하게 된 것을 나타낸다.

① 仕事が増えて早く帰れなくなった。 일이 많아져서 일찍 귀가할 수 없게 되었다.

② 胃をこわして辛いものが食べられなくなった。 위에 탈이 나서 매운 것을 먹을 수 없게 되었다.

③ 用事ができて明日は行けなくなりました。 일이 생겨서 내일은 갈 수 없게 되었습니다.

Tip 형용사＋**なくなる** ~지 않게 되다

　　い형용사 : **い형용사い＋く＋なくなる** ~지 않게 되다

　　예) 歯が痛くなくなった。 이가 아프지 않게 되었다.

　　な 형용사 : **な형용사＋では(じゃ)＋なくなる** ~지 않게 되다

　　예) 簡単では(じゃ)なくなった。 간단하지 않게 되었다. (쉽지 않게 되었다.)

[문장연습 쓰기노트]　　　　　　　　　　　　　　　　　　　정답 332쪽

① 최근 운동을 전혀 하지 않게 되었습니다.

➡ _____

② 아이는 초등학교에 들어가고 나서 자주 책을 읽게 되었습니다.

　　　　　　　　　　　　　　　　　단어 子供 아이,　小学校 초등학교

➡ _____

③ 아이가 밖에서 놀지 않게 되었습니다.　　　　　　　　　단어 **外** 밖(そと)

➡ _____

④ 요리를 맛있게 만들 수 있게 되었습니다.　　　　　　단어 **料理** 요리(りょうり), **おいしく** 맛있게

➡ _____

⑤ 일을 계속할 수 없게 되었습니다.　　　　　　　　　　단어 **仕事** 일(しごと)

➡ _____

2　「～ようにする」 ～하도록 하다

어떤 일을 성립시키기 위해 노력하거나 신경 쓰는 것을 나타낸다.

1) ④ ～ようにします

● 동사 사전형 ＋ **ようにする** ～하도록 하다

● 동사 가능형 ＋ **ようにする** ～할 수 있도록 하다

① **これからはできるだけ日本語(にほんご)で話(はな)す**ようにします。 앞으로는 되도록 일본어로 말하도록 하겠습니다.

② **健康(けんこう)を考(かんが)えて、なるべく野菜(やさい)を食(た)べる**ようにします。
　건강을 생각해서 되도록 야채를 먹도록 하겠습니다.

③ **毎日(まいにち)1万歩(まんぽ)を歩(ある)く**ようにして、**健康(けんこう)を維持(いじ)しています。**
　매일 1만보 걷도록 하여 건강을 유지하고 있습니다.

④ **井戸水(いどみず)を消毒(しょうどく)して飲(の)める**ようにした。 우물 물을 소독해서 마실 수 있도록 했다.

⑤ **野菜(やさい)を細(こま)かく切(き)って子供(こども)が食(た)べられる**ようにした。 야채를 잘게 썰어서 아이가 먹을 수 있도록 했다.

① 곧 연락하도록 하겠습니다.

➡ _____

② 1시간 전에는 있도록 하겠습니다.

➡ _____

③ 3시에는 갈 수 있도록 하겠습니다.

➡ _____

2) ④ ～ないようにします

● 동사 **ない**형 ＋ **ようにする** ~하지 않도록 하다

① 囲いを作って、しばふに入れないようにした。 울타리를 만들어서 잔디밭에 들어가지 못하도록 했다.

② ベッドにさくをつけて、赤ちゃんが落ちないようにしました。
　　침대에 가드를 설치해서 아기가 떨어지지 않도록 했습니다.

① 과식하지 않도록 했습니다.

➡ _____

② 내일은 절대로 잊지 않도록 하겠습니다.

➡ _____

3) **ようにしている** ~하도록 하고 있다

습관적으로 신경 쓰고 있는 것을 나타낸다.

「なるべく」「できるだけ」와 같이 쓰이는 경우가 많다.

① 毎朝6時までには起きるようにしている。 매일 아침 6시까지는 일어나도록 하고 있다.

② 日本語の本をたくさん読むようにしている。 일본어 책을 많이 읽도록 하고 있다.

③ 買い物はできるだけ歩いて行くようにしている。
장 보러 갈 때는 될 수 있으면 걸어서 가도록 하고 있다.

④ なるべくおかしは食べないようにしています。 될 수 있으면 과자는 먹지 않도록 하고 있습니다.

⑤ お酒は飲まないようにしています。 술은 마시지 않도록 하고 있습니다.

정답 332쪽

[문장연습 쓰기노트]

① 가능한 한 일본어로 말하도록 하고 있습니다.

　➡ _____

② 건강을 위해서 계단을 사용하도록 하고 있습니다.

　➡ _____

③ 매일 한자을 외우도록 하고 있습니다.

　➡ _____

④ 매일 메일을 확인하도록 하고 있습니다.

　➡ _____

⑤ 라멘을 먹지 않도록 하고 있습니다.

　➡ _____

Tip 「ようにしている」와 「ことにしている」의 차이

　　「ようにしている」는 습관적인 것에 대해 "노력하고 있다", "신경 쓰고 있다"라는 표현
　　인 반면, 「ことにしている」는 "어떤 것을 한다/ 안 한다"를 결정하여 그것을 지키고 있
　　다라는 표현이다.

　　夜は、コーヒーを飲まないようにしている。 밤에는 커피를 마시지 않도록 하고 있다.
　　(마시지 않도록 노력하고 있다./신경 쓰고 있다.)

夜は、コーヒーを飲まないことにしている。 밤에는 커피를 마시지 않기로 하고 있다.
(마시지 않겠다고 정한 것을 지키고 있다.)

정리하기

핵심문법 1 「なる 되다」와 「する 하다」

형용사/명사+**なる**　예) **寒くなる/きれいになる/大学生になる**

형용사/명사+**する**　예) **大きくする/きれいにする/ONにする**

핵심문법 2 「ことになる ~하게 되다」와 「ことにする ~하기로 하다」

~ことになる　~하게 되다

~ことにする ~하기로 하다

　예) **社内旅行は京都に行くことになりました。**
　예) **社内旅行は京都に行くことにしました。**

~ことになっている~하게 되어 있다.

　예) **今日、すずきさんと1時に新宿で会うことになっています。**

~ことにしている ~하기로 하고 있다

　예) **毎日必ず日記を書くことにしている。**

핵심문법 3 「ようになる ~하게 되다」와 「ようにする ~하도록 하다」

~ようになる ~하게 되다

　예) **コーヒーを飲むようになった。**
　예) **コーヒーが飲めるようになった。**

~なくなる ~하지 않게 됩니다.

　　예) コーヒーを<u>飲ま</u>なくなった。

　　예) コーヒーが<u>飲め</u>なくなった。

~ようにする ~하도록 하다

　　예) 野菜を細かく切って子供が食べられるようにした。

~ようにしている ~하도록 하고 있다

　　예) 日本語の本をたくさん読むようにしている。

★한국어와 다른 일본어★ 「ことになる」와「ようになる」의 차이

· ことになる ：미래의 행위에 대해서 어떠한 결정이 내려질 때 사용. 그 사태의 결과에만
　　초점을 맞춘다.

· ようになる ：불가능한 일이 가능해질 때 사용. 시간을 들여 과정도 포함한 결과에 초점
　　을 맞춘다. (그 결과 그런 사태나 어떤 습관이 되었다)

　　다음은 「ことになった」와 「ようになった」 어느 쪽이 들어갈까?

　　だんだん日本に興味を持つ{ことになった/ようになった}。 점점 일본에 흥미를 갖게 되었다.

정답 : ○だんだん日本に興味を持つようになった。

앞에 "だんだん"이 있는 것이 포인트. 즉, 시간을 들여 일본에 흥미를 갖게 되었다 라는 뜻
이 되기 때문에 "ようになる"가 적합하다.

일작

정답 332쪽

다음 한국어 문장을 일본어로 바꾸세요.

1. 일본어가 꽤 능숙해 졌습니다.

   ➡ _____

2. 다음달에 이사를 가게 되었습니다.

   ➡ _____

3. 오늘부터 담배를 끊기로 했습니다.

   ➡ _____

4. 한자를 읽을 수 있게 되었습니다.

   ➡ _____

5. 하루에 30분 단어를 암기하도록 하고 있습니다.

   ➡ _____

상황극

하치노:　　あー、おいしかった。ごちそうさまでした。
　　　　　　아, 맛있었다. 잘 먹었습니다.

구니이:　　デザートも出(で)ますよ。何(なに)にしますか。
　　　　　　디저트도 나와요. 뭐로 할래요?

하치노:　　じゃあ、コーヒーで。
　　　　　　그럼 커피로 하겠습니다.

구니이: あれ？コーヒーは飲(の)まないようにしているんじゃなかったっけ？夜(よる)寝(ね)れないとかで。

어라? 커피는 마시지 않도록 하고 있는 거 아니었어? 밤에 잠을 못 잔다고 해서.

하치노: そうだったんですけど、最近(さいきん)また飲(の)むようになったんです。

그랬었는데 요즘 다시 마시게 되었어요.

구니이: あ、そう。習慣(しゅうかん)はなかなか変(か)えられないからね。

그래. 습관은 좀처럼 바꿀 수 없지.

하치노: そうですね。夜(よる)もまあまあ寝(ね)られるようになったので。

맞아요. 밤에도 그럭저럭 잘 수 있게 되었으니까.

구니이: そう。じゃあ、ぼくはバニラアイスにしようかな。

그래. 자, 나는 바닐라 아이스로 할까나?

하치노: あー、私(わたし)もアイスにしようかな。

아, 나도 아이스로 할까?

구니이: あれ？ダイエットしているんじゃなかったっけ？

어라? 다이어트하고 있지 않았어?

하치노: 明日(あした)からすることにしました。

내일부터 하기로 했습니다.

구니이: そのせりふ、毎日(まいにち)聞(き)いている気(き)がするけど。

그 대사 매일 듣고 있는 것 같은데.

하치노: 気(き)にしないでください。

신경 쓰지 마세요.

부수	이름	한자 1	한자 2	한자 3	한자 4
土	つちへん	地	場	坂	塩
		とち 土地	ばしょ 場所	さかみち 坂道	しお 塩
		とち 土地	ばしょ 場所	さかみち 坂道	しお 塩
		とち 土地	ばしょ 場所	さかみち 坂道	しお 塩

제4장

수수표현(授受表現)

● 학습 내용

일본어 수수표현(授受表現)「あげる」,「くれる」,「もらう」가 가지고 있는 특징에 대해서 학습한다.

● 학습 목표

1. 물건의 주고받음과, 은혜의 주고받음을 표현할 수 있다.
2. 「あげる」와 「くれる」의 차이를 알고 사용할 수 있다.
3. 정중한 의뢰표현을 사용할 수 있다.

● Point

1. 수수표현(授受^{じゅ じゅ ひょうげん}表現)이란

'주는 쪽'과 '받는 쪽'의 시점의 차이를 나타낸 것이다.

주는 쪽		받는 쪽	
教^{おし}える	가르치다	習^{なら}う	배우다
売^うる	팔다	買^かう	사다
貸^かす	빌려주다	借^かりる	빌리다

일본어 수수표현에는 「あげる」, 「くれる」, 「もらう」가 있는데, 한국어와 다른 특징을 가지고 있다.

あげる 주다
くれる 주다
もらう 받다

2. 일본어 수수표현의 특징

특징 1) 일본어 수수표현의 포인트는 「話し手の立場(視点)」(화자 입장(시점))이다.

「あげる」와 「くれる」는 둘 다 '주다'라는 의미이지만, 나의 입장(시점)을 어느 쪽에 두느냐에 따라 사용방법이 나뉘어 진다.

例) 私は、田中さんに本をあげました。 나는 타나카 씨에게 책을 주었습니다.
例) 木村さんは、私の妹にプレゼントを{×あげました/○くれました}。
　　키무라 씨는 나의 여동생에게 선물을 주었습니다.

1)【주는 사람】이 나(자신)이거나 혹은 받는 사람보다 나에게 가까운 인물일 경우, 「あげる」를 사용한다.

　　私は、田中さんに本をあげました。 나는타나카씨에게 책을 주었습니다.
　　【주는 사람】(私) : 화자 본인

　　兄は、田中さんに本をあげました。 형은 타나카씨에게 책을 주었습니다.
　　【주는 사람】(兄) :받는 사람(타나카 씨)보다 화자에게 가까운 인물

2) 한편, 주어가 제3자이고【받는 사람】이 화자 본인 혹은 주는 사람보다 화자에게 가까운 인물일 경우, 「くれる」를 사용한다.

　　木村さんは、私にプレゼントをくれました。 키무라씨는 나에게 선물을 주었습니다.
　　【받는사람】(私) : 화자본인

　　木村さんは、私の妹にプレゼントをくれました。
　　키무라씨는 나의 여동생에게 선물을 주었습니다.
　　【받는 사람】(私の妹) : 주는 사람(키무라 씨)보다 화자에게 가까운 인물

특징 2) 일본어 수수표현에는 〈물건의 이동〉과 〈동작·행위에 의한 은혜/이익의 이동〉이 있다.

물건의 이동: 명사+を＋あげる/くれる/もらう

예)妹に本をあげる。 여동생에게 책을 주다.

은혜/이익의 이동: 동사＋てあげる/てくれる/てもらう

예)妹に本を買ってあげる。 여동생에게 책을 사주다.

● 생각해 보기

A. 적절한 표현을 고르세요.

  1. {私/山本さん}は、妹の宿題をみてあげました。

    ➡ _____

  2. {私/山本さん}は、妹の宿題をみてくれました。

    ➡ _____

B. 다음에 제시되는 한국어 문장을 아래 문형을 활용하여 일본어 문장으로 완성해보세요.
「～てくれる(～てくださる)」, 「～てもらう(～ていただく)」

1. 친구가 숙제를 도와줬습니다.

  「くれる」 ➡ _____

  「もらう」 ➡ _____

2. 선생님이 작문을 고쳐주셨습니다.

  「くれる」 ➡ _____

  「もらう」 ➡ _____

정답 : A 1. 私は、妹の宿題をみてあげました。 나는 여동생의 숙제를 봐 주었습니다.
       2. 山本さんは、妹の宿題をみてくれました。 야마모토 씨는 여동생의 숙제를 봐 주었습니다.

B 1. 友達が宿題を手伝ってくれました。

友達に宿題を手伝ってもらいました。

2. 先生が作文を直してくださいました。

先生に作文を直していただきました。

오늘의 단어

甥	(남) 조카
姪	(여) 조카
おじ	삼촌·숙부·고모부·이모부의 총칭.
おば	큰어머니·작은어머니·외숙모·고모·이모의 총칭.
お年玉	세뱃돈
今なら	지금이라면
日課	일과
商品返品	상품의 반품
近所の人	이웃사람
先日	일전, 요전 날
おすそ分け	남에게 얻은 물건이나 이익을 다시 남에게 나누어 줌; 또, 그 나누어 준 것.
万年筆	만년필
ついていく ⇔ ついてくる	따라가다 ⇔ 따라오다
浅草	[지명] 아사쿠사
会場	회장
生き方	생활 방식(태도)

起_おこす	일으키다
ご参加_{さんか}	참가
お送_{おく}り	보냄
訳_{やく}す	번역하다, 해석하다
読_よみ方_{かた}	읽는 법

 ## 학습하기

핵심문법 1 あげる / もらう / くれる

1 ～をあげる

1) ⑤ ～をあげます ~를 줍니다.

- Aは、Bに[물건]をあげます。

① 姉_{あね}は、鈴木_{すずき}さんに花_{はな}をあげました。 언니는 스즈키 씨에게 꽃을 주었습니다.
② 毎年_{まいとし}、私_{わたし}は甥_{おい}にお年玉_{としだま}をあげています。 매년 나는 조카에게 세뱃돈을 주고있습니다.

2) ⑤ ～をやります ~를 줍니다.

「~をやる」： 동물과 식물에게 먹이와 물을 주다.

① 今朝_{けさ}、花_{はな}に水_{みず}をやりました。 오늘 아침 꽃에 물을 주었습니다.
② 猫_{ねこ}にえさをやりに外_{そと}へ出_でました。 고양이에게 먹이를 주러 밖으로 나왔습니다.

3) ⑤ ～をさしあげます ~를 드립니다.

「~をあげる」의 대우(待遇) 표현「~を差し上げる」

● Aは、Bに［물건］をさしあげます。

　① 先生にお土産をさしあげました。선생님에게 선물을 드렸습니다.

　② お聞きしたいことがあり、メールをさしあげました。 여쭙고 싶은 것이 있어서 메일을 드렸습니다.

　　（「お聞きしたい 여쭙고 싶다」는「聞きたい 묻고 싶다」의 겸양어.）

연습문제 ─── 정답 333쪽

　やる/あげる/さしあげる를 넣어 문장을 완성하세요.

　① 去年、彼女にマフラーを（　　　　）。

　② 今なら無料クーポンを（　　　　）。

　③ 毎朝、犬にえさを（　　　　）のが私の日課です。

2　～をもらう

1) ⑤ ～をもらいます ~를 받습니다.

● Bは、Aに［물건］をもらいます。

　① 私は、木村さんにクリスマスカードをもらいました。
　　나는 키무라 씨에게 크리스마스 카드를 받았습니다.

　② 妹は、山田さんにチョコレートをもらいました。 여동생은 야마다 씨에게 초콜렛을 받았습니다.

　＊「もらう」는 무엇인가 이동하는 경우(지식이나 추상적인 이동도 포함)에「Aに」대신
　　「Aから」라고 할 수 있다.

③ このかさは田中さんにもらいました。 이 우산은 다나카 씨에게 받았습니다.

③' このかさは田中さんからもらいました。 이 우산은 다나카씨로부터 받았습니다.

2) ⑤ ～をいただきます ~를 받습니다.

「~をもらう」의 대우(待遇)표현「~をいただく」

● Bは、Aに[물건]をいただきます。

① 先生に本をいただきました。 선생님에게 책을 받았습니다.

② 妹は田中さんに花をいただきました。 여동생은 타나카 씨에게 꽃을 받았습니다.

연습문제 ─────────────────────────────── 정답 333쪽

もらう/いただく 를 넣어 문장을 완성하세요.

① 商店街でクーポンを( )。

② 商品返品の際はご来店( )ことになります。

③ これは祖母から( )エプロンです。

───

3 ～をくれる

1) ⑤ ～をくれます ~를 줍니다.

주어(A)가 제3자이고,【받는 사람】(B)가 화자 본인 혹은 주는 사람보다 화자에게 가까운 인물일 경우、「くれる」를 사용한다.

● Aは、Bに[물건]をくれます。

① 木村さんは、私にプレゼントをくれました。 키무라 씨는 나에게 선물을 주었습니다.

【받는사람】(私) :화자 본인

② 木村さんは、<u>私の妹</u>にプレゼントをくれました。 키무라 씨는 <u>나의 여동생</u>에게 선물을 주었습니다.

【받는사람】(私の妹) :주는 사람(키무라 씨)보다 화자에게 가까운 인물

* 내가 받을 때는「私に(나에게)」를 생략할 수 있다.

① 田中さんは妹にかばんをくれました。 다나카 씨는 여동생에게 가방을 주었습니다.

② 近所の人がうちの子供におかしをくれました。 이웃사람이 우리집 아이에게 과자를 줬습니다.

③ 入学祝いにおじが(私に)パソコンをくれました。 입학 축하로 삼촌이 (나에게) 컴퓨터를 줬습니다.

④ この時計は友達が私の誕生日に(私に)くれたものです。
이 시계는 친구가 내 생일에 (나에게) 준 것입니다.

⑤ A : そのネクタイ、すてきですね。 그 넥타이 멋지네요.

　 B : 妻が(私に)くれました。 아내가 (나에게) 주었습니다.

2) ⑤ ～をくださいます ~를 주십니다.

「~をくれる」의 대우(待遇) 표현「~をくださる」

Tip 정중형은「~をくださります」보다「~をくださいます」를 사용하는 사람이 대부분이다.

● Aは、Bに［물건］をくださいます。

① 先生は妹にかばんをくださいました。 선생님은 여동생에게 가방을 주셨습니다.

② この本は先生が(私に)くださったものです。 이 책은 선생님이 (나에게) 주신 것입니다.

③ 先日は、おすそ分けをくださり、ありがとうございました。 일전에는 나누어 주셔서 감사했습니다.

연습문제 ─────────────────────────────── 정답 333쪽

くれる/くださる 를 넣어 문장을 완성하세요.

① 友達が誕生日にかばんを(　　　　　　　　)。

② 社長がボーナスを(　　　　　　　　)。

③ これは祖父が(　　　　　)本です。

---

4 **한국어와 다른 일본어**

1) 나와 가족 간의 주고받음

나와 가족 간의 주고 받음을 표현할 때는 **대우(待遇) 표현**(존경형, 겸양형)은 쓰지 않는다.

① 母にプレゼントをあげました。　　(×さしあげました。 드렸습니다.)

엄마에게 선물을 주었습니다.

② 母がネックレスをくれました。　　(×くださいました 주셨습니다.)

엄마가 목걸이를 줬습니다.

③ 母にネックレスをもらいました。　　(×いただきました 받았습니다. (겸양))

엄마에게 목걸이를 받았습니다.

2) 「あげる」와 「くれる」

「あげる」와 「くれる」는 화자가 <u>받은 사람에게 '좋을 것'이라고 생각하는</u> 것에만 사용한다.

① × 先生にレポートをさしあげました(あげました)。

선생님께 리포트를 주었습니다.

○ 先生にレポートを{出しました/提出しました/わたしました}。

선생님께 리포트를 {냈습니다/제출했습니다./건네주었습니다}.

② × 先生がレポートをくださいました(くれました)。

선생님께서 (나에게) 리포트를 주었습니다.

○ 先生がレポートを出しました。(出題しました。)

선생님께서 (나에게) 리포트를 냈습니다. (출제했습니다.)

시점의 차이에 주의하여, 다음과 같이 괄호 안에 적절한 표현을 넣어 문장을 완성하세요.

예) 妹は田中さんに本をもらいました。
→田中さんは(　妹に本をくれました。) 타나카 씨는 여동생에게 책을 주었습니다.

① 山田さんに花をもらいました。
➡ 山田さんが(　　　　　　　　　　　　　　)。

② 社長がネクタイをくださいました。
➡ 社長に(　　　　　　　　　　　)。

③ 祖父が万年筆をくれました。
➡ 祖父に(　　　　　　　　　　)。

핵심문법 2 ～てあげる / ～てもらう / ～てくれる

① 「～てあげる」

「~てあげる」는 [친절한 행위]를 주다.

① 私はすずきさんに辞書を貸してあげました。 나는 스즈키 씨에게 사전을 빌려 주었습니다.
② 私は子供たちに本を読んであげました。 나는 아이들에게 책을 읽어 주었습니다.
③ 友達のひっこしを手伝ってあげました。 친구의 이사를 도와 주었습니다.

「~てあげる」의 대우(待遇)표현은 「~て差し上げる」

④ 駅でおばあさんの荷物を持ってさしあげました。 역에서 할머니의 짐을 들어 드렸습니다.
⑤ 昨晩、山田部長を車で送ってさしあげました。 어젯밤에 야마다 부장님을 차로 데려다 드렸습니다.

Tip 「~て差し上げる」는 윗사람에게 직접 말할 때는 쓰지 않는다.

× 荷物を持ってさしあげましょうか。 짐을 들어드릴까요?

○ 荷物をお持ちしましょうか。 (제14장 '겸양어')

[문장연습 쓰기노트]   정답 333쪽

① 조카에게 케이크를 만들어 주었습니다.

➡ _____

② 나카무라 씨에게 김씨를 소개해 주었습니다.

➡ _____

③ 관광객에게 길을 가르쳐 주었습니다.

➡ _____

② 「~てもらう」

「~てもらう」는 [친절한 행위]를 받을 때 사용한다. 행위를 받는 측을 주어로 하여 은혜를 표현한다.

- [행위를 받는 사람] は [행위를 주는 사람] に ~てもらいます

① (私は)父にかばんを買ってもらいました。 (저는) 아빠가 가방을 사 주었습니다.
② (私は)木村さんに浅草へ連れていってもらいました。

    (저는) 기무라 씨가 아사쿠사에 데리고 가 주었습니다.

③ (私は)友達に病院までついてきてもらいました。 (저는) 친구가 병원까지 따라와 주었습니다.

「~てもらう」의 대우(待遇)표현은 「~ていただく」

④ (私は)先生に本を貸していただきました。 (저는) 선생님께서 책을 빌려 주셨습니다.

무엇인가 이동하는 경우(지식이나 추상적인 이동도 포함)에 「[행위를 주는 사람]に」 대신 「[행위를 주는 사람]から」라고 할 수 있따.

⑤ 田中さんに会場までの行き方を教えてもらいました。

= 田中さんから会場までの行き方を教えてもらいました。

타나카 씨가 회장까지 가는 법을 가르쳐주었습니다.(알려주었습니다.)

[문장연습 쓰기노트]   정답 333쪽

① (저는) 어제 기무라 씨에게 도쿄를 안내 받았습니다.

➡ _____

② 오늘 아침 6시에 엄마가 깨워주었습니다.

➡ _____

③ (저는) 마츠모토 씨에게 이사를 도움 받았습니다.

➡ _____

3 ~てくれる

주어가 제3자이고, 【행위를 받는 사람】이 화자 본인 혹은 주는 사람보다 화자에게 가까운 인물일 경우, 「~てくれる」를 사용한다.

① 田中さんは妹に辞書を貸してくれました。 타나카 씨는 여동생에게 사전을 빌려주었습니다.
② 山田さんはうちの子供たちに本を読んでくれました。

야마다 씨는 우리 집 아이들에게 책을 읽어주었습니다.

③ 木村さんは私のひっこしを手伝ってくれました。 키무라 씨는 나의 이사를 도와주었습니다.

＊ 내가 받을 때는「私に(나에게)」를 생략할 수 있다.

④ このくつは木村さんがプレゼントしてくれたものです。 이 구두는 기무라 씨가 선물로 준 것입니다.

⑤ これは友達のお母さんが作ってくれたクッキーです。 이것은 친구 어머니가 만들어 준 쿠키입니다.

⑥ キムさんがソウルを案内してくれることになっています。

김씨가 서울을 안내해 주기로 되어있습니다.

Tip「~てくれる」의 대우(待遇)표현은「~てくださる」

　　정중형은「~てくださります」보다「~てくださいます」를 사용하는 사람이 대부분이다.

⑦ 先生が写真を見せてくださいました。 선생님께서 사진을 보여 주셨습니다.

⑧ 明日、社長がわざわざ家まで来てくださいます。 내일 사장님이 일부러 집까지 와 주십니다.

⑨ 丁寧に教えてくださり、誠にありがとうございました。 친절하게 가르쳐주셔서 감사했습니다.

Tip「○○くださり、ありがとうございます」

　　상대방이 자발적으로 해 준 감사의 말로「○○くださり、ありがとうございます ~해 주셔
　　서 감사합니다.」는 자주 사용되는 표현이다.

　　例) 本日は、ご参加くださり、ありがとうございます。 오늘 참석해 주셔서　감사합니다.

　　　　＝本日は、参加してくださり、ありがとうございます。

　　例) 資料をお送りくださり、助かりました。ありがとうございました。
　　　　자료를 보내 주셔서 도움이 되었습니다. 감사했습니다.

　　　　＝資料を送ってくださり、助かりました。ありがとうございました。

　　　　(「ご参加」「お送り」는 존경어)

[문장연습 쓰기노트]　　　　　　　　　　　　　　　　　　　　　　　　　　정답 000쪽

① 야마다 씨가 차표를 사러 가 주었습니다.

　　➡ _____

② 점원이 사진을 찍어 주었습니다.

➡ _____

③ 딸을 집까지 데려다 주셔서 감사했습니다.

➡ _____

핵심문법 3 의뢰표현

1　**～てくれませんか/～てもらえませんか** ～해 주시지 않겠습니까?

「**～てくれる**」「**～てもらう**」를 사용한 의뢰표현.

「**～てください**~해주세요」보다 정중한 표현.

① **ドアを閉めてくれませんか**。 문을 닫아 주지 않겠습니까

② **駅から会社までの道を教えてくれませんか**。 역에서 회사까지의 길을 가르쳐주지 않겠습니까?

③ **明日の朝、7時に起こしてもらえませんか**。 내일 아침 7시에 깨워 주지 않겠습니까?

④ **空港まで迎えに来てもらえませんか**。 공항까지 마중 와 주시지 않겠습니까?

부정형은,「**～ないでくれませんか**」「**～ないでもらえませんか**」가 된다.

① **まだ田中さんには話さないでくれませんか**。 아직 타나카 씨에게는 말하지 말아 주지 않겠습니까?

② **もう妹には会わないでもらえませんか**。 이제 여동생과는 만나지 말아 주지 않겠습니까?

2　「**～てくださいませんか**」「**～ていただけませんか**」

「**～てくれませんか**」/「**～てもらえませんか**」보다 더 정중한 표현이다.

① ちょっと窓を開けてくださいませんか。 창문을 좀 열어 주시지 않겠습니까?

② 到着する前に電話してくださいませんか。 도착하기 전에 전화해 주시지 않겠습니까?

③ もう少し詳しく説明していただけませんか。 조금 더 자세히 설명해 주시지 않겠습니까?

④ この本を明日まで貸していただけませんか。 이 책을 내일까지 빌려주지 않겠습니까?

부정형은, 「~ないでくださいませんか」「~ないでいただけませんか」가 된다.

① ここでおタバコは、吸わないでくださいませんか。

　　여기에서 담배는 피우지 말아 주시지 않겠습니까?(피우지 말아 주시겠습니까?)

② 申し訳ございませんが、ここに車を止めないでいただけませんか。

　　죄송합니다만, 여기에 차를 세우지 말아 주시지 않겠습니까?(세우지 말아 주시겠습니까?)

[문장연습 쓰기노트]　　　　　　　　　　　　　　　　　　　　　　　　정답 333쪽

① 이사를 도와주시지 않겠습니까?(「～てくれませんか」를 쓰시오.)

　　　　　　　　　　　　　　　　　　　단어 ひっこし 이사, 手伝う 돕다

➡ _____

② 가방을 들어 주시지 않겠습니까?(「～てくれませんか」를 쓰시오.)

　　　　　　　　　　　　　　　　　　　단어 かばん 가방, 持つ 들다

➡ _____

③ 택시를 불러 주시지 않겠습니까?(「～てもらえませんか」를 쓰시오.)

　　　　　　　　　　　　　　　　　　　단어 タクシー 택시, 呼ぶ 부르다

➡ _____

④ 죄송합니다만, 한국어로 번역해 주시지 않겠습니까?　　　단어 訳す 번역하다

➡ _____

⑤ 선생님, 이 한자의 읽는 법을 가르쳐 주시지 않겠습니까?　　단어 読み方 읽는 법

➡ _____

정리하기

한국어와 다른 일본어

1. 입장(시점)에 민감한 일본어

일본어는 화자의 입장(시점)에 민감하여, 한국어에서는 고려하지 않아도 되는「화자의 입
장」에 대한 배려가 필요하다. 즉. 화자에게 가까운(친밀한) 순위를 고려할 필요가 있다.

일반적으로 가까운(친밀한) 순위

나 > 가족, 형제 > 친척 > 회사와 소속된 단체 등

예) 나 〉여동생

私は、妹に本を{○あげました/×くれました}。 나는 여동생에게 책을 줬습니다.

妹は、私に本を{×あげました/○くれました}。 여동생은 나에게 책을 줬습니다.

화자에게 있어서 누가 누구보다 가까운지에 따라 표현이 달라진다.

예) 여동생=남동생인 경우

妹は弟に本をあげました。 여동생은 남동생에게 책을 줬습니다.

弟は妹に本をあげました。 남동생은 여동생에게 책을 줬습니다.

예) 田中さん＝木村さん 인 경우

田中さんは、木村さんに本をあげました。 타나카 씨는 키무라 씨에게 책을 주었습니다.

木村さんは、田中さんに本をあげました。 키무라 씨는 타나카 씨에게 책을 주었습니다.

예) 田中さん>木村さん 인 경우

田中さんは、木村さんに本をあげました。 다나카 씨는 기무라 씨에 책을 주었습니다.

木村さんは、田中さんに本をくれました。 기무라 씨는 다나카 씨에게 책을 주었습니다.

2. 「~てくれる」의 비용(非用)

「~てくれる(てくださる)」를 사용해야 할 상황에서 사용할 수 없는 **非用** (비용)이 학습자들 사이에서 자주 보여진다.

「~てくれる(てくださる)」는 그 행위에 대한 감사의 마음을 표현하기 때문에 생략한다면 상대에게 실례되는 발언이 됩니다.

「~てくれる(てくださる)」문장에서는,「私に」가 생략된다.

非用例

① ✕ 田中さんが私に教えた。 다나카 씨가 나에게 가르쳤다.

　○ 田中さんが教えてくれた。(教えてくださった)。 다나카 씨가 가르쳐 주었다. (가르쳐 주셨다).

② ✕ 友達が私に本を貸しました。 친구가 나에게 책을 빌려줬습니다.

　○ 友達が本を貸してくれました。 친구가 책을 빌려주었습니다.

*「**非用**」(비용)이란 어떤 상황에서 일본인이라면 자연스럽게 사용할 표현을 일본어 학습자가 중급이 되어서도 사용하지 못하는 또는 사용하지 않는 현상을 가리키는 말로, '오용(誤用)'과 같이 표면에 드러난 것보다도, 이와 같이 드러나지 않는 것에 보다 깊은 문제의식을 느낀 **水谷信子**(1984)에 의해 대조언어학적 입장으로부터 제창된 표현이다.

3. 「~해 드리다」와「~てさしあげる」

윗사람에게 직접 말할 때는 「~て差し上げる(~てあげる)」를　쓰지 않는다.(자못 생색을 내려는 듯 느껴져 실례가 된다.) 그럴 때는 겸양어(제13장)를 사용한다.

① ✕ 先生、後でメールを送ってさしあげます。

　○ 先生、後でメールをお送りします。 선생님, 나중에 메일을 보내드리겠습니다. (お~する : 겸양표현)

② ✕ 部長、案内してさしあげます。

　○ 部長、ご案内します。 부장님, 안내해드리겠습니다.(ご~する : 겸양표현)

4. 「~てくれる」와「~てもらう」의 뉘앙스 차이

　① 「~てくれる(~てくださる)」는 상대방이 스스로 해 준 것.

　② 「~てもらう(~ていただく)」는 내가 상대방에게 <u>부탁해서 받은 것.</u>

예) 어머니가 아침 일찍 깨워 줬습니다.

　① <ruby>母<rt>はは</rt></ruby>が<ruby>朝早<rt>あさはや</rt></ruby>く<ruby>起<rt>お</rt></ruby>こしてくれました。 (어머니가 <u>스스로</u> 나를 일찍 깨워줬다.)

　② (<ruby>私<rt>わたし</rt></ruby>は)<ruby>母<rt>はは</rt></ruby>に<ruby>朝早<rt>あさはや</rt></ruby>く<ruby>起<rt>お</rt></ruby>こしてもらいました。 (내가 어머니에게 부탁을 해서 일찍 깨워줬다.)

예) 다나카 씨가 집까지 데려다 주었습니다.

　① <ruby>田中<rt>たなか</rt></ruby>さんが<ruby>家<rt>いえ</rt></ruby>まで<ruby>送<rt>おく</rt></ruby>ってくれました。

　② (<ruby>私<rt>わたし</rt></ruby>は)<ruby>田中<rt>たなか</rt></ruby>さんに<ruby>家<rt>いえ</rt></ruby>まで<ruby>送<rt>おく</rt></ruby>ってもらいました。

예) 선생님께서 작문을 고쳐 주셨습니다.

　① <ruby>先生<rt>せんせい</rt></ruby>が<ruby>作文<rt>さくぶん</rt></ruby>をなおしてくださいました。

　② (<ruby>私<rt>わたし</rt></ruby>は)<ruby>先生<rt>せんせい</rt></ruby>に<ruby>作文<rt>さくぶん</rt></ruby>をなおしていただきました。

일작

정답 334쪽

다음 한국어 문장을 일본어로 바꾸세요.

1. 생일에 아버지가 가방을 줬습니다.

　➡ _____

2. 친구에게 앨범을 보여 주었습니다.

　➡ _____

3. 야마다씨가 우산을 빌려 주었습니다.

　➡ _____

4. 선생님이 일본어로 번역해 주셨습니다.

➡ _____

5. 죄송합니다만, 사진을 찍어 주시지 않겠습니까?

➡ _____

상황극

하치노: **先輩(せんぱい)、これちょっと手伝(てつだ)ってくれませんか。**
선배님, 이거 좀 도와 주시면 안 될까요?

구니이: **え、今(いま)忙(いそが)しいんだけどな。**
에, 지금 바쁜데.

하치노: **そんなこと言(い)わないで、すぐですから。**
그러지 마시고 금방이니까요.

구니이: **何(なに)？**
뭔데?

하치노: **この書類(しょるい)を全部(ぜんぶ)コンピューターに入力(にゅうりょく)しないといけないんですよ。**
이 서류를 모두 컴퓨터에 입력해야 되거든요.

구니이: **え、こんなに。じゃあ、これだけやってあげるから、後(あと)は自分(じぶん)でやって。**
에, 이렇게나. 그럼 이거만 해 줄 테니까 나머지는 너가 해.

하치노: **え、これもやってもらえませんか。**
에, 이것도 해 주시면 안 될까요?

구니이: **だめだよ。ぼくも忙(いそが)しいんだから。**
안 돼. 나도 바쁘다고.

하치노: **先輩(せんぱい)が手伝(てつだ)ってくれないと、今日(きょう)家(いえ)に帰(かえ)れないです私(わたし)。**
선배가 도와 주지 않으면 오늘 집에 못 가요 저.

구니이:	じゃあ、夜(よる)ご飯(はん)おごってくれるなら、やってあげてもいいけど。
	그럼 저녁 사 준다면 해 줘도 되지만.
하치노:	はい！おごります。
	네! 사 드릴게요.

일본어 한자 쓰기연습

부수	이름	한자 1	한자 2	한자 3	한자 4
女	おんなへん	姉	妹	好	始
		あね 姉	いもうと 妹	す 好き	はじ 始める
		あね 姉	いもうと 妹	す 好き	はじ 始める
		あね 姉	いもうと 妹	す 好き	はじ 始める

ひと言

비즈니스 장면에서는, 「くださる」보다 「いただく」를 사용하는 경우가 많다.

「いただく」는 「(自分が)もらう」의 겸양어이고, 자신이 주어일 때만 사용하는 경어.
「くださる」는 「(相手が)与える・くれる」의 존경어이고, 상대가 주어일 때만 사용하는 경어.

예) 部長が年賀長をくださった。 부장님이 연하장을 주셨습니다.
　　⇒ 部長から年賀状をいただいた。

예) ご連絡くださり、誠にありがとうございます。 연락 주셔서 대단히 감사합니다.
　　⇒ ご連絡いただき、誠にありがとうございます。

제5장

수동표현(受身^{うけ み}表現)

우 け み

❀ 학습 내용

일본어 수동 표현에 대해서, 직접 수동(直接受身), 간접 수동(間接受身), 무생물 수동(非情の受身) 3가지에 나눠서 학습하고, 일본어 특유의 수동 표현에 대해서 알아본다.

❀ 학습 목표

1. 동사의 수동형을 바르게 만들 수 있다.

2. 수동표현을 통해 일본어와 한국어의 발상 차이를 이해한다.

3. 수동문에서 주어가 명확한 때에 생략되는 경우가 많기 때문에 생략된 문장에서도 주어와 대상과의 관계를 파악할 수 있다.

4. 수동표현을 사용해야 하는 장면에서 적절하게 사용할 수 있다.

❀ Point

1. 일본어는 한국어에 비해 수동문을 많이 사용한다

  − <u>영향을 받은 사람</u>을 주어로 하는 문장을 수동문이라고 한다. 일본어는 주어를 말하지 않은 경우가 많은데, 이 때 수동문이 사용된다.

母に褒められました。 어머니에게 칭찬받았습니다.

─ 나타내는 언어적인 사실은 같더라도 일본어에서는 수동문으로, 한국어에서는 능동문으로 표현하는 경우가 많다. 일본어의 수동문을 한국어로 번역하는 경우, 수동의 부분이 탈락되거나 다른 표현이 되는 경우도 있다.

例) 幼いころ、私は祖母の家にあずけられて過ごした。

어릴 때, 나는 할머니 집에서 지냈다. (직역: 어렸을 때, 나는 할머니 집에 맡겨져 지냈다.)

2. 일본어와 한국어의 발상(発想)의 차이를 이해한다
   ─ 수동문과 능동문의 서술 내용이 같더라도 일본어 화자에게는 다른 인상을 준다.

   예) 부인이 도망갔다.
   ① 妻が逃げた。
   ② 妻に逃げられた。

①은 원래 문장인 능동문(能動文)이고, ②는 수동문이다. ①의 능동문은 도망간 부인(妻)이 나쁘다며 부인만을 책망하는 인상이 있다. ②의 수동문은 자신에게도 부인이 도망친 책임이 있는 듯한 자기반성의 인상도 있다. 그렇게 함으로써, 상대방에게 주는 부정적인 인상을 완화시키고 있다.

수동문과 능동문은 책임의 방향이 다르다. 능동문은 긍정적인 내용의 경우, 책임이 동작주(動作主)에 있고 좋은 인상을 주는 표현이 되지만, 부정적인 내용에서는 책임을 동작주에게 돌려 비난하게 된다. 그 장면에 어울리지 않은 표현을 사용하면 오해가 생길 위험성도 있다.

일본어에서는 능동문이 아닌 수동문으로 나타냄으로써 비난의 대상이 직접적으로 동작주에게 향하지 않도록 배려한다. 즉, 대립과 마찰이 생기는 것을 회피하고 있다.

한국어에도 수동형에 상당하는 형태가 존재하지만 일본어와 한국어에는 발상적인 차이가 있다는 것을 이해할 필요가 있다.

3. 왜 일본인은 수동표현을 사용하는가?

— 전하려고 하는 내용은 같더라도 일본어 화자에게 있어서 수동 표현과 능동 표현은 어용적(語用的)으로 받아들이는 인상이 다른 표현인 것에 주의가 필요하다. 일본인이 무의식적으로 다용하는 수동 표현은 원활한 인간관계를 유지하기 위한 상대방을 신경 쓰는 표현, 즉 배려의 표현이다. 상대방이 어떻게 받아들일지를 우선적으로 생각한다면 수동 표현이 된다.
일본인의 헤아림, 배려, 공감, 공명의 자세는 일본문화를 이해할 수 있는 열쇠이다.

❀ 생각해 보기

問1 : 다음의 대화에서 ①과② 중 바른 것은 어느 것입니까?

남 : 何^{なに}かいいことがあったんですか。 뭔가 좋은 일이 있었습니까?

여 : ① ええ。木村君^{きむらくん}が私^{わたし}をデートに誘^{さそ}ったんです。

② ええ。木村君^{きむらくん}にデートに誘^{さそ}われたんです。

정답 및 해설

× ① ええ。木村君が私をデートに誘ったんです。

○ ② ええ。木村君にデートに誘われたんです。

네. 키무라 군에게 데이트 초대받았습니다(신청 받았습니다).

일본어는 내가 관련될 경우 나의 입장에서 표현하기 때문에 수동문이 된다.
이 때 주어「私」는 생략된다.

問2 : 다음의 한국어를 일본어로 바꿀 때, ①과② 중에서 바른 것은 어느 것입니까?

여러 가지로 도움을 받았다.

① いろいろ手伝^{てつだ}われた。

② いろいろ手伝^{てつだ}ってもらった。

정답 및 해설

× ① いろいろ手伝われた。

○ ② いろいろ手伝ってもらった。

일본어의 수동표현을 「〜받다」라고 번역되는 경우가 많다.

例) 招待^{しょうたい}された。 초대 받았다.

ほめられた。 칭찬 받았다.

그렇다고 해서 「〜받다」를 전부 수동형으로 번역하게 되면 문제가 발생한다. ① 「手伝われた」는 피해(폐)를 나타내는 수동이다. 이 경우, ② 「手伝ってもらった」와 같이 은혜표현으로 표현하면 된다.

오늘의 단어

預^{あず}ける	맡기다
デートに誘^{さそ}う	데이트에 초대하다/신청하다
ほめる ⇔ 叱^{しか}る	칭찬하다 ⇔ 꾸짖다
断^{ことわ}る	거절하다
開催^{かいさい}する	개최하다
迷惑^{めいわく}	폐, 피해
プロポーズ	<u>프로포즈</u>
警官^{けいかん}	경찰관
信頼^{しんらい}する	신뢰하다
かむ	(깨)물다, 씹다
かわいがる	귀여워하다
落書^{らくが}き	낙서
起^おこす	깨우다, 일으키다

どろぼう	도둑
ほほえむ	미소 짓다
甘える	응석 부리다
風が吹く	바람이 불다
突然	돌연,갑자기
電柱	전봇대
ガイド	가이드, 안내
道に迷う	길을 헤매다/잃다
うそをつく	거짓말을 하다
渋滞	정체
まきこむ	말려들게 하다
転ぶ	구르다
なくす	잃다
財布	지갑
盗む	훔치다
授業態度	수업 태도
評価	평가
背中	등
まんが本	만화책
汚す	더럽히다
踏む	밟다
麦	보리, 밀
ぶどう	포도
物価	물가
翻訳する	번역하다
キャラクター	캐릭터

학습하기

핵심문법 1 일본어 수동표현

1 동사 수동형

행위·동작·사건을 받는 입장에서 표현하는 형식을 「受身(수동)」이라고 한다. 수동문에서는 동사의 「受身形(수동형)」이 사용된다.

1그룹 동사는 어미를 **あ**단으로 바꾸고, **れる**를 붙인다. 예) 笑う→笑われる

2그룹 동사는 어미**る**를 떼고, **られる**를 붙인다. 예) 食べる→食べられる

3그룹은 **する** → される、来る → 来られる

수동형은 2그룹 동사 활용을 한다.

예)「書かれる」

　　ます형 : 書かれます

　　ない형 : 書かれない

　　て형　 : 書かれて

2 日本語受身の分類

일본어의 수동문은 어떤 사건에서 직접적인 영향을 받는 경우와 간접적인 영향을 받는 경우로 나뉘어진다. 전자를 「**直接受身**(직접수동)」, 후자를 「**間接受身**(간접수동)」이라고 부른다.

1) 직접수동 : 영향을 받는 사람이 사건 안에 있다.

　　능동문 : 姉は私を呼んだ。 언니는 나를 불렀다.

수동문 : **私は姉に呼ばれた。** 나는 언니에게 불렸다(나는 언니의 부름을 받았다)

2) **간접수동 : 영향을 받는 사람이 사건의 밖에 있다. 능동문에 [영향을 받는 사람]이 없다.**

능동문 : **赤ちゃんが泣いた。** 아이가 울었다.

수동문 : **(私は)赤ちゃんに泣かれた。** 아이가 울었다.

③ 수동표현이 사용되는 장면

1) 나 (또는 나와 가까운 사람)이 관련될 경우

일본어는 나 (또는 나와 가까운 사람)의 입장에서 표현하기 때문에 직접 수동문을 쓰는 경우가 많다.

예) **姉が先生にほめられた。** 언니가 선생님에게 칭찬받았다.

（**先生が姉をほめた。** 보다는 나와 가까운 언니를 주어로 해서 표현하는 것이 더 자연스럽다.）

2) 복문(複文, 주어-서술어 관계가 두 번 이상 나타나는 문장)에서 주어(主語)를 통일할 때

일본어는 복문에서 주어(主語)를 통일해야 이해하기 쉽고, 감정을 잘 전달할 수 있다. 이때도 나 (또는 나와 가까운 사람)을 주어로 하는 것이 자연스럽다.

예) **友達が私を誘いました。** ＋ **私は参加しました。**

친구가 나를 권(유)했습니다. ＋ 나는 참가했습니다.

→ ？ **友達が私を誘って、私は参加しました。** (앞 주어는「友達」, 뒤 주어는「私」)

→ ○ **私は友達に誘われて、参加しました。** (앞뒤 주어를「私」로 통일)

예) **(私は)田中さんを映画に誘いました。** ＋ **田中さんは断りました。**

(나는) 타나카 씨를 영화에 초대했습니다 ＋ 타나카 씨는 거절했습니다.

→ ？ **田中さんを映画に誘ったら、田中さんは断りました。** (앞 주어는「私」, 뒤 주 어는「田中さん」)

→ ○ **田中さんを映画に誘ったら、断られました。** (앞뒤 주어를「私」로 통일)

3) 상황 묘사, 동작주를 특정할 수 없는 경우 (무생물수동 無生物受身)

상황묘사나 동작주를 특정할 수 없는 경우에 수동구문을 이용하여 동작주를 눈에 띄지 않게 하거나 또는 무생물에 주목할 수 있다.

예) 先月、マラソン大会が開催された。 지난 달, 마라톤대회가 개최되었다.

4) 불편한 기분을 표현하고 싶은 경우 (피해수동 迷惑受身)

타인의 행동에 의해 피해를 입거나 그 일에 대해서 불편함을 느꼈을 때, 수동 구문(受身構文)을 이용하여, 능동문에는 없는 불편함을 표현할 수 있다.

예) 横の人がたばこを吸った。 (능동문) 옆 사람이 담배를 피웠다
　　→ 横の人にたばこを吸われた。 (피해수동문)

핵심문법 2 직접 수동(直接受身)

1 **[동작을 받는 사람]의 입장에서 표현한 수동문**

능동문(能動文, 원래 문장)에 있는 [동작을 받는 사람]을 수동문의 주어로 한다.
[동작을 하는 사람]에는 조사 「に」가 붙는다.

능동문 : 姉は私を呼んだ。 (동작을 하는 사람 : 姉, 동작을 받는 사람 : 私)
　　　　언니는 나를 불렀다.

수동문 : 私は姉に呼ばれた。 나는 언니에게 불렸다.

2 **타동사를 이용한 수동문**

[동작을 하는 사람]과 [동작을 받는 사람] 양쪽 다 필요한 동사(=타동사)를 이용한 수동문.

타동사		수동형
頼む	부탁하다	頼まれる
断る	거절하다	断られる
聞く	물어보다	聞かれる
呼ぶ	부르다	呼ばれる
渡す	건네다	渡される
叱る	혼내다	叱られる
誘う	권하다, 부르다	誘われる
連れていく	데려가다	連れていかれる
育つ	자라다	育てられる
起こす	깨우다	起こされる

✋ 質問！ ——————————————————————

Q 모든 타동사가 직접수동문이 되나요?

A 문맥을 생각하여 수동문을 만드는 필요가 있다. 은혜를 나타내는 경우에는, 「~てくれる/ ~てもらう」를 사용해야 한다.

例) 사건 : 「友達が私の写真を撮る。」친구가 내 사진을 찍는다.

[피해] 友達に写真を撮られました。친구에게 사진을 찍혔습니다.

[은혜] 友達が写真を撮ってくれました。 친구가 사진을 찍어 주었습니다.

또한, 「教える 가르치다」는 고마운 행위임으로 보통 수동문으로 사용하지 않는다.

? 田中さんに日本語を教えられた。 타나카씨에게 일본어를 배웠다.

○ 田中さんに日本語を教えてもらった。 타나카씨에게 일본어를 배웠다.

---

3 「私は」를 생략

[동작을 받는 사람]이 '나'인 경우 「私は」는 생략한다.

① 父に叱られました。 아버지에게 혼났습니다.

② 上司に呼ばれました。 상사에게 불렸습니다.

③ パーティに招待されました。 파티에 초대 받았습니다.

[문장연습 쓰기노트]   정답 334쪽

1. [동작을 받는 사람]는 [동작을 하는 사람] に ～(ら)れる

   다음 문장을 수동문으로 바꾸시오.

   예) 田中さんは妹にプロポーズしました。 타나카 씨는 여동생에게 프러포즈를 했습니다.
   ➡ 妹は田中さんにプロポーズされました。

   ① 部長は私を呼びました。 부장님은 나를 불렀습니다.

   ➡ _____

② 警官は私を注意しました。 경찰관이 나를 주의시켰습니다.

　⇒ _____

③ みんなは兄を信頼しています。 모두 형을 신뢰하고 있습니다.

　⇒ _____

2. [동작을 받는 사람]는 [동작을 하는 사람] に [명사] を〜(ら)れる

　다음 문장을 수동문으로 바꾸시오.

　예) 母は私に買い物を頼みました。 엄마는 나에게 쇼핑을 부탁했습니다
　　⇒ 母に買い物を頼まれました。

① 外国人は私に道を聞きました。 외국인은 나에게 길을 물어봤습니다.

　⇒ _____

② 兄は私に友達を紹介しました。 형은 나에게 친구를 소개했습니다.

　⇒ _____

③ ピアノの先生は娘にレッスンを休んではいけないと言いました。
　피아노 선생님은 딸에게 레슨을 쉬면 안된다고 말했습니다.

　⇒ _____

3. 다음의 두 문장을 하나로 만드세요.

　예) 先生が生徒を叱りました。 生徒は泣き出しました。
　　선생님이 학생을 꾸짖었습니다. 학생은 울기 시작했습니다.
　　⇒ 生徒は先生に叱られて、泣き出しました。

① 犬が男の子をかみました。 男の子は病院へ行きました。
　개가 남자아이를 물었습니다. 남자아이는 병원에 갔습니다.

　⇒ _____

② 警官が私を止めました。私はびっくりしました。

경찰관이 나를 세웠습니다. 나는 깜짝 놀랐습니다.

➡ _____

③ みんなは妹をかわいがりました。妹は育ちました。

모두 여동생을 귀여워했습니다. 여동생은 자랐습니다.

➡ _____

핵심문법 3 間接受身

1 간접 수동(間接受身)

간접 수동이란, 능동문에 없는 명사가 수동문의 주어가 되는 수동문.

사건이나 타인의 행위로 인한 **영향을 받는 사람의 입장**에서 표현한다.

[동작을 하는 사람]에는 조사 「に」만 붙는다. (×から、×によって)

能動文 : 隣の人がたばこを吸う。 (동작을 하는 사람: 隣の人)

옆 사람이 담배를 피운다.

受身文 : (私は)隣の人にたばこを吸われた。 (영향을 받는 사람: 私)

옆 사람이 담배를 피워서 불편했다.

간접수동은 대부분이 「피해(폐)」로써 받아들여지는 표현. 누군가의 동작에 의해 자신이 「피해를 입다」「불쾌하다」「불편하다」「민폐다」「슬프다」라는 감정을 전달할 수 있다.

① 隣の人が窓を開けた。 옆 사람이 창문을 열었다.

→ 隣の人に窓を開けられた。 (나는 옆 사람이 창문을 열어서 불편했다.)

② 誰かが電気を消した。 누군가가 불을 껐다.

→ 誰かに電気を消された。 (나는 누군가가 불을 꺼서 불편했다.)

사건이나 타인의 행동에 의해 피해를 입거나 그 일에 대해서 불편함을 느꼈을 때, 수동 구문(受身構文)을 이용하여, 능동문에는 없는 불편함을 표현할 수 있다.

「迷惑(めいわく)」는 「迷惑(めいわく)をかける」(피해를 주다, 폐를 끼치다)라는 관용구에 나오는 말과 같이 피해나 손해라는 뜻이다.

● [영향을 받는 사람] は [동작을 하는 사람]に ~(ら)れる

  1) [영향을 받는 사람]이 '나'인 경우 「私」는 생략된다.

    ① **友達が家に来た。** 친구가 집에 왔다.

      → **友達に家に来られた。** (나는 친구가 집에 와서 불편했다.)

    ② **友達が帰った。** 친구가 돌아갔다.

      → **友達に帰られた。** (나는 친구가 집에 돌아가서 불편했다.)

  2) [동작을 하는 사람]이 제시되지 않을 때도 있다.

    ① **(誰かが)家の前に車を止めた。** (누군가가)집 앞에 차를 세웠다.

      → **(誰かに)家の前に車を止められた。** (나는 누군가가 집 앞에 차를 세워서 불쾌했다.)

    ② **(誰かが)壁に落書きをした。** (누군가가)벽에 낙서를 했다.

      → **(誰かに)壁に落書きをされた。** (나는 누군가가 벽에 낙서를 해서 불쾌했다.)

  例) A : **何かあったんですか。** 무슨 일 있었습니까?

      B : **ええ。空港で荷物を間違えられたんです。** 네, 공항에서 누가 나의 짐을 잘못 가져갔어요.

Tip 감사의 마음을 표현하고 싶을 때는 「~てもらう」「~てくれる」를 쓴다.

  ① **「母が(私の)部屋をそうじした。」**

    母に部屋をそうじされた。 (나는) 엄마가 방을 청소한 것이 불편했다. (피해 수동)

    母に部屋をそうじしてもらった。 (나는) 엄마가 방을 청소해 줬다.(은혜)

母が部屋をそうじしてくれた。

② 「母が私を起こした。」 엄마가 나를 깨웠다.

母に起こされた。 (나는) 엄마가 깨워서 불편했다. (피해 수동)

母に起こしてもらった。 (나는) 엄마가 깨워 줬다. (은혜)

母が起こしてくれた。

---

③ 자동사(自動詞)의 수동

일본어는 자동사로 수동문을 만들 수 있다. 자동사의 수동문은 일본어 특유의 표현이다. 이 자동사의 수동은 대부분이 피해(폐)의 의미를 나타낸다.

① 恋人に逃げられた。 애인이 도망갔다. (그래서 불편했다.)
② 子供に泣かれた。 아이가 울었다. (그래서 불편했다.)
③ どろぼうに入られた。 도둑이 들었다. (그래서 불편했다.)

Tip 피해 수동문의 필수 조건

자동사 수동문은 항상 피해라고 느끼는 것일까? 피해 수동문의 필수 조건은 [동작을 하는 사람]의 행위가 [영향을 받는 사람]에게 직접적으로 향하지 않을 것.

①~③은 [동작을 하는 사람]과 [영향을 받는 사람(私)] 사이에 직접적인 접촉이 없고, [동작을 하는 사람]의 행위(逃げる、泣く、入る)에 대해서 「私」는 저항을 하거나 어떤 대처를 할수가 없다. 그 결과 불편함을 느끼게 되는 것이다.

다음은 간접 수동문이지만 피해라고 할 수가 없는 것들이다.

④ 彼女にほほえまれて、うれしかった。 그녀가 미소 지어서 기뻤다.
⑤ 彼女に甘えられて、うれしかった。 그녀가 어리광 부려서 기뻤다.
⑥ 先生に喜ばれた。 선생님이 기뻐했다.
⑦ 私は風に吹かれていた。 나는 바람을 맞고 있었다.

④~⑦은 [동작을 하는 사람]의 행위(ほほえむ、甘える、喜ぶ、吹く)가 [영향을 받는 사람 (私)]에게 직접적으로 향하고 있다.

✋ 質問！

Q 모든 자동사가 수동문이 되나요?

A 자동사에서도 **非意志的**(비의지적)인 것은 수동문이 되기 어렵습니다. 사건이 의도적인 경우에만, 수동문으로 할 수 있습니다.

✕ 急にドアに閉まられました。
✕ 突然、電気に消えられました。
✕ 突然、電柱に倒れられて、困りました。

[문장연습 쓰기노트] 정답 334쪽

1. 다음 문장을 수동문으로 바꾸시오.

예) 隣の人がたばこを吸う。 옆 사람이 담배를 피우다.
➡ 隣の人にたばこを吸われた。 옆 사람이 담배를 폈다. (옆 사람이 담배를 펴서 불편했다)

① 隣の人がジュースをこぼす。 옆 사람이 주스를 엎지르다.

➡ _____

② ガイドが道に迷う。 가이드가 길을 헤매다

➡ _____

③ 家の前にビルを建てる。 집 앞에 빌딩을 세우다.

➡ _____

2. 빈칸의 말을 활용해 수동문으로 바꿔보세요.

예) 赤ちゃんに(　泣く　)、寝られなかった。

　➡　赤ちゃんに(泣かれて)、寝られなかった。 아이가(울어서), 잘 수 없었다.

① 友達にうそを(　つく　)、困った。

　➡　友達にうそを(　　　　　)、困った。

② 渋滞に(　まきこむ　)、大変だった。

　➡　渋滞に(　　　　　)、大変だった。

③ 後ろから(　押す　)、転んでしまった。

　➡　後ろから(　　　　　)、転んでしまった。

---

4 **소유주(持ち主) 수동**

몸의 일부분, 소유하고 있는 사물 등의 소유자를 주어로 하여 표현하는 수동문

● [소유자] は/が [동작을 하는 사람] に 소유물 を ~(ら)れる

弟が私のカメラを壊した。 남동생이 내 카메라를 망가뜨렸다.

→(私は)弟にカメラを壊された。 [소유자 : 私, 동작을 하는 사람 弟, 소유물 : カメラ]

1) [소유자]가 '나'인 경우 「私」는 생략된다.

① 妹が私のパソコンを壊した。 여동생이 내 컴퓨터를 망가뜨렸다.

　→ 妹にパソコンを壊された。

② 子供が家の鍵をなくした。 아이가 집 열쇠를 잃어버렸다.

　→ 子供に家の鍵をなくされた。

③ 姉が私の日記を読んだ。 언니가 내 일기를 읽었다.

　→ 姉に日記を読まれた。

2) [동작을 하는 사람]이 제시되지 않을 때도 있다.

　④ (誰かが)私の傘を持っていった。 (누군가가)우산을 가져갔다.

　　→ 傘を持っていかれた。

　⑤ (誰かが)財布を盗んだ。 (누군가가) 지갑을 훔쳤다.

　　→ 財布を盗まれた。

Tip 동사 의미에 따라 피해의 의미를 가지지 않은 경우도 있다.

　⑥ 先生は私の授業態度をほめた。 선생님은 나의 수업 태도를 칭찬했다.

　　→ 先生に授業態度をほめられた。

　⑦ 社長は鈴木さんの努力を評価した。 사장님은 스즈키 씨의 노력을 평가했다.

　　→ 鈴木さんは社長に努力を評価された。

[문장연습 쓰기노트]　　　　　　　　　　　　　　　　　　　　정답 334쪽

1 다음 문장을 수동문으로 바꾸시오.

　예) 後ろの人が私の背中を押した。 뒷사람이 내 등을 밀었다.

　　➡ 後ろの人に背中を押された。

　① 先生が学生のまんが本を取り上げた。 선생님이 학생의 만화책을 빼앗았다.

　　➡ _____

　② 子供が私の服を汚した。 아이가 내 옷을 더럽혔다.

　　➡ _____

　③ 犬が私のめがねをふんだ。 개가 내 안경을 밟았다.

　　➡ _____

2 빈칸의 말을 활용해 수동문으로 바꿔보세요.

예) 知らない人に名前を(　呼ぶ　)て、びっくりした。 모르는 사람이 이름을 (불러서) 깜짝 놀랐다.

　➡ 知らない人に名前を(呼ばれ)て、びっくりした。

① 姉に化粧品を(　使う　)て、困った。　언니가 화장품을 (사용해서) 곤란했다.

　➡ 姉に化粧品を(　　　　　　　　)て、困った。

② 友達に勝手にくつを(　はく　)て、困った。　친구가 멋대로 신발을 (신어서) 곤란했다.

　➡ 友達に勝手にくつを(　　　　　　　)て、困った。

③ 木村さんに書類を(　なくす　)て、困った。　키무라 씨가 서류를 (잃어버려서) 곤란했다.

　➡ 木村さんに書類を(　　　　　　　)て、困った。

핵심문법 4 무생물 수동(非情の受身)

　물건과 사건을 주어로 한 수동문으로, 객관적인 사실을 전할 때, 또는 상황 묘사의 장면에서 사용된다. 근대 이후, 서양어 번역의 영향으로 발달된 수동이라고 불리고 있다. '**非情の受身**'라고도 함.

① 건축물, 발명품, 개최

1) [동작을 하는 사람]이 유명할 경우 사용된다.

① 源氏物語は、紫式部によって書かれました。 겐지이야기는 무라사키 시키부에 의해 쓰여졌습니다.
② 金閣寺は 足利義満によって建てられました。 금각사는 아시카가 요시미츠에 의해 지어졌습니다.
③ 飛行機はライト兄弟によって発明されました。 비행기는 라이토형제에 의해 발명되었습니다.

2) [동작을 하는 사람] (주최)를 말할 필요가 없을 경우 사용된다.

① 2012年に東京スカイツリーが建てられました。 2012년에 도쿄스카이트리가 세워졌습니다.

② 毎年学校の講堂で音楽会が開かれます。 매년 학교 강당에서 음악회가 열립니다.

③ オリンピックは4年に一度、開催されます。 올림픽은 4년에 한번 개최됩니다.

④ A：あの建物はいつ建てられましたか。 저 건물은 언제 지어졌습니까?

　 B：18世紀に建てられました。 18세기에 지어졌습니다.

⑤ A：この浮世絵はいつ描かれましたか。 이 우키요 그림은 언제 그려졌습니까?

　 B：1832年に描かれました。 1832에 그려졌습니다.

2　[동작을 하는 사람]을 특정할 수 없다

① この雑誌は多くの女性に読まれています。 이 잡지는 많은 여성들에게 읽혀지고 있습니다.

② この作品は多くの人に愛されてきました。 이 작품은 많은 사람들에게 사랑받아 왔습니다.

3　原材料 원재료

눈으로 보고 알 수 없는 원료는 「から」, 눈으로 보고 알 수 있는 재료는 「で」를 사용한다.

① ビールは麦から作られます。 맥주는 밀로 만들어집니다.

② ワインはぶどうから作られます。 와인은 포도로 만들어집니다.

③ 日本の家は木で作られました。 일본의 집은 나무로 만들어졌습니다.

4　輸出/輸入 수출/수입

① 日本のお米はアメリカへ輸出されている。 일본의 쌀은 미국으로 수출되고 있다.

② マンゴーはフィリピンから輸入されている。 망고는 필란드에서 수입되고 있다.

사회적 사실이나 공적으로 알려져 있는 내용 등을 객관적으로 나타낸다.

예) ソウルの物価は高いと言われています。 서울 물가는 비싸다고 합니다.

예) この辞書は、昔からよく使われています。 이 사전은 옛날부터 자주 사용 되어지고 있습니다.

[문장연습 쓰기노트] 　　　　　　　　　　　　　　　　　　　　　　　　　　정답 334쪽

1. 다음 문장을 수동문으로 바꾸시오.

　예) シンポジウムを福岡で開きます。　 후쿠오카에서 심포지엄을 엽니다.

　　➡ シンポジウムは(福岡で開かれます)。

　① 運動会を今週の土曜日に行います。 이번 주 토요일에 운동회를 합니다.

　　➡ 運動会は(　　　　　　　　　　　　　　　　　)。

　② 図書館を8時に閉めます。 8시에 도서관을 닫습니다.

　　➡ 図書館は(　　　　　　　　　　　　　　　　　)。

　③ このお寺を江戸時代に建てました。 에도시대에 이 절을 세웠습니다.

　　➡ このお寺は(　　　　　　　　　　　　　　　　　)。

2. 다음 문장을 수동문으로 바꾸시오.

　예) このお店を学生たちがよく利用する。 이 가게를 학생들이 자주 이용한다.

　　➡ このお店は学生たちによく利用されています。

　① この小説を色々な国の言葉で翻訳する。 이 소설을 여러 나라의 말로 번역한다.

　　➡ この小説は(　　　　　　　　　　　　　　　　)。

　② この歌を小学生たちがよく歌う。 이 노래를 초등학생들이 자주 부른다.

　　➡ この歌は(　　　　　　　　　　　　　　　　　)。

　③ 日本のキャラクター商品を世界中に輸出する。 일본의 캐릭터 상품을 세계에 수출한다.

　　➡ 日本のキャラクター商品は(　　　　　　　　　　　)。

정리하기

한국어와 다른 일본어

1. 일본어에는 자동사의 수동이 존재한다.

한국어의 수동문: 타동사만으로 만들어진다.

일본어의 수동문: 자동사와 타동사로 만들어진다.

자동사의 수동은 대부분이 민폐의 의미를 나타내는 일본어 특유의 표현이다.

예) どろぼうに入られた。 도둑이 들었다.

예) 彼女に泣かれた。 그녀가 울었다.

2. 한국어는 <소유주 수동문>와 <피해수동문>을 능동문으로 나타낸다.

예) 弟にカメラを壊された。 남동생이 카메라를 망가뜨렸다. <소유주 수동문>

예) 隣の人にたばこを吸われた。 이웃사람이 담배를 피웠다. 〈피해수동문〉

3. 수동이 사용되는 장면

1) 나 (또는 나와 가까운 사람)이 관련될 경우 나의 입장에서 표현.

예) 姉が先生にほめられた。 언니가 선생님에게 칭찬받았다.

2) 복문(複文)에서 주어(主語)를 통일할 때

예) 私は友達に誘われて、参加しました。 나는 친구에게 권유 받아 참가했습니다.

  (전후의 주어를 「나」로 통일)

3) 상황 묘사, 등작주를 특정할 수 없는 경우(무생물수동 無生物受身)

예) 先月、マラソン大会が開催された。 지난 달, 마라톤 대회가 개최되었다.

4) 불편한 기분을 나타내고 싶은 경우(피해수동)

예) 横の人にたばこを吸われた。 옆 사람이 담배를 피웠다.

일작

정답 335쪽

수동문으로 바꿔 보세요.

1. 田中さんが私を講演会に誘いました。

   ➡ (私は)_____

2. 木村さんが私にコピーを頼みました。

   ➡ (私は)_____

3. 美容院で私の前髪を短く切りました。

   ➡ (私は)_____

4. 彼女が急に泣いて、私は困りました。

   ➡ (私は)_____

5. 2020年にこの公園を作りました。

   ➡ この公園は、_____

상황극

구니이: あれ、八野(はちの)さん、どこ行(い)くの？

   어, 하치노 씨 어디 가요?

하치노: 部長(ぶちょう)に呼(よ)ばれて、行(い)くところです。

   부장님이 불러서 가는 중이에요.

구니이: そうなんだ。なんか顔色(かおいろ)悪(わる)いね。

   그렇구나. 왠지 안색이 안 좋네.

하치노:	昨日(きのう)遅(おそ)くまで書類(しょるい)の整理(せいり)をやらされて、寝(ね)ていないんです。

하치노: 昨日(きのう)遅(おそ)くまで書類(しょるい)の整理(せいり)をやらされて、寝(ね)ていないんです。
어제 늦게까지 서류 정리를 부장님이 시켜서, 못 잤어요.

구니이: そうだったんだ。
그랬었구나.

하치노: 今日中(きょうじゅう)にやれって急(きゅう)に言(い)われて。
오늘 중으로 하라고 갑자기 부장님의 말을 들어서.

구니이: 大変(たいへん)だったね。今日(きょう)、みんなで食(た)べに行(い)くけど、行(い)ける？
힘들었겠네. 오늘 다같이 먹으러 가는데 갈 수 있어?

하치노: あ、さっき松本(まつもと)さんにも誘(さそ)われたんですけど、無理(むり)かな。
방금 마츠모토 씨도 가자고 권하던데 못 갈 것 같아요.

구니이: そう。じゃあ、今日(きょう)はゆっくり休(やす)んで。
그래. 그럼 오늘은 푹 쉬어.

하치노: それが、まだ頼(たの)まれた仕事(しごと)が残(のこ)ってるんです。
그게, 아직 부탁 받은 일이 남아 있어요.

일본어 한자 쓰기연습

부수	이름	한자 1	한자 2	한자 3	한자 4
口	くちへん	味	呼	吸	吹
		あじ 味	よ 呼ぶ	す 吸う	ふ 吹く
		あじ 味	よ 呼ぶ	す 吸う	ふ 吹く

✏️ ひと言 ────────────────────

[동작을 하는 사람]에 「に」 이외의 조사(助詞)가 붙는 경우

1) [동작을 하는 사람]에서 물건을 받는 행위를 표현할 때는 「から」만 사용한다.

渡す 건네다, 送る 보내다, 与える 수여하다 등

① 園長{から/×に}子供たちに記念品が渡された。 원장으로부터 아이들에게 기념품이 건네졌다.

② 大学{から/×に}博士号を与えられた。 대학으로부터 박사학위를 받았다.

③ 社長{から/×に}社員全員にメールが送られた。 사장으로부터 사원 전원에게 메일이 보내졌다.

2) [동작을 하는 사람]에서 정보, 말, 감정 등을 받는 행위를 표현할 때는 「から」도 사용한다.

話しかける 말을 걸다, 招待する 초대하다, 愛する 사랑하다

① 知らない人{から/に}話しかけられた。 모르는 사람(으로부터/에게) 말을 걸어왔다.

② 田中さん{から/に}パーティに招待された。 다나카 씨(로부터/에게) 파티에 초대받았다.

③ この曲は世界の人々{から/に}とても愛されている。

　　　이 곡은 세계 사람들(로부터/에게) 굉장히 사랑받고 있다.

3) 건축이나 발견 등 생산물이 발생하는 동사의 수동문은 [동작을 하는 사람]에게 조사 「によって」를 사용한다.

「書く 쓰다」, 「作る 만들다」, 「発見する 발견하다」, 「発明する 발명하다」, 「設計する 설계하다」,

「建てる 세우다」, 「編む 엮다」 등.

① この建物は、日本人{によって/×に}建てられた。 이 건물은 일본인에 의해 세워졌다.

② 電話はベル{によって/×に}発明された。 전화는 벨에 의해 발명되었다.

〈수동문의 [동작을 하는 사람]에 붙는 조사〉
직접 수동(**直接受身**):
· 「**によって** (에 의해)」: 창조적 행위
· 「**から** (로부터)」: [동작을 하는 사람]에게 출발성이 있는 동작
· 「**に** (에게)」: 창조적 행위 이외의 대부분 수동문에서 사용한다.

피해수동(**迷惑受身**):
반드시 「**に**」가 붙는다.

제6장

사역표현(使役表現)

🌸 **학습 내용**

1. 일본어 사역(使役) 표현에 대해서,「강제(強制)·지시(指示)」,「허가(許可)·은혜(恩惠)」,「유발(誘発)」의 3가지 용법에 나눠서 학습한다.
2. 일본어 특유의 사역수동(使役受身) 표현에 대해서 학습한다.

🌸 **학습 목표**

1. 동사의 사역형을 바르게 만들 수 있다.
2. 사역문의 용법을 이해하고 사용할 수 있다.
3. 사역문을 이용한 정중한 의뢰표현「～させていただけませんか」에 대해서 이해하고 적절하게 사용할 수 있다.

🌸 Point

1. **사역문(使役文)**

일본어에서는 「せる」「させる」를 사용하여 사역의 의미를 나타낸다. 사역이란 「使(＝시키다)、役(＝일、행동)」을 뜻하며 즉, 누군가에게 일을 시키는 것을 가리킨다. 사역표현이 가지는 기본적인 의미는 3가지로 나뉜다.

1) 강제(強制)·지시(指示)

예) 母は弟を買い物に行かせた。 엄마는 남동생을 물건을 사러 가게 했다.

2) 허가(許可)·은혜(恩惠)

예) 私は子供に好きなお菓子を買わせた。 나는 아이에게 좋아하는 과자를 사게 했다.

3) 유발(誘発)(감정의 원인)

예) 幼いころ、よく風邪をひいて、母を困らせた。

어렸을 적 자주 감기에 걸려서 엄마를 곤란하게 했다.

* 피사역자＋を/피사역자＋に

(1) 자동사의 사역

대부분이 피사역자+を 형태가 되지만, 문장에 を가 있으면 피사역자+に 가 된다.

(여기서 동작을 하는 사람을 被使役者(피사역자)라고 함.)

예) 立つ 일어서다/서다 → 立たせる 일어서게 하다(일으켜 세우다)/서게 하다(세우다)

【被使役者＋を】

先生は　パクさんを　　　立たせました。

선생님은 박씨를 일어서게 했습니다(일으켜 세웠습니다).

【被使役者＋に】

先生は　パクさんに　運動場を　走らせた。

선생님은 박씨에게 운동장을 걷게 했다.

(2) 타동사의 사역

피사역자+に 형태가 된다.

예) 読む 읽다 → 読ませる 읽게 하다

【被使役者＋に】

先生は　パクさんに　教科書を　読ませました。

선생님은 박씨에게 교과서를 읽게 했습니다.

2. 사역수동문(使役受身文)

사역과 수동의 형태가 함께 표현되는 것을 「사역수동(使役受身)」이라고 한다. 피사역자가 싫다고 생각하거나 피해라고 느끼는 것을 표현하는데 사용된다. 행위를 강제로 당한다는 의미를 피사역자 측에서 표현한 문이다.

예) (사역)先生は私に反省文を書かせた。

　　　선생님은 나에게 반성문을 쓰게 했다.

　　(사역수동)私は、先生に反省文を書かされた。

　　　나는 선생님이 시켜서 억지로 반성문을 썼다.(선생님이 억지로 쓰게 했다)

❀ 생각해 보기

다음의 일본어 문장을 한국어로 표현해 봅시다.

1. 正門の前で一列に並ばされ、他人との間を2メートルずつ取らされた。

2. どうして彼は帰らされてしまったのでしょうか。

해설 : 일본어의 사역수동문「させられる」는 한국어 그대로 번역할 수 없습니다. 일본어의 사역수동문은 한국어에서는 대부분 능동문으로 표현됩니다.

1. 正門の前で一列に並ばされ、他人との間を2メートルずつ取らされた。

　정문 앞에서 한 줄로 서고, 타인과의 간격을 2미터씩 두었다.

2. どうして彼は帰らされてしまったのでしょうか。

　어째서 그는 집으로 돌아가버린 걸까요?

「並ばされた」「取らされた」「帰らされた」와 같이 사역수동을 사용함으로써 자신은 그렇게 하고 싶지 않았지만 억지로 하게 되었다라는 표현입니다. 즉, 다른 사람의 작용에 의해 그 동작(「並ぶ」「間を取る」「帰る」)이 실행되어 그에 대한 결과를 어쩔 수 없이 받아들이는 체념과 비슷한 느낌의 표현입니다. 반면, 한국어의 「1. 정문 앞에 한줄로 서서 다른 사람(타인)과의 간격을 2미터씩 두었다.」 「2. 어째서 그는 집으로 돌아가버렸을까요?」와 같은 능동표현에서는 주어가 자신의 의지로 행동한 것이 됨으로 일본어 표현에 포함된 피해와 체념의 마음은 담겨있지 않습니다.

오늘의 단어

反省文 (はんせいぶん)	반성문
間を取る (まをとる)	사이(간격)를 두다
アボカド	아보카도
腐る (くさる)	썩다
一言 (ひとこと)	한마디
おばけ	귀신, 도깨비
面倒を見る (めんどうをみる)	돌보다
自ら (みずから)	스스로
焼酎 (しょうちゅう)	소주
販売員 (はんばいいん)	판매원
高価 (こうか)	고가

학습하기

핵심문법 1 사역(使役)

1 동사 사역형(使役形)

1그룹 동사는 어미를 **あ**단으로 바꾸고, **せる**를 붙인다. 예) **書く → 書**かせる

2그룹 동사는 어미**る**를 떼고, **させる**를 붙인다. 예) **食べる → 食べ**させる

3그룹은 **する → **させる、**来る → **来させる

* 사역형은 2그룹 동사 활용을 한다.

예)「**書**かせる」

ます형 : 書かせ**ます**

ない형 : 書かせ**ない**

て형 : 書かせ**て**

2 사역의 의미

사역문의 기본적인 의미는 어떤 사람이 시킨 것을 다름 사람이 하는 것이지만, 실제 사역문은 [강제(強制)·지시(指示)], [허가(許可)·은혜(恩惠)], [유발(誘発)] 등 폭넓은 의미를 가진다.

1) 강제(強制)·지시(指示)

상위자가 → 하위자에게 사용한다. 상대방의 의지는 고려하지 않고 일방적으로 시킨다.

예) **先生が学生を廊下に立たせた。** 선생님이 학생을 복도에 서게 했다(세웠다). 【강제】

예) ロボットに絵を描かせた。 로봇에게 그림을 그리게 했다. 【지시】

2) 허가(許可)·은혜(恩惠)

상대방의 의지를 존중한다. 「허가의 사역」에서 「~させていただけませんか」라는 허가
를 구하는 표현이 된다. 또한, 「~てくれる/もらう」를 붙여 「은혜」를 나타낸다.

예) 母親は子供に自由に遊ばせた。 어머니는 아이에게 자유롭게 놀게 했다. 【허가】

예) 電話を使わせていただけませんか。 전화를 사용하게 해주시지 않겠습니까? 【허가를 구함】

예) 部長が早く帰らせてくれた。 부장님이 집에 일찍 가게 해 주었다. 【은혜】

3) 유발(誘発)

상하관계 없이 「~가 원인이 되어, ~와 같은 기분(감정)을 가지게 되었다」라는 의미를
나타낸다. 「감정」을 나타내는 동사가 사용된다.

「喜ぶ 기뻐하다」「困る 곤란하다」「笑う 웃다」「泣く 울다」「怒る 화내다」「悲しむ 슬퍼하다」「驚く 놀라다」
「嘆く 한탄하다」「はらはらする 조마조마하다」「いらだつ 애가 타다」 등.

예) 子供は両親を困らせた。 아이는 부모를 곤란하게 했다. 【유발】

핵심문법 2 강제(強制)·지시(指示)

---

1 **자동사의 사역**

【동작을 하는 사람(被使役者) + を】

예) 「立つ」일어서다/서다

先生は パクさんを 立たせました。 선생님은 박씨를 일어서게 했습니다(일으켜 세웠습니다).

【동작을 하는 사람(被使役者) + に】

예) 「運動場を走る」 운동장을 달리다

先生は　パクさん<u>に</u>　運動場を　走らせた。 선생님 박씨에게 운동장을 달리게 했다.

② 타동사의 사역

【동작을 하는 사람(被使役者) + に】

예) 「教科書を読む」 교과서를 읽다

　　先生は　パクさん<u>に</u>　教科書を　読ませました。 선생님은 박씨에게 교과서를 읽게 했습니다.

연습문제 1 ────────────────────────── 정답 335쪽

예) 子供が座る。 아이가 앉다

　➡ 子供を座らせました。 아이를 앉게 했습니다.

① 子供が歩く。 아이가 걷다

　➡ _____

② 子供が立つ。 아이가 서다

　➡ _____

③ 子供が車に乗る。 아이가 차에 타다

　➡ _____

④ 子供が部屋に入る。 아이가 방에 들어가다.

　➡ _____

예) 子供が友達を待つ。 아이가 친구를 기다리다

➡ 子供に友達を待たせました。 아이에게 친구를 기다리게 했습니다.

① 子供がごはんを食べる。 아이가 밥을 먹는다.

➡ _____

② 子供があいさつをする。 아이가 인사를 한다.

➡ _____

③ 子供が話を聞く。 아이가 이야기를 듣는다.

➡ _____

④ 子供が部屋をそうじする。 아이가 방을 청소한다.

➡ _____

⑤ 子供がドアを閉める。 아이가 문을 닫는다.

➡ _____

────────────────────────────────────

① 部長は田中さんにメールを送らせました。 부장님은 다나카 씨에게 메일을 보내게 했습니다.

② 部長は田中さんに運転をさせました。 부장님은 다나카 씨에게 운전을 시켰습니다.

③ 先生は学生に本を読ませました。 선생님은 학생에게 책을 읽게 했습니다.

④ 先生は母親を学校に来させました。 선생님은 어머니를 학교에 오게 했습니다.

⑤ 子供を買い物に行かせました。 아이에게 물건을 사러 보냈습니다.

⑥ 田中さんを部屋に入らせました。 다나카 씨를 방에 들어가게 했습니다.

⑦ この文章はAIに書かせたものです。 이 문장은 AI로 쓰게 한 것입니다.

* ⑦과 같이, 무생물(AI와 로봇, 컴퓨터 등)을 인격적으로 취급하는 경우, 사역문을 만들 수 있다.

1 許可(放任) 허가(방임)

「강제·지시」와 마찬가지로 상위자로부터 하위자로의 「허가(방임)」이다.

① 私は子供に好きな本を買わせました。 나는 아이에게 좋아하는 책을 사게 했습니다.

② 先生は学生に自由に発表させました。 선생님은 학생들에게 자유롭게 발표를 시켰습니다.

③ アボカドを腐らせてしまいました。 아보카도를 썩게 해버렸습니다.

④ 母親は子供を好きなように遊ばせておきました。 어머니는 아이를 마음대로 놀게 두었습니다.

＊③과 같이 무생물인 경우 「방치」의 의미가 된다.
＊④과 같이 「~ておく 해 두다」와 함께 사용함으로써 「방임」의 의미가 된다.

2 허가를 구하는 표현 「～させていただけませんか」

어떤 일을 할 수 있게 허락해 달라고 상대방에게 정중히 부탁하는 표현이다.

● 동사의 사역형-る-＋ていただけませんか ~해 주시지 않겠습니까?

私が　やる。 내가 하다

　→ あなたが　私に　やらせる。　　　　　　　　　당신이 나에게 하게 하다.
　　　　　　　　　↓
　　　　　　　私に　やらせていただけませんか。　제가 하게 해주시지 않겠습니까?

私が　行く。 내가 가다

　→ あなたが　私に　行かせる。　　　　　　　　　당신이 나에게 가게 하다.
　　　　　　　　　↓
　　　　　　　私に　行かせていただけませんか。　제가 가게 해주시지 않겠습니까?

* 다음 순으로 정중한 표현이 된다.

① **~てください**。 해 주십시오

② **~てくれませんか**。 해 주지 않겠습니까?

　　~てもらえませんか。 해 주지 않겠습니까?

③ **~てくださいませんか**。 해 주시지 않겠습니까?

④ **~ていただけませんか**。 해 주시지 않겠습니까?

① **明日は休ませてください**。 내일은 쉬게 해 주십시오

② **もう少し聞かせてくれませんか**。 조금 더 들려주지 않겠습니까?

③ **私に手伝わせてくださいませんか**。 제가 도와드리게 해 주시지 않겠습니까?

④ **今回のプロジェクトはぜひ私にやらせてもらえませんか**。

　　이번 프로젝트는 꼭 제가 하게 해 주시지 않겠습니까?

⑤ **しめきりを一週間遅らせていただけませんか**。 마감을 일주일 늦춰 주시지 않겠습니까?

연습문제 ─────────────────────────────── 정답 335쪽

예) **早く帰る** 일찍 돌아가다

➡ **早く帰らせ**ていただけませんか。 일찍 가게 해 주실 수 있습니까?

① **2、3日休む**。 2, 3일 쉬다.

➡ _____

② **私も行く**。 나도 가다.

➡ _____

③ **授業を聞く**。 수업을 듣다

➡ _____

④ **少し考える**。 조금 생각하다

➡ _____

⑤ 話を聞く。 이야기를 듣다

⇒ _____

_____

유발(誘発)

1 감정을 나타내는 동사가 사용된다.

연습문제 ──────────────────────── 정답 335쪽

다음의 감정을 나타내는 동사를 사역형으로 만들어 보아요!

① 安心する   안심하다   ⇒ _____

② 落ち着く   안정되다, 진정되다   ⇒ _____

③ 悲しむ   슬퍼하다   ⇒ _____

④ 怖がる   무서워하다   ⇒ _____

⑤ びっくりする   깜짝 놀라다   ⇒ _____

⑥ 笑う   웃다   ⇒ _____

⑦ はらはらする   조마조마하다   ⇒ _____

⑧ がっかりする   실망하다   ⇒ _____

⑨ 怒る   화내다   ⇒ _____

⑩ 驚く   놀라다   ⇒ _____

⑪ 困る   곤란하다   ⇒ _____

⑫ 泣く   울다   ⇒ _____

⑬ 喜ぶ   기뻐하다   ⇒ _____

⑭ 嘆く   한탄하다   ⇒ _____

⑮ いらだつ   초조하다   ⇒ _____

① 彼の一言が私を落ち着かせました。 그의 한 마디가 나를 진정시켰습니다.

② 田中君はいつもみんなを笑わせてくれます。 다나카 군은 언제나 모두를 웃게 해 줍니다.

③ おばけの話をして、子供たちを怖がらせました。 귀신 이야기를 해서 아이들을 무섭게 했습니다.

④ 10キロやせて、友達をびっくりさせました。 10kg 빼서 친구들을 놀라게 했습니다.

⑤ 若いころはよく親を困らせました。 젊었을 적에는 부모님을 곤란하게 했습니다.

⑥ けんかして、弟を泣かせました。 싸워서 남동생을 울렸습니다.

⑦ びっくりしましたよ。驚かせないでください。 깜짝 놀랐어요. 놀라게 하지 마세요.

연습문제 ──────────────────────── 정답 336쪽

예) **親が喜ぶ** 부모님이 기뻐하다

➡ **親を喜ばせました。** 부모님을 기쁘게 했습니다.

① 妹が泣く 여동생이 울다

➡ _____

② 先生が安心する 선생님이 안심하다

➡ _____

③ 父が怒る 아버지가 화내다

➡ _____

④ 友達ががっかりする 친구가 실망하다

➡ _____

⑤ 彼女が悲しむ 그녀가 슬퍼하다

➡ _____

1 동사 사역수동형

스스로의 의지가 아닌, 다른 사람에게 강제로 당한 동작, 또는 결과적으로 그렇게 되어 버린 경우에 사용하는 표현.

私は　1時間も　待った。　　나는 1시간이나 기다렸다.

↓

【사역】　田中さんは　私を　1時間も　待たせた。　　다나카 씨는 나를 1시간이나 기다리게 했다.

↓

【사역수동】　私は　田中さんに　1時間も　待たされた。　　나는 다나카 씨를 1시간이나 기다렸다.

사역수동문에서는 동사의 「使役受身形(사역수동형)」이 사용된다.
사역수동형은 기본형→ 사역형→사역수동형 순으로, 동사 사역형에서 변형을 시킨다.

1그룹 동사는 사역형에서 **せる** 대신에 **される**를 붙인다.

예) **書く→書かせる → 書かされる**

　　예외!

　　어미가 「**す**」인 경우에는 「**せられる**」를 붙인다.

　　예) **消す** 지우다 → **消させる** → **消させられる**

　　　　出す 내다 → **出させる** → **出させられる**

　　　　話す 이야기하다 → **話させる** → **話させられる**

2그룹 동사는 사역형에서 **させる** 대신에 **させられる**를 붙인다.

예) **食べる → 食べさせる → 食べさせられる**

3그룹은 **する → させられる**、**来る → 来(こ)させられる**

사역수동형은 2그룹 동사 활용을 한다.

예) 「書かされる」

　　ます형 : 書かされます

　　ない형 : 書かされない

　　て형 : 書かされて

연습문제 ──────────────────────────────── 정답 336쪽

　　사역수동형으로 바꾸세요.

　　① 聞く 듣다, 묻다　　➡ _____

　　② 泳ぐ 헤엄치다　　➡ _____

　　③ 休む 쉬다　　➡ _____

　　④ 消す 지우다　　➡ _____

　　⑤ 止める 멈추다　　➡ _____

　　⑥ 開ける 열다　　➡ _____

　　⑦ 閉める 닫다　　➡ _____

　　⑧ 来る 오다　　➡ _____

　　⑨ そうじする 청소하다　　➡ _____

2 　언제 사역수동을 사용하는가?

1) 일본어는 <u>나 (또는 나와 가까운 사람)</u>를 주어(主語)로 하는 편이 자연스럽게 느껴진다.

「先生が私に反省文を書かせた。 선생님이 나에게 반성문을 쓰게 했다.」보다는 「(私は)先生に反省文を書かされた。」가 더 자연스럽다.

2) 복문(複文)에서는 주어(主語)를 통일해야 자연스럽다.

[田中さんが] 私を1時間も待たせた。 + [私は] 困った。

[다나카 씨가] 나를 1시간이나 기다리게 했다. + [나는] 곤란했다.

→ ? [田中さんが] 私を1時間も待たせて、[私は]困った。

다나카 씨가 나를 1시간이나 기다리게 해서 나는 곤란했다.

○ [私は]田中さんに1時間も待たされて、困った。

[나는] 다나카 씨에게 1시간이나 기다림을 당해서 곤란했다.

3) 사역수동문으로 불쾌한 기분(원치 않는데 어쩔 수 없이, 억지로 했다)을 표현할 수 있다.

先輩が私に飲ませた。 선배가 나에게 마시게 했다.

→ (私は)先輩に飲まされた。 나는 마시고 싶지 않은데 선배가 시켜서 억지로 마셨다.

① 先生に反省文を書かされた。 선생님이 반성문을 쓰게 했다.
② 母に妹の面倒を見させられた。 엄마가 여동생을 돌보게 했다.
③ 部長に早朝に来させられた。 부장님이 이른 아침에 오게 했다.
④ コーチに何度も練習させられた。 코치가 몇 번이나 훈련 시켰다.
⑤ 兄によく泣かされた。 형이 자주 울렸다.
⑥ 田中さんに1時間も待たされた。 다나카 씨가 1시간이나 기다리게 했다.
⑦ 子供には心配させられることが多い。 아이는 걱정시키는 것이 많다.
⑧ 勉強はやらされるものではない。自らやるものだ。

공부는 시켜서 하는 것이 아니다. 스스로 하는 것이다.

⑨ 先輩に焼酎を飲まされた。 선배가 억지로 소주를 마시게 했다.
⑩ 母に部屋のそうじをさせられた。 어머니가 억지로 방 청소를 시켰다.

예) 辞書を持ってくる   사전을 가지고 오다

⇒ 辞書を持ってこさせられた。 (누가 시켜서) 억지로 사전을 가져왔다.

① 本を読む   책을 읽다

⇒ _____

② 野菜を食べる   야채를 먹다

⇒ _____

③ うそを言う   거짓말을 하다

⇒ _____

④ 運動場を走る   운동장을 달리다.

⇒ _____

⑤ 山に登る   산에 오르다

⇒ _____

정리하기

1. 사역문

용법 1 강제, 지시

상위자가→하위자에게 사용한다. 상대방의 의지는 고려하지 않고 일방적으로 시킨다.

예) **先生が学生を廊下に立たせた。** 선생님이 학생을 복도에 세웠다.【강제】

예) **ロボットに絵を描かせた。** 로봇에게 그림을 그리게 했다.【지시】

용법 2 허가, 은혜

상대방의 의지를 존중한다.

예) **母親は子供に自由に遊ばせた。** 어머니는 아이에게 자유롭게 놀게 했다.【허가】

예) **電話を使わせていただけませんか。** 전화를 사용하게 해주시지 않겠습니까?【허가를 요구함】

예) **部長が早く帰らせてくれた。** 부장님이 집으로 일찍 가게 해주었다.【은혜】

용법 3 유발

상하관계 없이 감정이 유발되었을 때 사용된다.

예) **子供は両親を困らせた。** 아이는 부모를 곤란하게 했다.【유발】

2. 사역수동문

피사역자가 싫다고 생각하거나 피해라고 느끼고 있는 것을 표현하는데 사용된다.

예) **先生は私に反省文を書かせた。** (사역)선생님은 나에게 반성문을 쓰게 했다.

예) **私は、先生に反省文を書かされた。**

(사역수동)나는 선생님이 시켜서 억지로 반성문을 썼다.(선생님이 억지로 쓰게 했다)

3. 한국어와 다른 일본어 ~させていただく

상대방의 의뢰나 허가를 받고 그렇게 하겠다고 할 경우와, 상대방의 친절이나 은혜를
받고 그렇게 하겠다고 할 경우에 쓰이는 표현이 "~させていただく"다.

① (상대방이 보내 달라는 의뢰를 받고)

お問い合わせいただきました新刊のカタログを送らせていただきます。

문의해주신 신간 카탈로그를 보내드리도록 하겠습니다.

② (상대방의 초대를 받고)

ありがとうございます。ではお言葉に甘えて出席させていただきます。

감사합니다. 그럼 말씀을 고맙게 받아들여 출석하도록 하겠습니다.

하지만 상대방에게서 의뢰도 아무 허락도 필요하지 않고, 또한 직접 상대방에게서 친절
이나 은혜를 받은 것도 아닌 경우에 **ていただきます**를 쓰게 되면 부자연스럽게 느껴지
고 불쾌한 표현이 된다.

③ ？このたび結婚させていただきました。

　　？来月退社させていただくことになりました。

③과 같이 허가를 받아야 할 상대도 아니고, 상대방에게 직접적인 관계가 없는 일이라면
부자연스럽게 느껴진다. 다음 ④로 충분하다.

④ このたび結婚いたしました。 이번에 결혼했습니다.

　　来月退社することになりました。 다음 달에 퇴사하게 되었습니다.

일작

정답 336쪽

다음 한국어 문장을 일본어로 바꾸세요.

1. 아이에게 야채를 먹였다.

   ➡ _____

2. 다나카 씨에게도 듣게 해 주고 싶다.

   ➡ _____

3. 모두를 웃겼다.

   ➡ _____

4. 아이의 몸 상태가 나빠서 오늘은 학교를 쉬게 했다.

   ➡ _____

5. 판매원에게 (억지로) 고가의 화장품을 사게 되었다.

   ➡ _____

상황극

구니이: **わ！**

우왜!

하치노: **もう～、びっくりさせないでくださいよ。**

뭐야. 놀라게 하지 마세요

구니이: **何(なに)してるの？**

뭐하고 있어?

하치노: **一週間(いっしゅうかん)休(やす)ませてもらうことにしたんですよ。**

1주일간 (허락을 받고) 쉬기로 했어요

구니이:	へえ。
	허.
하치노:	いつにしようかなと思(おも)って。
	언제로 할까 해서요.
구니이:	いいな。ぼくは去年(きょねん)、休暇(きゅうか)もなく働(はたら)かされたのに！
	좋겠다. 나는 작년에 휴가도 없이 억지로 일했는데.
하치노:	そうでしたっけ？年末(ねんまつ)にハワイ旅行(りょこう)行(い)ってたじゃないですか。
	그랬었나요? 연말에 하와이 여행 갔었잖아요.
구니이:	そうだったっけ？
	그랬었나?

일본어 한자 쓰기연습

부수	이름	한자 1	한자 2	한자 3	한자 4
扌	てへん	打	指	押	持
		打(う)つ	指(さ)す	押(お)す	持(も)つ
		打(う)つ	指(さ)す	押(お)す	持(も)つ
		打(う)つ	指(さ)す	押(お)す	持(も)つ

✏️ ひと言

　동사 자동사(**自動詞**) 중 의지가 들어가는 자동사(**意志的自動詞**)는 [동작을 하는 사람]＋に/を 둘 다 가능하다.　이 경우, [동작을 하는 사람]＋に는 자발적으로, [동작을 하는 사람]＋を 는 강제적으로 시키는 뉘앙스 차이가 있다.

　　学生に行かせる。 [자발적] 학생에게 가게 하다
　　学生を行かせる。 [강제적] 학생을 가게 하다.

　　学生に立たせる。 [자발적] 학생에게 서게 하다
　　学生を立たせる。 [강제적] 학생을 서게 하다(세우다).

제7장

복습

🌸 학습 내용

1. 제1~6장 내용 복습
2. 배운 문형 활용하기

🌸 학습 목표

1. 한국어와 다른 일본어에 대한 학생들의 질문을 통해 더 깊이 있는 이해가 가능하다.
2. 1~6과 내용에 대한 문제를 풀면서 복습한다.

학습하기

1. 한국어와 다른 일본어

1 일본어 수동(受身)표현이란

일본어의 수동문에는 직접수동과 간접수동이 있다.

직접수동문은 능동문과 대응하여 주어는 동작주가 한 행위의 영향을 직접적으로 받는다. 간접수동문은 대응하는 능동문이 존재하지 않는다. 대부분이 피해의 의미를 나타낸다.

✋ 質問！

Q 직접 수동과 간접 수동을 구분하기가 어렵습니다. 꼭 구분해야 하나요? 어떻게 구분해야 하나요?

A 간접 수동은 사건에 나타나지 않은 「나」를 주어로 한 수동문입니다. 간접 수동은 대부분이 「피해 수동」이 됩니다. 이것은 한국어에는 없는 표현입니다. 그럼으로 편의상 직접 수동과 나눠서 설명하고 있습니다.

직접 수동과 간접 수동의 구분 방법은, 우선, 능동문(원래 문장)을 생각해 봅시다. 사건에 「나(자신)」이 있는지 없는지 보세요. 만약에 「나(자신)」이 없는 문장을 수동문으로 바꾸게 되면 간접 수동이 됩니다.

능동문 : 「子供がボールを投げた。」(아이가 공을 던졌다.) → 사건에 「나(자신)」이 없다.
수동문 : 「子供にボールを投げられた。」(아이가 공을 던졌다.) →간접 수동

그런데, 간접 수동은 피해심을 포함하기 쉽기 때문에 주의해서 써야 합니다.

수동문 : 「子供にボールを投げられた。」(아이가 공을 던졌다.)

이와 같이 수동문을 사용할 때, 피해 표현으로 들릴 수가 있습니다. 피해라고 생각하지 않는다면,

능동문 : 「子供がボールを投げた。」(아이가 공을 던졌다.)

이와 같이 능동문을 사용하는 것이 오해의 소질이 없습니다.
수동 표현을 쓰는 이유가, '나'를 주어로 할 때 (특히 복문에서 '나'로 주어를 통일할 때) 내가 동작을 받는 입장이기 때문입니다. 그런데, 간접 수동 표현이 될 경우, 대부분이 피해로 들립니다. 피해라고 생각하지 않는다면 (또는 피해의 오해가 될 것 같으면) 능동 표현을 사용하세요.

신문 기사 등에서 사건을 객관적으로 볼 때는 사물을 주어로 하는 '무생물 수동(**非情の受身**)' 표현이 사용됩니다.

✋ **質問！** ━━━

Q 직접 수동문에는 피해의 감정이 전혀 담겨 있지 않은 것일까?

A 아니요, 술어의 어휘적 의미에 원래부터 피해의 의미가 있는 경우 수동문도 피해의 의미를 나타내기 쉽습니다.

> 例) 早朝に起こされた。 이른 아침에 눈을 떴다. (起こす 깨우다)

> 例) コーチに叩かれた。 코치에게 얻어맞았다. (叩く 때리다)

> 例) クラスメイトに押さえつけられた。 반 친구에게 짓눌렸다. (押さえつける 짓누르다)

직접 수동은 엄밀히 말하면 술어의 어휘적 의미에 의해 피해, 중립, 은혜 3가지로 나뉩니다.

1) 피해 **例)** コーチに叩かれた。 코치에게 얻어맞았다.

2) 중립 **例)** 田中さんから手紙を渡された。 타나카 씨로부터 편지를 건네받았다.

3) 은혜 **例)** 先生に褒められた。 선생님에게 칭찬받았다.

수동문의 의미는 직접/간접이라는 구문적 특징에 의한 것 이외에도 위와 같이 술어 동사의 어휘적 의미와 밀접한 관계가 있습니다.

━━━

✋ **質問！** ━━━

Q 모든 동사가 수동문이 되나요? 어떤 동사라도 「~(ら)れる」를 붙여서 수동형을 만들 수 있습니까?

A 아니요, 동사 중에 수동을 만들지 못하는 동사가 있습니다. 수동형을 만들지 못하는 동사의 특징은 다음과 같습니다.

1) 무의지적 정적인 상태(**無意志的静的状態**)를 나타내는 동사이다.
2) 명령형, 의지표현, 권유표현, 희망을 나타내는 표현은 불가능하다.
3) 가능동사 (**書ける**, **飲める** 등)

즉, 「자연스럽게 그렇게 되어 있다」라는 상태, 혹은 상태의 변화를 나타내는 동사들이 수동형을 만들 수 없다.

【수동문을 만들 수 없는 동사】

자연현상을 나타냄 自然現象を表す	冷える/晴れる/光る/暮れる (차가워지다/개다/빛나다/저물다)
상태의 변화를 나타냄 状態の変化を表す	沸く/煮える/焦げる/凍る (끓다/삶아지다/익다/타다/얼다)
성질을 나타냄 性質を表す	要る/空く/込む/足りる (필요하다/비다/혼잡하다, 붐비다/부족하다)
자발(자연히 그렇게 됨)을 나타냄 自発を表す	始まる/止む/見つかる/決まる (시작되다/멈추다/발견되다/결정되다)
관계를 나타냄 関係を表す	似合う/合う/対する/違う (어울리다/맞다/대하다/다르다)
가능을 나타냄 可能を表す	できる/見える/聞こえる/間に合う (할 수 있다/보이다/들리다/시간에 늦지 않게 대다)

🖐 質問！

Q 간접수동문으로서 사용되기 쉬운 자동사(自動詞)에는 구체적으로 어떠한 것이 있습니까?

A 간접수동문이 되는 자동사의 수동에서, 자동사 중에서도 비의지적(非意志的)인 것은 수동문이 되기 어렵다라는 설명을 했습니다. 즉, 간접수동문으로서 사용되기 쉬운 자동사는 동작주(動作主)의 의지에 의해 동작을 할 수 있는 동사입니다.

【간접수동문으로서 사용되기 쉬운 자동사】

1그룹 동사				
	会う	만나다	遊ぶ	놀다
	集まる	모이다	歩く	걷다
	行く	가다	移る	옮기다. 이동하다
	泳ぐ	헤엄치다	終わる	끝나다
	帰る	돌아가다(오다)	勝つ	이기다
	通う	다니다	転ぶ	구르다
	死ぬ	죽다	住む	살다
	座る	앉다	立つ	서다

	楽しむ	즐기다, 좋아하다	着く	도착하다	
	止まる	멈추다, 그치다	泣く	울다	
	残る	남다	乗る	타다	
	入る	들어가다(오다)	走る	달리다	
	引っ越す	이사가다	降る	(비,눈이)내리다, 오다	
	向く	향하다	戻る	되돌아가(오)다	
	休む	쉬다	酔う	취하다	
	わたる	건너다			
2그룹 동사	生きる	살다	起きる	일어나다	
	居る	있다	倒れる	쓰러지다	
	出かける	외출하다, 나가다	逃げる	도망치다, 달아나다	
	抜ける	빠지다	寝る	자다	
	辞める	그만두다, 사직하다	別れる	헤어지다, 이별하다	
3그룹 동사	来る	오다			

✋ **質問！**

Q 한국어의 한어동사(漢語動詞)「~되다」는 일본어의 「~される」로 모두 번역해도 됩니까?

A 아니요, 다 「~される」로 번역하면 안 됩니다. 한어동사(漢語動詞) 중에 <u>타동성(他動性)을 포함하고 있지 않은 자동사</u>는 「~する」로 사용됩니다.

한어동사(漢語動詞)「~하다」를 「~되다」로 바꾸게 되면 피동문이 되기 때문에 「되다」를 「される」로 번역하는 경우가 많습니다.

예) 개최하다 **開催する** → 개최되다 **開催される**

그러나, 일본어의 경우 한어동사(漢語動詞) 가운데 타동성(他動性)을 포함하고 있지 않은 자동사는 능동적으로 사용됩니다.

예) **発展する** 발전하다(되다)

당시, 그 분야는 아직 <u>발전되지 않아서</u> 배울 기회가 없었다.

当時、その分野はまだ発展{○して/×されて}おらず、学ぶ機会がなかった。

예) 興奮する 흥분하다(되다)

여행 전날은 <u>흥분되서</u> 잠을 못잤습니다.

旅行前日は、興奮{○して/×されて}眠れませんでした。

이와 같이 타동성(他動性)을 포함하고 있지 않은 자동사 즉, 수동문이 되지 않는 한어동사(漢語動詞)는 다음과 같습니다.

【수동문이 되지 않는 한어동사(漢語動詞)】

開通する	개통하다(되다)	自立する	자립하다
上昇する	상승하다	下降する	하강하다
発達する	발달하다(되다)	変化する	변화하다(되다)
進化する	진화하다(되다)	混乱する	혼란스럽다

---

2 일본어 사역수동(使役受身)표현이란

일본어의 사역수동「させられる」는 한국어 그대로 번역할 수 없다. 학습자들은 사역수동표현을 사용해야 하는 장면을 이해하기 어려워한다. 그러다 보니 다음과 같은 질문이 나오기 쉽다.

✋ 質問！

Q 제6장「생각해 보기」에서 본 문장에서는 다음과 같이 한국어로 번역되어 있습니다.

1. 正門の前で一列に並ばされ、他人との間を2メートルずつ取らされた。

정문 앞에서 한 줄로 서서, 타인과의 간격을 2미터씩 두었다.

2. どうして彼は帰らされてしまったのでしょうか。

어째서 그는 집으로 돌아가버렸을까요?

그럼 다음과 같이 일본어를 직역하면 안되나요?

　1'. 正門の前で一列に並び、他人との間隔を2メートルずつ取った。

　2'. どうして彼は家に帰ってしまったのでしょうか。

A 1',2'의 능동표현으로는 주어가 자신의 의지로 그 행동을 한 것이 되어 버립니다. 그렇게 되면 사역수동 표현에 포함된 피해나 체념의 마음은 담겨있지 않습니다. 즉 뉘앙스 차이가 생깁니다.

---

2. 정리 문제

정답 336쪽

제1장 복습

1. 다음 한국어 문장을 일본어로 바꾸시오.

④

　① 학생증을 가지고 와 주세요. 　　　　　　　　　　　　　　단어 **学生証** 학생증

　➡ _____

　② 주스를 사 가겠습니다. 　　　　　　　　　　　　　　　　단어 **ジュース** 주스

　➡ _____

　③ 남동생이 사과를 보내 왔습니다. 　　　　　　　　　　　　단어 **りんご** 사과

　➡ _____

　④ 앞으로도 일본어 공부를 계속해 가겠습니다. 　　　　　　단어 **続ける** 계속하다

　➡ _____

2. 다음 (　　　　)안에 있는 말을 「〜ていく」「〜てくる」 형태로 변형하여 문장을 완성하세요.

　① 持ち物に名前を(　書く　)てください。 소지품에 이름을 써서 와 주세요

　➡ _____

② 明日は地下鉄に(乗る)。 내일은 지하철을 타고 가겠습니다.

　➡ _____

③ 息子が走って(帰る)。 아들이 뛰어 돌아왔습니다.

　➡ _____

④ 運動ぐつを(はく)てください。 운동화를 신고 와 주세요.

　➡ _____

⑤ 友達が年賀状を(送る)。 친구가 연하장을 보내 왔습니다.

　➡ _____

⑥ 人が(多くなる)。 사람이 많아지기 시작했다.

　➡ _____

3. 일작

1) 괄호 안에 적당한 말을 넣고 문장을 완성해 보세요.

① (　　　　　)へ/に行ってきました。

　예) 出張で東京に行ってきました。 출장으로 도쿄에 갔다 왔습니다.

　➡ _____

② (　　　　)ていきました。

　예) 今日はスーツを着ていきました。 오늘은 정장을 입고 갔습니다.

　➡ _____

2) 주제: 「旅行」

놀러 갔다 온 이야기를 「〜へ行ってきました。」를 활용하여 일본어로 자유롭게 쓰시오.

예) 私は6月に家族と沖縄へ行ってきました。 저는 6월달에 가족과 함께 오키나와에 갔다 왔습니다.
　海で泳いだり、おいしいものを食べたりしました。 바다에서 수영하거나, 맛있는 것을 먹곤 했습니다.
　とても暑かったですが、楽しかったです。 아주 더웠지만, 즐거웠습니다.

⇒ _____

_____

_____

_____

_____

제2장 복습

1. 다음 한국어 문장을 「てある」「ておく」를 사용해서 일본어로 바꾸세요.

① 상자에 설명이 써 있습니다.   　단어 はこ 상자,　説明_{せつめい} 설명

⇒ _____

② 짐은 이미 준비해 놓았습니다.   　단어 荷物_{にもつ} 짐

⇒ _____

③ 회의 전에 서류를 읽어 두십시오.   　단어 会議_{かいぎ} 회의,　前_{まえ}に 전에,　書類_{しょるい} 서류

⇒ _____

④ 다나카 씨에게 회의 시간을 알려 두세요.   　단어 知_しらせる 알리다

⇒ _____

⑤ 책을 책상 위에 놓아 두었습니다.   　단어 机_{つくえ}の上_{うえ} 책상 위

⇒ _____

2. 「書_かく」를 「ている」「てある」「ておく」를 사용하여 문장을 완성하세요 .

① 今_{いま}、手紙_{てがみ}を(　書く　) 지금 편지를 쓰고 있습니다.

⇒ _____

② 箱_{はこ}に説明_{せつめい}が(　書く　) 상자에 설명이 적혀 있습니다.

⇒ _____

③ 本に名前を(　書く　)　책에 이름을 써 놓겠습니다.

➡ _____

3. 다음 중, チケット(표)를 아직 예약하지 않은 것은 어느 쪽입니까?

① チケットを予約してあります。
② チケットを予約しておきます。

4. 일작

여행하기 전에 어떤 것을 준비해 두는지 「～ておく」를 활용하여 자유롭게 쓰시오.

주제 : 旅行の準備

예) 飛行機のチケットを買っておく。 비행기 티켓을 사 놓다.
　　宿泊先を予約しておく。 숙박처를 예약해 놓다.
　　ガイドブックを読んでおく。 가이드 북을 읽어 놓다.
　　パスポートをとっておく。 여권을 받아 놓다.
　　体調を整えておく。 컨디션을 조절해 놓다.

➡ _____

_____

_____

_____

_____

제3장 복습

연습 1

예) 日本語の新聞が読める　일본어 신문을 읽을 수 있다.

➡ 日本語の新聞が読めるようになりたいです。 일본어 신문을 읽을 수 있게 되고 싶습니다.

① ピアノがひける　피아노를 칠 수 있다.

➡ _____

② 漢字が書ける　한자를 쓸 수 있다.

➡ _____

③ 自転車に乗れる　자전거를 탈 수 있다.

➡ _____

연습 2

문장을 하나로 만드세요.

예) 台風がきた　태풍이 왔다 ・ 旅行に行けない　여행을 갈 수 없다.

➡ 台風がきて、旅行に行けなくなりました。 태풍이 와서, 여행을 갈 수 없게 되었습니다.

① 胃をこわした　위에 탈이 났다 ・ 辛いものが食べられない　매운 것을 먹을 수 없다.

➡ _____

② 用事ができた　일이 생겼다. ・ 集まりに参加できない　모임에 참가 할 수 없다.

➡ _____

③ ひっこした　이사 갔다 ・ 田中さんと連絡がとれない　다나카 씨와 연락이 되지 않는다.

➡ _____

연습 3

예) 無理をしない　무리를 하지 않다

➡ 無理をしないようにしています。 무리를 하지 않도록 하고 있습니다.

① いらない物は買わない　필요 없는 물건은 사지 않다.

　➡ _____

② くだものを食べる　과일을 먹다

　➡ _____

③ 毎朝ジョギングをする　매일 아침 조깅을 하다

　➡ _____

연습 4

예) 時間を守る　시간을 지키다

　➡ 時間を守るようにしてください。 시간을 지키도록 하세요.

① 必ず電話する　반드시 전화하다.

　➡ _____

② 書類をなくさない　서류를 잃어버리지 않다.

　➡ _____

③ 毎日、本を読む　매일 책을 읽다.

　➡ _____

일작

1. 다음 한국어 문장을 일본어로 바꾸세요.

① 되도록 일본 드라마를 보도록 하고 있습니다.　　단어 できるだけ 되도록,　ドラマ 드라마

　➡ _____

② 내일은 아침 8시까지 오도록 하세요.　　단어 ～までに ～까지

　➡ _____

③ 커피는 너무 마시지 않도록 합시다.　　　　　　　　단어 飲みすぎる 너무 마시다

➡ _____

2. 괄호 안에 적당한 말을 넣고 문장을 만들어 보세요.

① (　　　　　)ことになりました。

예) たなかさんと来週、会うことになりました。 다나카 씨와 다음 주에 만나게 되었습니다.

➡ _____

② (　　　　　)ことにしました。

예) 今日からダイエットすることにしました。 오늘부터 다이어트 하기로 했습니다.

➡ _____

③ (　　　　　)ようになりました。

예) 日本語で簡単な文章が書けるようになりました。 일본어로 간단한 문장을 쓸 수 있게 되었습니다.

➡ _____

④ (　　　　　)ようにしています。

예) 日本語で日記を書くようにしています。 일본어로 일기를 쓰도록 하고 있습니다.

➡ _____

제4장 복습

1. 다음 한국어 문장을 일본어로 바꾸시오.

⑤

① 발렌타인데이는 여자 아이가 남자 아이에게 초콜릿을 주는 날입니다.

단어 バレンタインデー 발렌타인데이, 女の子 여자아이, 男の子 남자아이, チョコレート 초콜릿

➡ _____

② 발렌타인데이는 남자 아이가 여자 아이에게 초콜릿을 받는 날입니다.

➡ _____

③ 화이트데이에 다나카 군이 나에게 사탕을 주었습니다.

단어 ホワイトデー 화이트데이, あめ 사탕

➡ _____

④ 스즈키 씨에게 여행 선물을 받았습니다.(겸양「いただく」를 쓰시오.)

단어 旅行のおみやげ 여행 선물

➡ _____

④
① 스즈키 씨에게 회사 안을 안내해 드렸습니다.　　　단어 社内 회사 안, 案内する 안내하다

➡ _____

② 다나카씨가 짐을 들어 주었습니다.　　　　　　　　　　　단어 荷物 짐

➡ _____

③ 다나카 씨가 집까지 데려다 주셨습니다. (겸양「ていただく」를 쓰시오.)　단어 家 집

➡ _____

④ 일정표를 바로 보내주시겠습니까?　　　　　　　　단어 日程表 일정표, すぐに 바로

➡ _____

2. 다음 문장을 「～てあげる」「～てくれる」를 써서 바꾸시오.

① えりかさんは恋人にマフラーをあんだ。 에리카 씨는 애인을 위해 목도리를 짰다.

➡ _____

② 妹の宿題をみた。 여동생의 숙제를 보았다.

➡ _____

③ 山本さんが弟の自転車を直した。 야마모토 씨가 남동생의 자전거를 고쳤다.

　➡ _____

3. (　) 안에 들어갈 조사를 고르시오.

① 私はキムさん(　が/に　)パクさんの住所を調べてもらいました。

　나는 김 씨에게 박 씨의 주소를 받았습니다. (김 씨가 박 씨의 주소를 알아봐 주었습니다.)

　➡ _____

② 山田部長(　が/に　)駅まで送っていただきました。 야마다 부장님께서 역까지 데려다 주셨습니다.

　➡ _____

③ 田中さん(　が/に　)私(　が/に　)アルバムを見せてくれました。

　다나카 씨가 나에게 앨범을 보여주었습니다.

　➡ _____

④ 中村さん(　が/に　)パクさんの仕事を手伝ってあげました。

　나카무라 씨가 박 씨의 일을 도와주었습니다.

　➡ _____

4. 일작

　괄호 안에 적당한 말을 넣고 문장을 만들어 보세요.

① (　　　　　　)てあげます。
　예) 妹の宿題を見てあげました。 여동생 숙제를 봐 주었습니다.

　➡ _____

② (　　　　　)てくれて、(　　　　　　)。
　예) 友達がひっこしを手伝ってくれて、助かりました。 친구가 이사를 도와줘서 도움 되었습니다.

　➡ _____

③ (　　　　　)てもらいます。

예) 田中さんに車で送ってもらいました。 다나카 씨가 차로 데려다 주었습니다.

➡ _____

④ (　　　　　)ていただけませんか。

예) もう少し待っていただけませんか。 조금 더 기다려 주시지 않겠습니까?

➡ _____
.

제5장 복습

1. 다음 (　　　　　)안에 있는 말을 변형하여 문장을 완성하세요.

① 後ろから(　押す　)、転んでしまいました。 뒤에서 누가 밀어서 넘어져버렸습니다.

➡ _____

② 子供にパソコンを(　壊す　)、仕事ができませんでした。 아이가 컴퓨터를 고장 내서 일을 못했습니다.

➡ _____

③ 隣の人にたばこを(　吸う　)、息ができませんでした。
옆 사람이 담배를 피워서 숨을 쉴 수가 없었습니다.

➡ _____

2. 일작

① 사장님의 집에 초대되었다.　　　　　　　　　　　　단어 社長 사장님, 招待する 초대하다

➡ _____

② 회장은 40석 준비되어있습니다.　　　　　　　　　단어 会場 회장, 40席 40석

➡ _____

③ 면접에서 이것저것 질문 받았습니다.   단어 面接 면접

➡ _____

④ 집 앞에 차를 세워 놓아서 나갈 수 없었습니다.   단어 車を止める 차를 세우다

➡ _____

⑤ 신관은 작년에 세워졌습니다.   단어 新館 신관

➡ _____

제6장 복습

1. 다음 ( )안에 동사를 사역형(使役形)으로 변형하여 문장을 완성하세요.

① 少し(休む)てもらった。 조금 쉬게 허락 받았다.

➡ _____

② パソコンを(使う)てください。 컴퓨터를 사용하게 해 주세요.

➡ _____

③ 子供にかさを(持ってきた)。 아이에게 우산을 들고 오게 했다.

➡ _____

④ 子供に宿題を(やる)てから、遊びに行かせました。
아이에게 숙제를 시키고 나서 놀러 가게 했습니다.

➡ _____

2. 다음 ( )안 동사를 사역수동형(使役受身形)으로 변형하여 문장을 완성하세요.

① 子供のころ、兄によく(泣いた)。 어렸을 적 형이 자주 (나를) 울렸다.

➡ _____

② 警察に罰金を(　払った　)。경찰에게 벌금을 (억지로) 냈다.

　➡ _____

③ すずきさんに1時間も(　待った　)。스즈키씨를 1시간이나 (억지로) 기다렸다.

　➡ _____

3. 다음 (　　　　)안에 있는 말을 사역형 또는 사역수동형으로 변형하여 문장을 완성하세요.

① 友達の家に(　泊まる　)もらいました。(저는) 친구 집에서 머물었습니다.

　➡ _____

② 店長にトイレのそうじを(　する　)。　점장이 화장실 청소를 저에게 시켰습니다.

　➡ _____

③ お店で30分も(　待つ　)。(저는) 가게에서 30분이나 기다렸습니다.

　➡ _____

상황극

パーティの準備 파티 준비

A : パーティの準備は、できていますか。

파티 준비는 되어 있습니까?

B : はい、できています。

네, 되어 있습니다.

A : 飲み物は、買ってありますか。

음료는 사 놓았습니까?

B : はい。シャンパンを20本注文しておきました。

네, 샴페인을 20병 주문해 두었습니다.

A : うーん、あと10本追加してください。

음, 10병만 더 추가해 주세요.

B : はい。分かりました。

네, 알겠습니다.

A : それから、お皿は十分にありますか。

그리고, 그릇은 충분히 있습니까?

B : はい。人数分、準備してあります。

네, 인원수 준비해 놓았습니다.

A : そうですか。それと、招待状は、送ってありますか。

그래요. 그리고 초대장은 보내 놓았습니까?

B : はい。送ってあります。メールアドレスが分からない人には、電話で伝えてお
きました。

네, 보내 놓았습니다. 메일 주소를 모르는 사람한테는 전화로 전해 두었습니다.

제8장

J-pop으로 배우는 일본어

『pretender』

가수 : Official髭男dism
オフィシャル ひげだん ディズム

映画「コンフィデンスマンJP」主題歌

君とのラブストーリー
きみ
너와의 러브스토리

それは予想通り
よ そうどお
그건 예상대로

いざ始まればひとり芝居だ
はじ しばい
막상 시작되면 일인연극이다

ずっとそばにいたって
계속 곁에 있어봤자

結局ただの観客だ
けっきょく かんきゃく
결국 그저 관객일 뿐

'君(네)' : 여자친구
きみ

일인연극 : 僕(나) / 観客(관객) : 여자친구
ぼく かんきゃく

感情のないアイムソーリー
감정없는 I'm sorry

それはいつも通り
그건 언제나처럼

慣れてしまえば悪くはないけど
익숙해지면 나쁘지는 않지만

君とのロマンスは人生柄
너와의 로맨스는 인생에 있어

続きはしないことを知った
계속되지 않는다는 걸 깨달았다

人生柄 : 지금까지 살아온 경험이나 생각에서. 나의 인생상.

続きはしない : 続くことはしない。계속되지는 않다. (강조)

もっと違う設定で　もっと違う関係で
좀더 다른 설정에서 좀더 다른 관계로

出会える世界線　選べたらよかった
만나는 세계선을 택했으면 좋았을 텐데

もっと違う性格で　もっと違う価値観で
좀더 다른 성격으로 좀더 다른 가치관으로

愛を伝えられたらいいな
사랑을 전할 수 있으면 좋을 텐데

そう願っても無駄だから
그렇게 원해도 소용없으니까

伝えられたらいいな: 伝えられたらいい(のに)な 전할 수 있으면 좋을 텐데.

グッバイ
굿바이

君の運命のヒトは僕じゃない
너의 운명의 사람은 내가 아니다

辛いけど否めない　でも離れ難いのさ
괴롭지만 부정할 수 없어 그치만 헤어지기 힘들다

否めない ： 동사 '否む(부정하다, 거절하다)'의 부정형
　　　　　현대 일본어에서는 사용하지 않는 말.
　　　　　현대 일본어에서는 否定する(부정하다)゛断る(거절하다)를 사용한다.

その髪に触れただけで　痛いや　いやでも
그 머리카락에 닿기만 해도 아프다 아니, 하지만

甘いな　いやいや
달콤하다 마지못해

이 부분은 가사에「い」음을 되풀이하면서 리듬을 만들어내고 있다.

グッバイ
굿바이

それじゃ僕にとって君は何？
그럼 내게 있어 너는 무엇일까?

答えは分からない　分かりたくもないのさ
답은 모르겠다 알고 싶지도 않고

たったひとつ確かなことがあるとするのならば
단 한 가지 확실한 것이 있다고 한다면

「君は綺麗だ」
"너는 예쁘다"

分かりたくもないの ：「～たくもない」는 강한 부정.
예) 聞きたくもない。듣고 싶지도 않다.

あるとするのならば ： あるとすれば ： 있다면

제9장

의지(意志)/예정(予定)/
추측(推測)

❀ 학습 내용

1. 동사 의지형(～よう)

   ～ようと思います

   ～ようとした時、～

   ～ようとしません

2. 예정 표현

   ～つもりです

3. 추측 표현

   ～と思います

   ～かもしれません

   ～はずです

❀ 학습 목표

1. 동사 의지형(意志形、～よう)을 사용한 표현을 마스터한다.

2. 「つもり」가 가지고 있는 성격을 알고 적절하게 사용할 수 있다.

3. 어떤 근거로 인해 판단하거나, 예상하는 추측 표현을 마스터한다.

● Point 「思う」와 「생각하다」

동사 「思う」는, 여러 의미를 가진다. 특히, 문 말에 「と思う」를 붙임에 따라, 정중하고, 조심스러운 뉘앙스가 되며, 일본인이 자주 사용하는 표현이다. 또한, 「思う」를 사용한 복합동사도 많이 있으며, 그것을 문장에 적용시킴에 따라 보다 일본어다운 문장이 된다.

동사「思う」는 '생각하다'로 번역이 된다. 하지만, 「思う」는 일본어의 '생각하다' 즉 「考える」와 다음과 같이 차이가 있다.

「考える」:조리 있게 객관적으로 판단하다.

「思う」: 생각에 상상, 결의, 걱정, 연애 등, 주관적이고 감정적인 요소가 들어간다.

예) 数学の問題を{○考える/×思う}。 수학 문제를 생각하다.
예) 子を{×考える/○思う}親心。 아이를 생각하는 부모의 마음.

● 생각해 보기

다음 회화에서 맞는 말을 하나씩 고르고, 대화문을 완성 하세요.

田中：木村さん、今年の夏も沖縄に ① {行くつもりですか/行くんですか}。

木村：そうですね。多分、また沖縄に ② {行くと思います/行くはずです}。
田中さんは、夏にどこか行きますか？

田中：親戚に会いに、家族で京都に ③ {行くつもりです/行く予定です/行くかもしれません}。
もう新幹線のチケットも買いました。

정답： 田中：木村さん、今年の夏も沖縄に ① {**行くつもりですか**/行くんですか}。

木村：そうですね。多分、また沖縄に ② {**行くと思います**/行くはずです}。
田中さんは、夏にどこか行きますか？

田中：親戚に会いに、家族で京都に ③ {**行くつもりです**/行く予定です/行くかもしれません}。

もう新幹線のチケットも買いました。

타나카: 키무라 씨, 올해 여름도 오키나와에 갈 예정입니까?

키무라: 그렇죠. 아마, 또 오키나와에 가려고요.

　　　　타나카 씨는 여름에 어디 가세요?

타나카: 친척들을 만나러, 가족끼리 교토에 갈 예정입니다.

　　　　이미 신칸센 티켓도 샀어요.

해설: ① 「~つもりですか。」는 상대방에게 개인적인 각오를 묻는 <u>무례한 표현</u>이 되어 비판적이거나 따지는 인상을 준다. 상대방의 계획을 물어볼 때는 설명을 구하는 표현 「~んですか」를 쓴다.

② 「はずです」는 나 자신의 계획이나 예정에 대해서 사용할 수 없다.

③ 「つもりです」는 개인적인 예정을 나타내고, 「予定です」는 다같이 정한 스케줄을 나타내는 경향이 있다. 「かもしれません」는 확신이 없고, 아마도 그렇지 않을까 하는 생각의 가능성(可能性)을 나타내는 추측 표현이다. 여기서는 「もう新幹線のチケットも買いました。」라고 있기 때문에 「かもしれません」는 부적절하다.

 오늘의 단어

電話が鳴る	전화가 울리다
玄関	현관
チャイム	벨, 초인종
突然	돌연, 갑자기
食事会	회식
独身	독신
都合が悪い	상황(형편)이 편하지 않다

<ruby>息<rt>むす</rt>子<rt>こ</rt></ruby>さん	아드님
<ruby>時<rt>じ</rt>間<rt>かん</rt>変<rt>へん</rt>更<rt>こう</rt></ruby>	시간변경
<ruby>災<rt>さい</rt>害<rt>がい</rt></ruby>	재해
<ruby>延<rt>えん</rt>期<rt>き</rt></ruby>	연기

학습하기

핵심문법 1 의지 표현

1 동사 의지형(意志形)

💡⑤ 〜よう ~하자

1그룹 : 어미를 「お」단으로 바꾸고 「う」를 붙인다.

<ruby>行<rt>い</rt></ruby>く → <ruby>行<rt>い</rt></ruby>こ+う → <ruby>行<rt>い</rt></ruby>こう 가자

<ruby>遊<rt>あそ</rt></ruby>ぶ → <ruby>遊<rt>あそ</rt></ruby>ぼ+う → <ruby>遊<rt>あそ</rt></ruby>ぼう 놀자

2그룹 : 어미 「る」를 떼고, 「よう」를 붙인다.

<ruby>食<rt>た</rt></ruby>べる → <ruby>食<rt>た</rt></ruby>べ+よう → <ruby>食<rt>た</rt></ruby>べよう 먹자

<ruby>見<rt>み</rt></ruby>る → <ruby>見<rt>み</rt></ruby>+よう → <ruby>見<rt>み</rt></ruby>よう 보자

3그룹

<ruby>来<rt>く</rt></ruby>る → <ruby>来<rt>こ</rt></ruby>よう 오자

する → しよう 하자

① 一緒に遊ぼう。 같이 놀자.

② 少し休もう。 조금 쉬자.

③ また来ようね。 또 오자.

연습문제 ─────────────────────────────── 정답 338쪽

다음 동사를 의지형(意志形)으로 바꿔 보세요.

① 聞く ➡ _____

② 呼ぶ ➡ _____

③ 切る ➡ _____

④ 閉める ➡ _____

⑤ 勉強する ➡ _____

2 ようと思う

④ ～ようと思います ~하려고 생각합니다. ~하려고요.

● 동사 의지형＋と思います

지금 또는 지금부터 무엇인가 하려고 하는 나의 의지(意志)를 나타낸다.

① 今日から一生懸命、勉強しようと思います。 오늘부터 열심히 공부하려고요

② 今日は5時前に帰ろうと思います。 오늘은 5시 전에 돌아가려고요

③ 来年は日本旅行をしようと思います。 내년에는 일본 여행을 하려고요

④ 健康のために水泳を習おうと思います。 건강을 위해서 수영을 배우려고요

다음 문장을 「동사 의지형＋と思います」 문형으로 바꿔 보세요.

예) 車で行きます。 차로 갑니다.
　　➡ 車で行こうと思います。 차로 가려고요.

① 明日は家でゆっくりします。 내일은 집에서 느긋하게 쉽니다.

　　➡ _____

② 今日は早く帰ります。 오늘은 일찍 돌아갑니다.

　　➡ _____

③ 明日は早く起きます。 내일은 일찍 일어납니다.

　　➡ _____

④ おすしを食べに行きます。 초밥을 먹으러 갑니다.

　　➡ _____

⑤ 来月、試験を受けます。 다음달 시험을 칩니다.

　　➡ _____

3　ようとする

1) ④ 〜ようとした ~하려고 했다

어떤 행위를 하기 직전의 상태를 나타낸다.

● 동사 의지형＋とした時、과거표현

夕食を　作る　　　　子供たちが　帰ってくる

저녁을 만들다　　　　아이들이 돌아오다

↓　　　　　　　　↓

夕食を<u>作ろうとした</u>時、子供たちが<u>帰ってきた</u>。

저녁을 만들려고 했을 때 아이들이 돌아왔다.

① ごはんを食べようとした時、電話が鳴った。 밥을 먹으려고 했을 때 전화가 울렸다.

② 電気を消そうとした時、玄関のチャイムが鳴った。 전기를 끄려고 했을 때 현관 벨이 울렸다.

③ 帰ろうとした時、部長に呼ばれた。 돌아가려고 했을 때 부장님이 불렀다.

④ おふろに入ろうとした時、電気が消えた。 목욕을 하려고 했을 때 전기가 꺼졌다.

[문장연습 쓰기노트]　　　　　　　　　　　　　　　　　정답 339쪽

다음 괄호 안에 있는 말을 「동사 의지형＋とした時」로 바꿔서 문장을 완성하세요.

예)（　　コーヒーを飲む時　　）、電話が鳴った。

　➡（　　コーヒーを飲もうとした時　　）、電話が鳴った。

　　커피를 마시려고 했을 때 전화가 울렸다.

①（　　勉強する　　）、電話が鳴った。

　➡ _____

　　공부하려고 했을 때 전화가 울렸다.

②（　　寝る　　）、突然チャイムが鳴った。

　➡ _____

　　자려고 했을 때, 갑자기 현관 벨이 울렸다.

③（　　バスに乗る　　）、突然 後ろから呼ばれた。

　➡ _____

　　버스를 타려고 했을 때 갑자기 뒤에서 누가 나를 불렀다.

④ (　　会社に行く　　)、 急に雨が降ってきた。

　➡ _____

　회사에 가려고 했을 때 갑자기 비가 오기 시작했다.

⑤ (　　出かける　　)、 思い出した。

　➡ _____

　외출하려고 했을 때 생각났다.

2) ④ 〜ようとしません ~려(고) 하지 않습니다.

<u>타인</u>의 행동이 나의 예상이나 기대에서 벗어났을 때 사용하는 표현.

● 동사 의지형＋としません

　주의 !) 일인칭(一人称)에는 쓰지 않는다.

　○ 弟はたばこをやめようとしない。 남동생은 담배를 끊으려 하지 않는다.

　× 私はたばこをやめようとしない。

① 田中さんは集まりに呼んでも全然来ようとしません。

　다나카 씨는 모임에 불러도 도무지 오려고 하지 않습니다.

② 子供が学校に行こうとしません。 아이가 학교에 가려고 하지 않습니다.

③ すずきさんは時間がない時でも少しも急ごうとしません。

　스즈키 씨는 시간이 없을 때도 조금도 서두르려고 하지 않습니다.

④ 田中さんが家に帰ろうとしません。 다나카 씨가 집에 가려고 하지 않습니다.

⑤ すずきさんは会議に出席しようとしません。 스즈키 씨는 회의에 출석하려고 하지 않습니다.

다음 괄호 안에 있는 말을 동사 의지형으로 바꿔서 문장을 완성하세요.

예) 山田さんは(　　薬を飲む　　)としません。
→ 山田さんは(　　薬を飲もう　　)としません。 야마다 씨는 약을 먹으려고 하지 않습니다.

① 山田さんは(　　話を聞く　　)としません。

➡ _____

야마다 씨는 이야기를 들으려고 하지 않습니다.

② 山田さんは(　　病院に行く　　)としません。

➡ _____

야마다 씨는 병원에 가려고 하지 않습니다.

③ 山田さんは(　　手伝う　　)としません。

➡ _____

회야마다 씨는 도와주려고 하지 않습니다.

④ 山田さんは(　　運転する　　)としません。

➡ _____

야마다 씨는 운전하려고 하지 않습니다.

⑤ 山田さんは(　　休む　　)としません。

➡ _____

야마다 씨는 쉬려고 하지 않습니다.

1 つもり

④ ～つもりです ~(할) 생각입니다.

* 무엇을 하겠다는 의지(意志)나, 미리 생각해 둔 <u>개인적인</u> 예정, 계획 등을 말하고자 할 때 사용한다.
* 「つもり」의 의미는 「~ようと思います」와 비슷하다. 「つもり」가 조금 더 강한 의지거나, 더 구체적이고 실현 가능성이 높은 계획일 경우에 사용한다.

● 동사 보통형 ＋ つもりです

行く	行くつもりです	갈 생각입니다.
見る	見るつもりです	볼 생각입니다.
来る	来るつもりです	올 생각입니다.

● 동사 ない형 ＋ つもりです

行かない	行かないつもりです	가지 않을 생각입니다.
見ない	見ないつもりです	보지 않을 생각입니다.
来ない	来ないつもりです	오지 않을 생각입니다.

① 今日は5時に帰るつもりです。 오늘은 5시에 (집에)돌아갈 생각입니다.

② たばこはもう吸わないつもりです。 담배는 이제 피우지 않을 생각입니다.

③ 私は結婚しないつもりです。 나는 결혼하지 않을 생각입니다.

④ 私も参加するつもりです。 나도 참가할 생각입니다.

「~つもりですか。」는 상대방에게 개인적인 각오를 묻는 <u>무례한 표현</u>이 되어 비판적이거나 따지는 인상을 준다. 상대방의 계획을 물어볼 때는 설명을 구하는 표현 「~んですか」를 쓴다.

다나카 씨, 올해 겨울 방학도 북해도에 갑니까?

× 田中さん、今年の冬休みも北海道に行くつもりですか。

○ 田中さん、今年の冬休みも北海道に行くんですか。

○ 田中さん、今年の冬休みも北海道に行かれるんですか。 (경어표현 「~(ら)れる」 (13과))

대답을 할 때는 다음 ① 「と思っています」 ② 「つもりです」를 사용한다.
① 「と思っています」보다 ② 「つもりです」가 더 실현 가능성이 높은 표현이 된다.

① はい、行こうと思っています。 네, 가려고요

② はい、行くつもりです。 네, 갈 생각입니다.

---

3 「つもりです」와 「予定です」

「つもりです」는 개인적인 예정을 나타내고, 「予定です」는 회사나 학교 등, 다같이 정한 스케줄을 나타내는 경향이 있다.

● 동사 보통형 + 予定です

① 来月、東京へ出張する予定です。 다음 달 도쿄로 출장 갈 예정입니다.

② 駅に 8 時に着く予定です。 역에 8시에 도착할 예정입니다.

연습문제 ———————————————————————————— 정답 339쪽

다음 문장에서 맞는 것을 고르시오.

① 来月から料理教室に{通うつもりです/通うんです}。 다음 달부터 요리교실에 다닐 생각입니다.

② 今月も東京に{行くつもりですか/行くんですか}。이번 달도 도쿄에 갈 생각입니까?

③ 飛行機は明日の午後3時に到着する{つもりです/予定です}。

비행기는 내일 오후 3시에 도착할 예정입니다.

핵심문법 3 추측 표현

1 と思う

추측(推測)을 나타내거나, 나의 생각을 단정 짓지 않고 부드럽게 말할 때 사용한다.

④ 〜と思います ~라고 생각합니다, ~할 거에요.

의지형+と思います : 나의 의지를 말할 때. (~하려고요.)
보통형+と思います : 나의 생각을 말할 때. (~할 거에요./~할 것 같아요.)

예) 내일 열리는 회식에 참석하는지에 대한 대화 내용입니다.

山田 : 田中さん、明日の食事会に参加しますか。木村さんも参加するかな？

다나카 씨, 내일 회식에 참석해요? 기무라 씨도 참석할려나?

田中 : 私は参加しようと思います。저는 가려고요.

多分、木村さんも参加すると思います。아마 기무라 씨도 참석할 거예요. (참석할 것 같아요)

- 동사 보통형 / い형용사 보통형 + と思います
- な형용사 어간 / 명사 + だ + と思います

【동사】 行くと思います 갈 거에요

【い형용사】 暑いと思います 더울 거에요

【な형용사】 便利だと思います 편리할 거에요

【명사】 休みだと思います 쉬는 날일 거에요

① 今、東京はとても暑いと思います。 지금 도쿄는 굉장히 더울 거에요.

② 田中さんも来ると思います。 다나카 씨는 올 거에요.

③ 3時には着くと思います。 3시에는 도착할 거에요.

④ 木村さんは試験に合格すると思います。 기무라 씨는 시험에 합격할 거에요.

⑤ 田中さんは今仕事が大変だと思います。 다나카 씨는 지금 일이 힘들 거에요.

⑥ あの人は学生だと思います。 저 사람은 학생일 거에요.

⑦ 駅までは歩いて30分ぐらいだと思います。 역까지는 걸어서 30분정도일 거에요.

Tip 「~だろうと思う」

「~と思う」 앞에 「だろう」를 붙인 「~だろうと思う」는 「~と思う」 보다 확신의 정도가 약하다.

예) 今、東京はとても暑いだろうと思います。 지금 도쿄는 굉장히 더울 것 같다고 생각합니다.

연습문제 ──────────────────────── 정답 339쪽

다음 문장을 と思います로 바꿔 보세요.

예) 彼女は独身です。 그녀는 독신입니다.

➡ 彼女は独身だと思います。 그녀는 독신일 거에요.

① 明日は雨が降ります。 내일은 비가 내립니다.

➡ _____

② 田中さんは来ません。 다나카 씨는 오지 않습니다.

➡ _____

③ 東京は暖かいです。 도쿄는 따뜻합니다.

➡ _____

④ 明日は忙しくないです。 내일은 바쁘지 않습니다.

　⇒ _____

⑤ 田中さんは元気です。 다나카 씨는 건강합니다.

　⇒ _____

⑥ そんなに簡単ではありません。 그렇게 간단하지 않습니다. (쉽지 않습니다.)

　⇒ _____

⑦ 図書館は休みでした。 도서관은 쉬는 날이었습니다.

　⇒ _____

2　かもしれない

📖 〜かもしれません ~일 지도 모릅니다.

확신이 없고, 잘은 모르지만 아마도 그렇지 않을까 하는 생각의 가능성(可能性)을 나타내는 추측 표현.

● 동사 보통형/い형용사 보통형/な형용사 어간 /명사 + **かもしれません**

【동사】	**行く**かもしれません	갈 지도 모릅니다.
【い형용사】	**暑い**かもしれません	더울 지도 모릅니다.
【な형용사】	**便利**かもしれません	편리할 지도 모릅니다.
【명사】	**休み**かもしれません	쉬는 날일 지도 모릅니다.

① お昼から雨が降るかもしれません。かさを持って行った方がいいですよ。

　낮부터 비가 내릴 지도 모릅니다. 우산을 가지고 가는 게 좋을 거예요.

② 来年、大阪にひっこすかもしれません。 내년에 오사카로 이사 갈 지도 모릅니다.

③ 明日は車で行かないかもしれません。 내일은 차로 안 갈 지도 모릅니다.

④ 山田さんは来ないかもしれません。 야마다 씨는 안 올 지도 모릅니다.

⑤ 田中さんは忙しいかもしれません。 다나카 씨는 바쁠 지도 모릅니다.

⑥ ちょっと早かったかもしれません。 좀 빨랐을 지도 모릅니다.

⑦ こっちの方が静かかもしれません。 이 쪽이 더 조용할 지도 모릅니다.

⑧ そのかさは木村さんのかもしれません。 그 우산은 기무라 씨의 것일 지도 모릅니다.

연습문제 ──────────────────────────────── 정답 339쪽

다음 문장을 **かもしれません** 로 바꿔 보세요.

예) 窓から富士山が見えます。 창 밖으로 후지산이 보입니다.

➡ 窓から富士山が見えるかもしれません。 창 밖으로 후지산이 보일지도 모릅니다.

① かぜをひきました。 감기에 걸렸습니다.

➡ _____

② 部屋が狭いです。 방이 좁습니다.

➡ _____

③ ちょっと量が多かったです。 조금 많았습니다.

➡ _____

④ バスより地下鉄の方が便利です。 버스보다 지하철 쪽이 편리합니다.

➡ _____

1) '근거가 있어서, 당연히/틀림없이 그럴 것이다' 라는 추측 표현. 추측에 대한 상당한 확신이 있는 경우에 사용하는 표현.

④ 〜はずです (틀림없이)~할 것입니다.

● 동사 보통형 / い형용사 보통형 + はずです

【동사】　　　行くはずです (틀림없이) 갈 것입니다.
【い형용사】　暑いはずです (틀림없이) 더울 것입니다.

● な형용사 + (な) + はずです

【な형용사】
便利<u>な</u>はずです (틀림없이) 편리할 것입니다.
便利ではないはずです
便利だったはずです
便利ではなかったはずです

● 명사 + (の) + はずです

【명사】
休み<u>の</u>はずです (틀림없이) 쉬는 날일 것입니다.
休みではないはずです
休みだったはずです
休みではなかったはずです

① 田中さんはもう着くはずですよ。さっき電話がありました。

다나카 씨는 (틀림없이) 곧 도착할 거예요. 아까 전화가 왔었어요.

② 山田さんは、明日は都合が悪いはずですよ。明日、息子さんの入学式だと言っていました。 야마다 씨는 내일은 (틀림없이) 시간 조정이 안 될 거예요. 내일 아드님 입학식이라고 했었어요.

③ 会議は2時からのはずです。今朝、時間変更の連絡をもらいました。

회의는 (틀림없이) 2시부터일 거예요. 오늘 아침에 시간 변경 연락을 받았습니다.

④ お店はまだ開いているはずですよ。 가게는 (틀림없이) 아직 열려 있을 거에요.

2) 과거의 계획에 대해서 말할 때는「~はずだった。」「~はずでした。」

① 2年前にアメリカへ留学するはずでした。 2년전에 미국에 (틀림없이) 유학했을 거예요.

② 今月、日本で面接を受けるはずだったが、災害のために延期になってしまった。

이번 달, 일본에서 면접을 볼 예정이었지만, 재해로 연기되어버렸습니다.

③ 木村：あれ？ 田中さんも食べに行きますよね？

키무라: 어라? 키무라 씨도 먹으러 가지요?

田中：そのつもりだったんですが、急な仕事が入って、行けなくなりました。

타나카: 그러려고 했는데, 급한 일이 생겨서, 못 가게 되었습니다.

✋ 質問！ ————————————————————————————

Q "스즈키 씨는 차로 갈 것입니다."의 일본어 표현이 다음 두 가지 모두 맞나요?

1. 鈴木さんは車で行くと思います。
2. 鈴木さんは車で行くはずです。

A 네, 맞습니다. 그런데 두 표현에는 차이가 있습니다. 1번은 나의 생각(추측)일 뿐이지만, 2번은 어떤 증거가 있어서 틀림없이 그럴 것이라는 확신이 있는 표현입니다.

———————————————————————————————————————

연습문제 ————————————————————————————————— 정답 339쪽

다음 문장을 **はずです** 로 바꿔 보세요.

예) 田中さんは、来ます。 다나카 씨는 옵니다.

➡ 田中さんは、来るはずです。 다나카 씨는 (틀림없이) 올 거예요.

① 木村さんは家にいます。 키무라 씨는 집에 있습니다.

➡ _____

② 部屋にだれもいません。 방에는 아무도 없습니다.

　　➡ _____

③ 田中さんは月曜日は忙しいです。 다나카 씨는 월요일은 바쁩니다.

　　➡ _____

④ この問題は難しくないです。 이 문제는 어렵지 않습니다.

　　➡ _____

⑤ 成績はA+です。 성적은 A+입니다.

　　➡ _____

정리하기

1. つもりですか ×

木村さん、今年の夏も沖縄に{行くつもりですか/行くんですか}。

상대방의 계획을 물어볼 때는 설명을 구하는 표현「~んですか」를 쓴다.

2. 「と思います」와 「はずです」

1) 「はずです」는 나 자신의 계획이나 예정에 대해서 사용할 수 없다.

　　예) 私は夏休みに沖縄に{行くと思います/行くはずです}。

2) 「と思います」은 나의 생각(추측)일 뿐이지만, 「はずです」은 어떤 증거가 있어서 틀림없이 그럴 것이라는 확신이 있는 표현.

예) 木村さんは夏休みに沖縄に{行くと思います/行くはずです}。

3. な형용사와 명사 활용법 차이

1) と思います

● な형용사 어간 / 명사 +_だ_ + と思います

【な형용사】　便利_だ_と思います　편리할 거에요.

【명사】　　　休み_だ_と思います　쉬는 날일 거에요.

2) かもしれません

● な형용사 어간 /명사 +かもしれません

【な형용사】　便利かもしれません 편리할 지도 모릅니다.

【명사】　　　休みかもしれません　쉬는 날일 지도 모릅니다.

3) はずです

● な형용사+ **な** +はずです

【な형용사】　便利_な_はずです　(틀림없이) 편리할 것입니다.

● 명사+ **の** +はずです

【명사】　　　休み_の_はずです　(틀림없이) 쉬는 날일 것입니다.

일작

정답 339쪽

다음 한국어 문장을 일본어로 바꾸세요.

1. 오늘은 집에서 공부하려고요.　(「～と思う」 사용)

➡ _____

2. 집을 나가려고 했을 때 전화가 울렸습니다.

➡ _____

3. 다나카 씨는 오지 않을 거에요.

➡ _____

4. 다나카 씨는 오지 않을지도 모릅니다.

➡ _____

5. 다나카 씨는 (틀림없이) 오지 않을 것입니다.

➡ _____

 상황극

하치노: **先輩(せんぱい)、飲(の)み過(す)ぎですよ。そろそろ終電(しゅうでん)の時間(じかん)ですけど。**

선배님 너무 마셨어요. 조금 있으면 막차 시간이에요.

구니이: **あと10分(ぷん)で山田部長(やまだぶちょう)が来(く)るはずなんだけどな。**

10분만 있으면 야마다 부장님이 오신다고 하셨는데.

하치노: **え？今(いま)からまた飲(の)むつもりですか？**

네? 지금 또 마실 생각이에요?

구니이: **八野(はちの)さん、もう一軒(いっけん)だけ行(い)こう。**

하치노 상, 2차 가자.

하치노: **大丈夫(だいじょうぶ)ですか。明日(あした)の朝(あさ)起(お)きられないかもしれませんよ。**

괜찮아요? 내일 아침에 못 일어날지도 모르는데.

〈배경-오피스〉

하치노: **あ、先輩(せんぱい)。昨日(きのう)すっごい酔(よ)ってたみたいですけど、大丈夫(だいじょうぶ)でしたか？**

아, 선배님. 어제 너무 취했었던 것 같은데 괜찮았어요?

구니이:	朝(あさ)から頭(あたま)痛(いた)くて死にそうだよ。
	아침부터 머리 아파서 죽을 것 같아.
하치노:	やっぱりね。先輩(せんぱい)全然(ぜんぜん)帰(かえ)ろうとしないからびっくりしましたよ。
	역시나. 선배님이 전혀 집에 안 가시려고 하니까 놀랐어요.
구니이:	いやいや、帰(かえ)ろうとしたときにちょうど山田部長(やまだぶちょう)が来(こ)られて、帰(かえ)れなくなったんだよ。
	아니, 집에 갈려고 했을 때 막 야마다 부장님이 오셔서 못 간거야.
하치노:	そうですか?先輩(せんぱい)が、「もう一軒(いっけん)、もう一軒(いっけん)」って叫(さけ)んでましたけど。
	그래요? 선배님이 '2차, 2차'라고 외치고 있었는데요 뭐.

일본어 한자 쓰기연습

부수	이름	한자 1	한자 2	한자 3	한자 4
木	きへん	林	校	机	枚
		はやし 林	がっこう 学校	つくえ 机	いちまい 一枚
		はやし 林	がっこう 学校	つくえ 机	いちまい 一枚
		はやし 林	がっこう 学校	つくえ 机	いちまい 一枚

✐ ひと言 ────────────────────────────────

「～ようと思います」와「～ようと思っています」

「～ようと思います」(의지형+と思います)는 나의 의지를 말할 때 사용하는 표현으로 '～하려고요.'라는 의미를 가진다. 이 표현에 **「ている」**를 붙인 **「～ようと思っています**(～려고 (생각)하고 있습니다)」는 ①과 같이 <u>이전에 결정한 것</u>을 지금까지도 유지하고 있을 때 사용하는 표현이다.

  ① **医者になろうと思っています。** 의사가 되려고 생각하고 있습니다.

다음 ②③을「**～ようと思っています**」로 바꾸면 <u>이전부터 그렇게 생각해 왔다</u>는 뉘앙스가 포함 된다.

  ② 앞으로 열심히 공부하려고요.
   これから一生懸命、勉強しようと思います。
   これから一生懸命、勉強しようと思っています。 (예전부터 그렇게 생각해 왔다.)
  ③ 내년에는 일본 여행을 하려고요.
   来年は日本旅行をしようと思います。
   来年は日本旅行をしようと思っています。 (예전부터 그렇게 생각해 왔다.)

반대로 다음 ④⑤와 같이 발화(**発話**) 시에 생각한 내용이나 갑자기 생각한 것에 대해서는 「**～ようと思っています**」를 쓰면 어색한 표현이 된다.

  ④ (같이 다나카 씨를 기다리는 중에서)
   A : **田中さん、まだですか？** 다나카 씨는 아직인가요?
   B : ✕ **もう少し待とうと思っています。**
     ○ **もう少し待とうと思います。** 조금 더 기다리려고요.
  ⑤ (같이 돌아가는 길에서)
   ✕ **ちょっとパン屋に寄ろうと思っています。 先に帰ってもいいですよ。**
   ○ **ちょっとパン屋に寄ろうと思います。 先に帰ってもいいですよ。**
     빵집에 좀 들르려고요. 먼저 돌아가도 좋아요.

────────────────────────────────

제10장

추량(推量)/전문(伝聞)

❀ 학습 내용

1. 추량 표현 そうだ①/ようだ·みたいだ/らしい에 대해서 학습한다.
2. 전문 표현 そうだ②/〜と〜/〜という〜에 대해서 학습한다.

❀ 학습 목표

1. そうだ①/ようだ·みたいだ/らしい 각 문형을 활용하여 문장을 올바르게 만들 수 있다.
2. そうだ②/ようだ·みたいだ/らしい 각 용법을 이해하고 구분하여 사용할 수 있다.

❀ Point

1. 다음 대화에서 B의 대답으로, ①〜⑤의 뉘앙스 차이점에 대해 생각해 봅시다.

   (1) A：村田さん、遅いですね。 무라타 씨, 늦네요.

   　　B：

   ① 今、向かっている<u>よう</u>です。 지금 오고 있는 것 같습니다.

   ② 今、向かっている<u>みたい</u>です。 지금 오고 있는 것 같습니다.

   ③ 今、向かっている<u>らしい</u>です。 지금 오고 있는 것 같습니다.

해설: ① **今、向かっているよう**です。 지금 오고 있는 것 같습니다.

자신의 주관적인 판단으로 내린 추량 표현. 내가 봤을 때 오고 있는 것 같다.

② **今、向かっているみたい**です。 지금 오고 있는 것 같습니다.

①과 같다. 스스럼없는 구어 표현.

③ **今、向かっているらしい**です。 지금 오고 있는 것 같습니다.

자신의 판단이 아닌 외부 정보 또는 소문 등을 근거로 짐작한 추량 표현.

(2) A：**村田さん、遅いですね。** 무라타 씨, 늦네요

B：

④**今、向かっていそう**です。 지금 오고 있을 것 같습니다.

⑤**今、向かっているそう**です。 지금 오고 있다고 합니다.

해설: ④ **今、向かっていそう**です。 지금 오고 있을 것 같습니다. (「そうだ①」 징후, 예감)

자신의 경험 등을 근거로 한 예감을 나타내는 징후, 예측 표현.

⑤ **今、向かっているそう**です。 지금 오고 있다고 합니다. (「そうだ②」 전문)

무라타 씨로부터 직접 들은 정보로 인한 전문 표현.

2. 「そうだ①」と「そうだ②」

	동사 (行く)	い형용사 暑い)	な형용사 (ひま)
「そうだ①」 징후, 외관	行き**そうだ** 갈 것 같다.	暑**そうだ** 더울 것 같다.	ひま**そうだ** 한가할 것 같다.
「そうだ②」 전문	行く**そうだ** 간다고 한다.	暑い**そうだ** 덥다고 한다.	ひまだ**そうだ** 한가하다고 한다.

❀ 생각해 보기

다음 상황에 맞는 말을 a, b 중 고르세요.

(창 밖을 바라보면서 하는 말) 오늘은 어제보다 더울 것 같습니다.

a **今日は昨日より暑そうですね。**

b **今日は昨日より暑いようですね。**

정답 : a

해설 : a 今日は昨日より暑そうですね。 오늘은 어제보다 더울 것 같네요. (창 밖을 바라보면서 하는 말.)

　　　b 今日は昨日より暑いようですね。

　　　　　오늘은 어제보다 더운 것 같네요. (밖을 걸으며 더위를 느끼면서 하는 말.)

そうだ : 외관으로부터 유추하여 화자가 느낀 것을 서술하는 표현.

ようだ : 자신의 오감(미각, 청각, 후각, 촉각, 시각)으로부터 받은 감각이나 경험을
　　　　근거로 추량할 때 사용한다.

오늘의 단어

向かう	향하다(향해 가다)
ボタンが落ちる	단추가 떨어지다
ぶつかる	부딪치다, 충돌하다
点数を取る	점수를 따다
そろう	갖추어지다
苦手	서투름, 잘하지 못함
ちょう(ちょうちょ)	나비
幽霊	유령
被害	피해
天気予報	일기 예보
具合が悪い	상태가 좋지 않다
後5分	앞으로 5분
休館日	휴관일
帰国する	귀국하다
お世話になる	신세를 지다

居酒屋<ruby>いざかや</ruby>　　　　　　　　　선술집

商事<ruby>しょうじ</ruby>　　　　　　　　　상사

　학습하기　

핵심문법 1 　외관, 징후 そうだ①

1　외관「형용사/명사+そうだ」

형용사, 명사에 붙어서 외관의 인상으로부터 그것의 성질을 짐작할 때 사용하는 추량표현.

④ 〜そうです ~(인) 것 같습니다, ~(인) 듯합니다.

1) 활용

● い형용사い＋そうです
　おいしい＋そうです → おいしそうです　　맛있을 것 같습니다

● な형용사＋そうです
　便利<ruby>べんり</ruby>＋そうです → 便利そうです　　편리할 것 같습니다

● ~そうな＋명사 ~할 것 같은
　おいしそうなケーキ　맛있을 것 같은 케이크
　便利<ruby>べんり</ruby>そうなかばん　편리할 것 같은 가방

2)「良<ruby>よ</ruby>さそうだ(좋을 것 같다)」/「なさそうだ(없을 것 같다)」

「いい(좋다)」와 「ない(없다)」는 「さ」가 들어가서, 「いい(좋다)」는 「良い(좋다)」의 활용형「良さ

そうだ(좋을 것 같다)」,「ない(없다)」는「なさそうだ(없을 것 같다)」가 된다.

「いい/良い(좋다)」 → 「×いそうだ」/「○ 良さそうだ (좋을 것 같다)」
「ない(없다)」 → 「×なそうだ」/「○ なさそうだ (없을 것 같다)」

3) な형용사 활용을 한다.

예)「おいしい」→ おいしそうだ

명사 수식: おいしそうな ケーキ 맛있을 것 같은 케이크

동사 수식: おいしそうに 食べる 맛있게 먹는다 (맛있는 것 같이 먹는다)

정중형: おいしそうです 맛있을 것 같습니다

て형 : おいしそうで、 맛있을 것 같고/같아서

* 부정형, 과거형인 경우에는 「~ない」의 활용을 쓴다.

예) おいしくない 맛있지 않다

부정형 : おいしくなさそうです 맛있지 않을 것 같습니다.

(おいしそうではありません/おいしそうにもありません)

과거형 : おいしそうでした 맛있는 것 같았습니다.

과거부정형 : おいしくなさそうでした 맛있지 않은 것 같았습니다.

(おいしそうではありませんでした)

① おもしろそうな映画ですね。 재미있을 것 같은 영화네요
② 田中さんはとても忙しそうでした。 다나카 씨는 굉장히 바쁜 것 같았습니다.
③ 体に良くなさそうです。 몸에 좋지 않을 것 같습니다.
④ とても甘そうなおかしですね。 굉장히 달 것 같은 과자이네요.
⑤ 猫が気持ち良さそうに寝ています。 고양이가 기분 좋은 듯이 자고 있습니다.

Tip 보면 바로 아는 것에 대해서 쓰지 않는다.
　　내가 보거나 듣거나 하는 상황에 대한 인상을 판단할 때 사용하는 표현이기 때문에
　　「きれい」「赤い」등 보면 바로 아는 것에 대해서는 쓰지 않는다.

예) ×この部屋はきれいそうです。

Tip 명사 술어에 접속하지 않는다.

「×学生そうだ」, 「×英語の本そうだ」라고 말하지 않고 「学生のようだ 학생인 것 같다」,
「英語の本らしい 영어책인 것 같다」 등으로 표현한다.

연습문제 ———————————————————————————— 정답 340쪽

다음 괄호 안에 말을 「~そうだ」를 붙여서 문장을 완성하세요.

① このお店、(まずい   )よ。이 가게 맛없을 것 같아.

   ⇒ _____

② 田中さんは、(元気でした   )。다나카 씨는 건강한 것 같았어요.

   ⇒ _____

③ 田中さんは、(かしこい   )人でした。다나카 씨는 현명할 것 같은 사람이었어요.

   ⇒ _____

④ (幸せな   )家族ですね。행복할 것 같은 가족이네요.

   ⇒ _____

2 징후, 예측 「동사+そうだ」

상황을 보고 곧 무슨 일이 일어날 것이라고 생각했을 때 사용하는 징후 표현. 또는 나의 판
단, 추측, 예감 등 을 나타내는 표현.

④ ~そうです ~(할) 것 같습니다

● 동사 <u>ます형</u> ＋そうです ~(할) 것 같습니다

● 동사 **ます형** ＋そうにもありません　~것 같지도 않습니다.

　예) 落ちる＋そうだ → 落ちそうです　（떨어질 것 같습니다.）

＊ 부정형은 「に」나 「も」를 생략하여 **「そうもありません」**, **「そうにありません」**라고도 한다.

　예) できる＋そうにもない → できそうにもありません　（할 수 있을 것 같지도 않습니다.）

　　　　　　　　　　できそうもありません。（「に」생략）

　　　　　　　　　　できそうにありません。（「も」생략）

① 雨が降りそうですね。비가 올 것 같네요.
② 彼女は仕事を辞めそうです。그녀는 일을 그만둘 것 같습니다.
③ あ、電気が消えそう。아, 전기가 꺼질 것 같아.
④ その男の子は泣きそうな顔で走っていきました。그 남자 아이는 울 것 같은 얼굴로 뛰어 갔습니다.
⑤ 明日までに宿題ができそうにもありません。내일까지 숙제를 할 수 있을 것 같지도 않습니다.

연습문제 ──────────────────────────── 정답 340쪽

다음 괄호 안에 말을 「**~そうだ**」로 바꿔서 문장을 완성하세요.

① ボタンが（　落ちる　）ですよ。단추가 떨어질 것 같아요.

　➡ _____

② 昨日、自転車と（　ぶつかる　）になりました。어제 자전거와 부딪칠 뻔 했습니다.

　➡ _____

③ 今年の冬は（　寒くなる　）です。올해 겨울은 추워질 것 같습니다.

　➡ _____

④ 今回はいい点数を（　取れる　）です。이번에는 좋은 점수를 딸 수 있을 것 같습니다.

　➡ _____

1 ようだ・みたいだ

1) 「ようだ」、「みたいだ」는 같은 의미

주관적인 판단을 기준으로 내리는 추량 표현.
상황, 상태에 대한 자신의 느낌이나 관찰을 근거로, 인상이나 느낌을 말하거나, 관찰을 종합해서 화자가 추량적인 판단을 내릴 경우에 사용한다.
'(내가 봤을 때) 그렇게 보인다./ 아무래도 그런 것 같다./ 왠지 그러한 느낌이 든다.'

2) みたいだ 는 구어 표현(はなしことば)이며, 격식 있는 자리에서 쓰지 않는다

ようだ : 문어체(かきことば), 격식을 차린 구어 표현.

예) (회의에서) 全員そろったようですので、会議を始めたいと思います。
전원 모인 것 같으니 회의를 시작하겠습니다.

みたいだ : 스스럼없는 구어 표현(はなしことば).

예) (친구와의 대화에서) 休みみたいだから、別の店に行こうか。
쉬는 날인 것 같으니 다른 가게로 갈까?

💡 ～ようです ~하는 것 같습니다. ~인 것 같습니다. ~인 듯합니다.
💡 ～みたいです ~하는 것 같습니다. ~인 것 같습니다. ~인 듯합니다.

- 동사 보통형＋ようです/みたいです
  行くようです
  行くみたいです

- い형용사 보통형 ＋ようです/みたいです
  忙しいようです

忙しいみたいです

● な형용사＋な＋ようです

● な형용사＋みたいです

ひま<u>な</u>ようです

ひまみたいです

● 명사＋の＋ようです

● 명사＋みたいです

学生<u>の</u>ようです

学生みたいです

* 상태를 나타내는 **ている**가 올 경우가 많다.

寝ている　ようです　자고 있는 것 같습니다.

寝ている　みたいです

① 山田さんも来るようです。야마다 씨도 오는 것 같습니다.

② 昨日のパーティは、とても楽しかったです。子供たちも満足したようです。

　어제 파티는 아주 즐거웠습니다. 아이들도 만족한 것 같습니다.

③ もうみんな集まっているようです。벌써 모두 모여 있는 것 같습니다.

④ 田中さんは、まだ終わっていないようでした。다나카 씨는 아직 안 끝난 것 같았습니다.

⑤ 鈴木さんは、ちょっとつかれているようでした。스즈키 씨는 조금 피곤한 것 같았습니다.

⑥ 部長は怒っているようでした。부장님은 화난 것 같았습니다.

⑦ パクさんは今朝から体調があまりよくないようです。

　박 씨는 오늘 아침부터 컨디션이 별로 좋지 않은 것 같습니다.

⑧ キムさんは、お酒が苦手なようです。김 씨는 술을 잘 못하는 것 같습니다.

⑨ どうやらこれが最後のようです。아무래도 이것이 마지막인 것 같습니다.

⑩ 山田さんは、もう帰ったようです。야마다 씨는 벌써 집에 간 것 같습니다.

3) 비유(比喩) 용법

- (まるで)명사+の+ようだ
- (まるで)명사+みたいだ

　① あのマンションは、まるでホテル_の_ようだ。 저 맨션은 마치 호텔 같다.

　② あのマンションは、まるでホテル_み_たいだ。 저 맨션은 마치 호텔 같다.

④ ~のような(명사) ~와 같은~

- 명사+の+ような+명사
- 명사+みたいな+명사

　① ホテル_の_ようなマンションだ。 호텔 같은 맨션이다.

　② ホテル_み_たいなマンションだ。 호텔 같은 맨션이다.

④ ～のように(동사) ~처럼 ~

- 명사+の+ように+동사
- 명사+みたいに+동사

　① 彼女^{かのじょ}は、ちょう_の_ようにおどっている。 그녀는 나비처럼 춤추고 있다.

　② 彼女^{かのじょ}は、ちょう_み_たいにおどっている。 그녀는 나비처럼 춤추고 있다.

[문장연습 쓰기노트] 정답 340쪽

　① (가게가 항상 붐비는 것을 보고) 이 가게는 맛있는 것 같습니다.

　➡ _____

　② (매일 술 마시는 것을 보고) 야마다 씨는 술을 좋아하는 것 같습니다. 　단어 お酒^{さけ} 술

　➡ _____

③ (자리에 없는 것을 보고) 다나카 씨는 벌써 집에 간 것 같습니다.

➡ _____

② らしい

1)「ようだ/みたいだ」와 「らしい」

「ようだ/みたいだ」와 같은 추량 표현이지만, 판단의 근거가 다르다. 「ようだ/みたいだ」는 자신의 주관적인 판단을 기준으로 내리는 추량이지만, 「らしい」는 객관적인 판단을 기준으로 내리는 추량 표현이다.

「らしい」의 판단의 근거는 외부정보, 즉 ,신문, 잡지 또는 남에게 소문으로 들은 이야기 같은 객관적인 사실이다. 그 정보에 대한 화자의 관심도가 낮은 뉘앙스가 있다.

① 田中さんは遅れるようだ。 다나카 씨는 늦을 것 같다. (자신의 판단. 내가 봤을 때 그런 것 같다.)

② 田中さんは遅れるみたいだ。 다나카 씨는 늦을 것 같다. (①과 같다. 스스럼없는 말투)

③ 田中さんは遅れるらしい。 다나카 씨는 늦을 것 같다.

(객관적인 판단, 자신의 판단이 아닌 외부 정보 또는 소문 등을 근거로 짐작한 추량 표현.)

2) らしい 는 자신의 판단이 아닌, 외부에서 듣거나 본 것을 근거로 짐작하는 추량 표현 (伝聞＋推測)이기 때문에, 무책임한 뉘앙스를 가지기 쉽다.

예) (의사가 환자에게) 위가 약한 것 같습니다.

× 胃が弱っているらしいです。

○ 胃が弱っているようです。

④ ～らしいです ~인 것 같다

● 동사 보통형＋らしい ～인 것 같다

行く＋らしい → 行くらしい

- **い형용사 보통형＋らしい**　~인 것 같다

  高い＋らしい → 高いらしい

- **な형용사 어간＋らしい**　~인 것 같다

  不便＋らしい → 不便らしい

- **명사＋らしい**　~인 것 같다

  休み＋らしい → 休みらしい

① 田中さんも来るらしいです。다나카 씨도 오는 것 같습니다.

② 5時ごろ出発するらしいです。5시쯤 출발하려는 것 같습니다.

③ 田中さんは幽霊が見えるらしいです。　다나카 씨는 유령이 보이는 것 같습니다.

④ 東京はとても暑いらしいです。도쿄는 굉장히 더운 것 같습니다.

⑤ 鈴木さんは家でひまらしいです。스즈키 씨는 집에서 한가한 것 같습니다.

⑥ キムさんの息子さんは高校生らしいです。김 씨의 아드님은 고등학생인 것 같습니다.

⑦ 山田さんの家は学校からあまり遠くないらしいです。

　　야마다 씨 집은 학교에서 그다지 멀지 않은 것 같습니다.

⑧ 山田さんは道が混んでいて遅くなったらしいです。

　　야마다 씨는 길이 막혀서 늦어진 것 같습니다.

[문장연습 쓰기노트]　　　　　　　　　　　　　　　　　　　　　　　　정답 340쪽

다음 한국어 문장을 「らしい」를 이용해서 일본어로 바꾸세요.

① 김치를 못 먹는 한국 사람도 있는 것 같습니다.　　단어 **キムチ** 김치, **韓国人** 한국인

　➡ _____

② 다나카 씨 아드님은 학교에서 1등인 것 같습니다.　　단어 **息子さん** 아드님, **一番** 1등

　➡ _____

③ 봄에는 벚꽃이 매우 예쁜 것 같습니다.　　　　　　　　　단어 春 봄, 桜 벚꽃

⇒ _____

✋ 質問！ ───────────────────────────────

Q 다음 두 문장의 뉘앙스 차이는 무엇인가요?

　① 田中さんも来るみたいですよ。 다나카 씨도 오는 것 같아요.

　② 田中さんも来るらしいですよ。 다나카 씨도 오는 것 같아요.

A 둘 다 불확실한 추량 표현이다. 그런데 ② **らしい**는 ① **みたい**보다 확신이 없고, 정보의 출처가 명백하지 않은 뉘앙스가 있다. ② **らしい**는 직접 들은 이야기도 아니고 나의 판단도 아니기 때문에 ① **みたい**보다 조금 가벼운 말로 들리기 쉽다.

───────────────────────────────

핵심문법 3 전문(伝聞) そうだ②

1 전문(伝聞) そうだ 활용

1) 「**そうだ**」에는 외관, 징후를 나타내는 용법(「**そうだ①**」)가 있고, 전문(**伝聞**)을 나타내는 용법(「**そうだ②**」)가 있다. 「**そうだ①**」과 「**そうだ②**」는 활용법이 서로 다르기 때문에 주의를 해야 한다.

🔦 ～そうです ~(라)고 합니다.

● 동사 보통형 ＋そうです
　雨が降る＋そうです → 雨が降るそうです　비가 온다고 합니다.

● い형용사 보통형 ＋そうです
　忙しい＋そうです → 忙しいそうです　바쁘다고 합니다.

- な형용사 보통형 ＋そうです

  ひま<u>だ</u>+そうです → ひま<u>だ</u>そうです　한가하다고 합니다.

- 명사＋だ＋そうです

  <ruby>学生<rt>がくせい</rt></ruby>＋<u>だ</u>＋そうです → <ruby>学生<rt></rt></ruby><u>だ</u>そうです　학생이라고 합니다.

2) 여기서 학습하는 「そうだ②」는, 내가 듣거나 읽어서 얻은 정보를 전달하는 전문(伝聞) 표현이다. 정보의 출처는 '~によると(~에 의하면)'、'~の<ruby>話<rt>はなし</rt></ruby>では(~의 이야기로는)' 등으로 나타낸다.

① <ruby>木村<rt>きむら</rt></ruby>さんがもうすぐ<ruby>着<rt>つ</rt></ruby>くそうです。　기무라 씨가 곧 도착한다고 합니다.

② <ruby>姉<rt>あね</rt></ruby>の<ruby>話<rt>はなし</rt></ruby>では、すずきさんはアメリカに<ruby>留学<rt>りゅうがく</rt></ruby>するそうです。
   언니의 이야기로는 스즈키 씨는 미국에 유학 간다고 합니다.

③ <ruby>今朝<rt>けさ</rt></ruby>のニュースによると、<ruby>昨晩<rt>さくばん</rt></ruby>の<ruby>地震<rt>じしん</rt></ruby>による<ruby>被害<rt>ひがい</rt></ruby>はないそうです。
   오늘 아침 뉴스에 의하면 어젯밤 지진으로 인한 피해는 없다고 합니다.

④ ガイドによると、その<ruby>地域<rt>ちいき</rt></ruby>は<ruby>危険<rt>きけん</rt></ruby>だそうです。　가이드에 의하면 그 지역은 위험하다고 합니다.

⑤ <ruby>田中<rt>たなか</rt></ruby>さんは<ruby>土曜日<rt>どようび</rt></ruby>の<ruby>方<rt>ほう</rt></ruby>が<ruby>都合<rt>つごう</rt></ruby>がいいそうです。　다나카 씨는 토요일 쪽이 상황이 좋다고 합니다.

⑥ <ruby>天気予報<rt>てんきよほう</rt></ruby>によると、<ruby>明日<rt>あした</rt></ruby>は<ruby>雨<rt>あめ</rt></ruby>だそうです。
   일기예보에 의하면 내일은 비라고 합니다. (비가 온다고 합니다.)

---

2 **외관, 징후 「そうだ①」과 전문(伝聞) 「そうだ②」**

[핵심문법 1]에서 배운 외관, 징후를 나타내는 용법(「そうだ①」)과 활용법이 다르기 때문에 주의해야 한다.

① <ruby>雨<rt>あめ</rt></ruby>が<ruby>降<rt>ふ</rt></ruby>りそうです。〈징후〉

② <ruby>雨<rt>あめ</rt></ruby>が<ruby>降<rt>ふ</rt></ruby>るそうです。〈전문〉

〈외관〉 い형용사<del>い</del>＋そうです

   <ruby>忙<rt>いそが</rt></ruby>しそうです。　바쁠 것 같습니다.

〈외관〉な형용사＋そうです

　　ひまそうです。 한가할 것 같습니다.

〈징후〉동사ます형＋そうです

　　さいふが落ちそうです。 지갑이 떨어질 것 같습니다.

연습문제 ─────────────────────────────────── 정답 340쪽

　① 다음 괄호 안에 있는 말을 변형시켜서 대화문을 완성하세요.

　　Ａ：田中さん、具合が（　悪い　）ですね。

　　➡ ＿＿＿＿＿＿＿＿＿＿＿＿＿＿＿＿＿＿＿＿＿＿＿＿＿＿

　　Ｂ：今朝から具合が（　悪い　）です。田中さんがそう言っていました。

　　➡ ＿＿＿＿＿＿＿＿＿＿＿＿＿＿＿＿＿＿＿＿＿＿＿＿＿＿

　② 다음 괄호 안에 있는 말을 변형시켜서 대화문을 완성하세요.

　　Ａ：電車よりバスの方が早く（　着く　）ですね。

　　➡ ＿＿＿＿＿＿＿＿＿＿＿＿＿＿＿＿＿＿＿＿＿＿＿＿＿＿

　　Ｂ：バスの方が早く（　着く　）です。山田さんがそう言っていました。

　　➡ ＿＿＿＿＿＿＿＿＿＿＿＿＿＿＿＿＿＿＿＿＿＿＿＿＿＿

③ 전문(伝聞) そうだ는 현재형

과거형「×そうでした」나 부정형「×そうではありません」, 의문형「×そうですか」가 없다.

예) ×女の子が生まれるそうでした。

① 山田さんは女の子が生まれたそうです。 야마다 씨는 여자 아이가 태어났다고 합니다.

② 田中さんはかぜをひいたそうです。 다나카 씨는 감기에 걸렸다고 합니다.

③ 弟の話では、東京はそれほど暑くなかったそうです。

남동생 이야기로는 도쿄는 그다지 덥지 않았다고 합니다.

[문장연습 쓰기노트]　　　　　　　　　　　　　　　　　　　　　　정답 340쪽

① 조금 늦을 것 같습니다.

➡ _____

② 다나카 씨는 조금 늦는다고 합니다.

➡ _____

③ 앞으로 5분정도면 도착할 것 같습니다.

➡ _____

④ 스즈키 씨는 5분정도면 도착한다고 합니다.

➡ _____

핵심문법 4 전문(伝聞)표현 ～と～/～という～

1 ～と～ ～라고～ ～하다고 ～

💡④ ～と～ ～라고~ ～하다고~

① 妹が夏休みにハワイに遊びに行くと言っていました。

여동생이 여름방학에 하와이에 놀러 간다고 말했었습니다.

② 今日は休館日だと書いてありました。 오늘은 휴관일이라고 쓰여 있었습니다.

③ 東京駅までは電車のほうが便利だと聞きました。 도쿄 역까지는 전철 쪽이 편리하다고 들었습니다.

④ 隣の人にうるさいと怒られました。 옆 사람한테 시끄럽다고 혼났습니다.

⑤ ありがとうと感謝されました。 고맙다고 감사를 받았습니다.

⑥ 課長にこれをコピーしてほしいと頼まれました。　과장님한테 이것을 복사해 달라고 부탁 받았습니다.

⑦ よくできたとほめられました。　잘 했다고 칭찬 받았습니다.

연습문제 ─────────────────────────────── 정답 341쪽

다음 예과 같이 문장을 만들어 보세요.

예) 田中「2、3日休みます。」　2, 3일 쉽니다.

　　➡ 田中さんが2、3日休むと言っていました。　다나카 씨가 2, 3일 쉰다고 말했었습니다.

① 山田「来月帰国します。」　다음달 귀국합니다.

　　➡ _____

② 鈴木「風邪をひきました。」　감기에 걸렸습니다.

　　➡ _____

③ パク「お世話になりました。」　신세 많이 졌습니다.

　　➡ _____

2 　～という～　～라고 하는～

④ ～という～　～라고 하는～

① 山田一郎という人を探しています。　야마다 이치로라고 하는 사람을 찾고 있습니다.

②「ズコット」というお菓子はありますか。　'주코토'라고 하는 과자가 있나요?

③「宇治(うじ)」という駅で降りてください。　'우지'라고 하는 역에서 내리세요.

④ 妻から6時に帰るという電話がありました。　아내로부터 6시에 집에 간다는 전화가 있었습니다.

Tip　회화에서는「～っていう～」(～라는～)을 사용하는 경우가 많다.

①' 山田一郎っていう人を探しています。　야마다 이치로라고 하는 사람을 찾고 있습니다.

① 선생님에게 일본어가 능숙해졌다고 칭찬받았습니다. 단어 上手 ^{じょうず} 능숙하다, ほめる 칭찬하다

➡ _____

② 역 앞의 「とも」라는 선술집에서 8시에 모입니다. 단어 駅前 ^{えきまえ} 역 앞, 居酒屋 ^{いざかや} 선술집

➡ _____

③ 저는 야마다 상사의 스즈키라고 하는 사람입니다. 단어 商事 ^{しょうじ} 상사, 者 ^{もの} 사람, ~자

➡ _____

정리하기

1. 「ようだ・みたいだ」와 「らしい」

공통점 : 추량을 나타내는 표현이다. '확실하지는 않지만~라고 생각된다'라는 의미.
차이점 : 판단의 근거가 다르다. 「らしい」는, 불확실한 전문(소문)이 근거.

A : 田中 ^{たなか} さんと山田 ^{やまだ} さん、最近 ^{さいきん} あまり話 ^{はな} しませんね。

　　다나카 씨와 야마다 씨, 최근 그다지 대화하지 않네요.

B : ええ、けんかしたらしいですよ。네, 싸운 것 같습니다.

2. 활용법 そうだ/ようだ・みたいだ/らしい

	동사 (行 ^{い} く)	い형용사 (暑 ^{あつ} い)	な형용사 (ひま)
「そうだ①」 징후, 외관	行きそうだ 갈 것 같다.	暑そうだ 더울 것 같다.	ひまそうだ 한가할 것 같다.
「そうだ②」 전문	行くそうだ 간다고 한다.	暑いそうだ 덥다고 한다.	ひまだそうだ 한가하다고 한다.
ようだ	行くようだ 가는 것 같다.	暑いようだ 더운 것 같다.	ひまなようだ 한가한 것 같다.

みたいだ	行くみたいだ 가는 것 같다.	暑いみたいだ 더운 것 같다.	ひまみたいだ 한가한 것 같다.
らしい	行くらしい 가는 것 같다.	暑いらしい 더운 것 같다.	ひまらしい 한가한 것 같다.

일작

정답 341쪽

다음 상황에 맞는 일본어 문장을 생각해 보세요. 괄호 내용을

1. 맛있어 보이는 과자네요. (가게 앞에서 과자를 보면서)

➡ _____

2. 올 여름은, 더워질 것 같습니다.(아직 6월인데 기온이 30도까지 올라갔기 때문에.)

➡ _____

3. 야마다 씨는, 이사 갔다고 합니다.(야마다 씨에게 들었습니다.)

➡ _____

4. 야마다 씨는, 이사간 것 같습니다.(아파트 사람들이 그렇게 말하는 것을 들었습니다.)

➡ _____

5. 이미 모두 모여 있는 것 같습니다. (내가 봤을 때 그렇게 보인다.)

➡ _____

구니이: なんか今年(ことし)からボーナス上(あ)がるらしいよ。
올해부터 보너스가 올라갈 것 같아.

하치노: 本当(ほんとう)ですか？やった！
정말이요? 잘 됐다!

구니이: まあそんなに変(か)わらないかもしれないけど。
뭐, 그렇게 많이 변하지 않을지도 모르지만.

하치노: そうなんですか？でもちょっとでも上(あ)がるとうれしいですよね。
그래요? 그래도 조금이라도 올라가면 기쁘잖아요.

구니이: 連休(れんきゅう)はどっか行(い)くの？
연휴 때는 어디 가?

하치노: はい。沖縄(おきなわ)に行(い)く予定(よてい)です。
네. 오키나와에 갈 예정이에요.

구니이: へえ いいね。
아~ 좋겠다.

하치노: 思(おも)いっきり楽(たの)しんでくるつもりです。
맘껏 즐겨올 생각이에요.

先輩(せんぱい)はどっか行(い)くんですか？
선배님은 어디 가시나요?

구니이: 僕(ぼく)は家(いえ)でゆっくりしようと思(おも)ってるよ。
나는 집에서 푹 쉴까 생각하고 있어.

하치노: そうなんですか。そう言(い)えば会社(かいしゃ)の前(まえ)の「ムッキムキ」っていう健康(けんこう)ランドが連休中(れんきゅうちゅう)にオープンするみたいですよ。
그렇구나. 아 맞다. 회사 앞에 "울끈불끈"이라는 건강랜드가 연휴 중에 오픈하는 것 같아요.

구니이: 「ムッキムキ」？変(へん)な名前(なまえ)だな。
"울끈불끈"? 이상한 이름이네.

하치노: なんかジムもあるみたいですね。あ、そうだ。オープン初日(しょにち)はただだ
そうですよ。

헬스장도 있는 것 같더라구요. 아, 맞다. 오픈 첫날은 무료라네요.

구니이: へえ。

그래?

하치노: チラシに無料(むりょう)って書(か)いてありました。

전단지에 무료라고 써 있었어요.

구니이: 行(い)ってみようかな。

가 볼까?

하치노: まあ、人(ひと)でいっぱいかもしれないですけどね。

아마 사람이 꽉 차 있을지도 모르겠지만요.

구니이: そうだな。やっぱり家(いえ)でゆっくり過(す)ごすのが一番(いちばん)だな。

그러겠지? 역시 집에서 푹 쉬는 게 제일이야.

일본어 한자 쓰기연습

부수	이름	한자 1	한자 2	한자 3	한자 4
日	ひへん	明	暗	映	時
		<ruby>明<rt>あか</rt></ruby>るい	<ruby>暗<rt>くら</rt></ruby>い	<ruby>映画<rt>えいが</rt></ruby>	<ruby>時間<rt>じかん</rt></ruby>
		<ruby>明<rt>あか</rt></ruby>るい	<ruby>暗<rt>くら</rt></ruby>い	<ruby>映画<rt>えいが</rt></ruby>	<ruby>時間<rt>じかん</rt></ruby>
		<ruby>明<rt>あか</rt></ruby>るい	<ruby>暗<rt>くら</rt></ruby>い	<ruby>映画<rt>えいが</rt></ruby>	<ruby>時間<rt>じかん</rt></ruby>

✏️ ひと言

「추측 推測」と「추량 推量」

「추측」도「추량」도 의미로는 거의 비슷한 표현이다.

「추측」은, 아직 일어나지 않은 일을, 어느 정도의 정보를 토대로 생각하는 것.

「추량」이라는 것은,「推し量る(유추하다)」라는 의미로, 아직 일어나지 않은 것을, 경험적인 지식을 토대로 생각하는 것이다.

「そうだ、ようだ、みたいだ、らしい」활용표

そうだ① (징후, 외관)

	동사 (行く 가다)	い형용사 (暑い 덥다)	な형용사 (ひま 한가하다)	명사 *
현재 긍정	行きそうだ 갈 것 같다.	暑そうだ 더울 것 같다.	ひまそうだ 한가할 것 같다.	
현재 부정	行きそうにもない 갈 것 같지도 않다.	暑そうではない 더울 것 같지 않다. 暑くなさそうだ 덥지 않을 것 같다.	ひまそうではない 한가 할 것 같지 않다. ひまではなさそうだ 한가하지 않을 것 같다.	
과거 긍정	行きそうだった 갈 것 같았다.	暑そうだった 더울 것 같았다.	ひまそうだった 한가할 것 같았다.	
과거 부정	行きそうにもなかった 갈 것 같지도 않았다.	暑そうではなかった 더울 것 같지 않았다. 暑くなさそうだった 덥지 않을 것 같았다.	ひまそうではなかった 한가 할 것 같지 않았다. ひまではなさそうだった 한가하지 않을 것 같았다.	

そうだ②(전문(伝聞))

	동사 (行く 가다)	い형용사 (暑い 덥다)	な형용사 (ひま 한가하다)	명사 (学生 학생)
현재 긍정	行くそうだ 간다고 한다.	暑いそうだ 덥다고 한다.	ひまだそうだ 한가하다고 한다.	学生だそうだ 학생이라고 한다.
현재 부정	行かないそうだ 가지 않는다고 한다.	暑くないそうだ 덥지 않다고 한다.	ひまではないそうだ 한가하지 않다고 한다.	学生ではないそうだ 학생이 아니라고 한다.
과거 긍정	行ったそうだ 갔다고 한다.	暑かったそうだ 더웠다고 한다.	ひまだったそうだ 한가했다고 한다.	学生だったそうだ 학생이었다고 한다.
과거 부정	行かなかったそうだ 가지 않았다고 한다.	暑くなかったそうだ 덥지 않았다고 한다.	ひまではなかったそうだ 한가하지 않았다고 한다.	学生ではなかったそうだ 학생이 아니었다고 한다.

ようだ / ようです

	동사 (行く 가다)	い형용사 (暑い 덥다)	な형용사 (ひま 한가하다)	명사 (学生 학생)
현재 긍정	行くようだ 가는 것 같다.	暑いようだ 더운 것 같다.	ひまなようだ 한가한 것 같다.	学生のようだ 학생인 것 같다.
현재 부정	行かないようだ 가지 않는 것 같다.	暑くないようだ 덥지 않은 것 같다.	ひまではないようだ 한가하지 않은 것 같다.	学生ではないようだ 학생이 아닌 것 같다.
과거 긍정	行ったようだ 간 것 같다.	暑かったようだ 더웠던 것 같다.	ひまだったようだ 한가했던 것 같다.	学生だったようだ 학생이었던 것 같다.
과거 부정	行かなかったようだ 가지 않았던 것 같다.	暑くなかったようだ 덥지 않았던 것 같다.	ひまではなかったようだ 한가하지 않았던 것 같다.	学生ではなかったようだ 학생이 아니었던 것 같다.

らしい / らしいです、みたいだ / みたいです

	동사 (行く 가다)	い형용사 (暑い 덥다)	な형용사 (ひま 한가하다)	명사 (学生 학생)
현재 긍정	行くらしい 가는 것 같다.	暑いらしい 더운 것 같다.	ひまらしい 한가한 것 같다.	学生らしい 학생인 것 같다.
현재 부정	行かないらしい 가지 않는 것 같다.	暑くないらしい 덥지 않은 것 같다.	ひまではないらしい 한가하지 않은 것 같다.	学生ではないらしい 학생이지 않은 것 같다.
과거 긍정	行ったらしい 간 것 같다.	暑かったらしい 더웠던 것 같다.	ひまだったらしい 한가했던 것 같다.	学生だったらしい 학생이었던 것 같다.
과거 부정	行かなかったらしい 가지 않았던 것 같다.	暑くなかったらしい 덥지 않았던 것 같다.	ひまではなかったらしい 한가하지 않았던 것 같다.	学生ではなかったらしい 학생이지 않았던 것 같다.

제11장

여러가지 접속 형식
– 이유, 시간, 상태 –

🌸 **학습 내용**

몇 개의 문장을 연결하는 접속 형식 중에서 이유, 시간, 상태를 나타내는 접속 형식
에 대해서 학습한다.

🌸 **학습 목표**

1. 이유/원인 : から、ので、ため(に)、～し～し
2. 시간 : とき、前に、後、てから
3. 상황/상태 : 間(に)、ところ、ばかり、ながら、まま

🌸 Point

1. 이유·원인　から/ので/ため(に)/～し～し

1) 体調が悪いから今日は休みたい。 몸이 안 좋아서 오늘은 쉬고 싶다.

2) 雨が降っているので、車で行きます。 비가 내리고 있으니, 차로 가겠습니다.

3) 雨のため、試合は中止します。 비 때문에, 시합은 중지합니다.

4) 彼はハンサムだし、背も高いし、英語もできてうらやましい。

　그는 멋있고, 키도 크고, 영어도 말할 수 있으니 부럽다.

2. 시간　とき/前に/後/てから

　　1) 人に会ったときはあいさつしましょう。 사람을 만났을 때는 인사합시다.

　　2) ごはんを食べる前に、薬を飲んでください。 밥을 먹기 전에 약을 드세요.

　　3) ごはんを食べた後、薬を飲んでください。 밥을 먹은 후, 약을 드세요.

　　4) 一度、家に戻ってから行きます。 일단, 집에 돌아갔다가 가겠습니다.

3. 상황·상태　間(に)/ところ/ばかり/ながら/まま

　　1) ソウルにいる間は仕事をしませんでした。 서울에 있는 동안은 일을 안했습니다.

　　2) 今、出かけるところです。 지금 외출하려던 참입니다.

　　3) 5月になったばかりなのに、気温が30度まで上がりました。

　　　　5월이 된지 얼마 안 되었는데 기온이 30도까지 올라갔습니다.

　　4) ごはんを食べながらテレビをみます。 밥을 먹으면서 텔레비전을 봅니다.

　　5) テレビをつけたまま寝てしまった。 텔레비전을 켠 채로 자 버렸다.

❀ 생각해 보기

다음 괄호 안에 「間」와 「間に」 중 어느 쪽이 들어갈지 생각해 보세요.

① 私がテレビを見ている(　　　)、彼女は夕食の準備をしていた。

　　내가 텔레비전을 보고 있는 동안 그녀는 저녁 식사 준비를 하고 있었다.

② 私がテレビを見ている(　　　)、彼女は夕食の準備を終えた。

　　내가 텔레비전을 보고 있는 사이에 그녀는 저녁 식사 준비를 끝냈다.

정답 : ① 私がテレビを見ている間、彼女は夕食の準備をしていた。

내가 텔레비전을 보고 있는 동안 그녀는 저녁 식사 준비를 하고 있었다.

② 私がテレビを見ている間に、彼女は夕食の準備を終えた。

내가 텔레비전을 보고 있는 사이에 그녀는 저녁 식사 준비를 끝냈다.

해설 : 「間」: 일정한 시간의 폭을 나타낸다. 「～하는 동안 ～하고 있다(있었다).」

「間に」: 어떤 기간(시간) 사이를 나타낸다. 「～하는 동안(사이)에 ～한다(했다).」

* 「間」와 「間に」에 뒤따른 표현에 차이가 있다.

「間」: 그 시간 동안 <u>내내</u> 하는 표현이 뒤따른다.

「間に」: 그 기간(시간)이 끝나기 전에 하는 <u>일회적인</u> 표현이 뒤따른다.

오늘의 단어

うらやましい	부러운
保育士	보육사
児童	아동
過労	과로
台風	태풍
フライト	비행
キャンセル	취소
景気	경기, 기세
失業者	실업자
延期	연기
物価	물가
工事中	공사중

交通の便	교통편
思い切り	마음껏/실컷
人気者	인기있는 사람
知り合う	서로 알다
そばにいる	옆에 있다
ジム	체육관
席を立つ	자리를 뜨다
汗をかく	땀을 흘리다
優先する	우선하다, 우선시하다
すます	끝내다, 마치다
地震	지진
資格を取る	자격을 따다, 자격을 취득하다
終わらせる	끝내다
向かう	향하다
ちょうど	꼭, 정확히
電池	전지
当たり前	당연함, 마땅함
壊れる	깨지다, 부서지다
かさをさす	우산을 쓰다
昔	옛날, 예전
ぬれる	젖다
お腹を壊す	배탈이 나다
街並み	거리에 집·상점 따위가 늘비하게 서 있는 모양
見終える	다 보다(보는 것을 끝내다)

학습하기

핵심문법 1 이유 / 원인

1 から

⑤ ～から ~(하)니까, ~(하)기 때문에

1) 주로 <u>친한 사이</u>에서 사용된다.

2) から 뒤에 오는 표현

から+요청 「~なさい ~해라.」「~て(ください) ~해줘.(~해 주세요.)」

から+의지 「~しよう ~하자.」「~しましょう ~합시다.」

から+소망 「~たい(です) ~하고 싶다.(~하고 싶습니다.)」

から+예정 「~つもり(です) ~할 예정.(~할 예정입니다.)」

3) 접속

대부분 보통형에 접속 되지만 정중형(ます、です)도 가능하다.

예) 私がここにいますから、行ってきてください。 제가 여기에 있을 테니, 다녀오세요

● 동사 보통형＋から

行くから

行かないから

行ったから

行かなかったから

- い형용사＋から

おもしろいから

おもしろくないから

おもしろかったから

おもしろくなかったから

- な형용사＋(だ)＋から

便利<ruby>便利<rt>べんり</rt></ruby>だから

便利ではないから/ 便利じゃないから

便利だったから

便利ではなかったから/ 便利じゃなかったから

- 명사＋(だ)＋から

<ruby>学生<rt>がくせい</rt></ruby>だから

学生ではないから/ 学生じゃないから

学生だったから

学生ではなかったから/ 学生じゃなかったから

① <ruby>体調<rt>たいちょう</rt></ruby>が<ruby>悪<rt>わる</rt></ruby>いから<ruby>今日<rt>きょう</rt></ruby>は<ruby>休<rt>やす</rt></ruby>みたい。 몸 상태가 안 좋기 때문에 오늘은 쉬고 싶다.

② <ruby>明日<rt>あした</rt></ruby>は<ruby>仕事<rt>しごと</rt></ruby>がないから<ruby>映画<rt>えいが</rt></ruby>を<ruby>観<rt>み</rt></ruby>に<ruby>行<rt>い</rt></ruby>くつもり。 내일은 일이 없기 때문에 영화를 보러 갈 예정이야.

③ <ruby>暑<rt>あつ</rt></ruby>いからアイスコーヒー<ruby>買<rt>か</rt></ruby>ってきて。 더우니까 아이스커피를 사와.

④ このはこ、<ruby>後<rt>あと</rt></ruby>で<ruby>使<rt>つか</rt></ruby>うから<ruby>捨<rt>す</rt></ruby>てないで。 이 상자, 나중에 쓸 거니까 버리지 말아줘.

⑤ <ruby>明日<rt>あした</rt></ruby>は<ruby>休<rt>やす</rt></ruby>みだから<ruby>遅<rt>おそ</rt></ruby>くまで<ruby>寝<rt>ね</rt></ruby>るつもり。 내일은 쉬는날이니까 늦게까지 잘 예정이야.

⑥ <ruby>時間<rt>じかん</rt></ruby>がないから、<ruby>急<rt>いそ</rt></ruby>ごう。 시간이 없으니까 서두르자.

⑦ <ruby>時間<rt>じかん</rt></ruby>に<ruby>間<rt>ま</rt></ruby>に<ruby>合<rt>あ</rt></ruby>わないから、<ruby>急<rt>いそ</rt></ruby>いで。 시간에 맞출 수 없으니까 서둘러.

① 이제 늦었으니 빨리 자거라.　　　　　　　　　　　　　　　단어 もう 이제

➡ _____

② 바로 갈 테니까 기다리고 있어.　　　　　　　　　　　　　　단어 すぐ 바로

➡ _____

③ 더우니까 창문 열어줘.

➡ _____

2　ので

💡 ～ので ～(하)기 때문에, ～(해)서, ～(하)므로

1) 「から」보다 정중한 표현이다.

2) 대부분 보통형에 접속한다. 하지만, 뒤에 요청하는 표현 (「~てください」 등)이 올 때나, 정중하게 말하고자 할 때는 정중형(ます、です)에 접속하기도 한다.

　예) 明日は家にいるので、電話してください。 내일은 집에 있으니 전화 주세요.

　예) 明日は家にいますので、電話してください。 내일은 집에 있으니 전화 주세요.

● 동사 보통형＋ので

　行くので

　行かないので

　行ったので

　行かなかったので

- い형용사＋ので

  おもしろいので

  おもしろくないので

  おもしろかったので

  おもしろくなかったので

- な형용사＋(な)＋ので

  便利なので

  便利ではないので /便利じゃないので

  便利だったので

  便利ではなかったので/便利じゃなかったので

- 명사＋(な)＋ので

  学生なので

  学生ではないので /学生じゃないので

  学生だったので

  学生ではなかったので/ 学生じゃなかったので

① 雨が降っているので、車で行きます。 비가 내리고 있으니 차로 가겠습니다.

② 時間があったので図書館に寄りました。 시간이 있어서 도서관에 들렀습니다.

③ 今出発するので2時ごろ着くと思います。 지금 출발하니까 2시정도 도착할 것이라고 생각합니다.

④ この辺は安全なので安心してください。 이 주변은 안전하니 안심하세요.

⑤ 息子はもう小学生なので一人で電車に乗れます。

   아들은 이제 초등학생이기 때문에 혼자서 전철을 탈 수 있습니다.

⑥ まだ時間がかかりますので、もう少しお待ちください。

   아직 시간이 걸리기 때문에 조금 더 기다려주세요. (「お〜ください」 제13장)

① 내일은 토요일이라서 회사는 12시까지입니다.   단어 **会社** 회사

➡ _____

② 머리 아파서 오늘은 쉬겠습니다.   단어 **頭が痛い** 머리가 아프다

➡ _____

③ 음악을 좋아하기 때문에 종종 콘서트에 갑니다.

단어 **音楽** 음악, **よく** 종종, **コンサート** 콘서트

➡ _____

3 ため(に)

💭④ ～ため(に) ~때문에,~로,~해서

1) 일반적이지 않은 결과를 야기시키는 원인에 대해 표현할 때 사용하며 문어체나 격식을
   차린 자리에서 주로 사용된다.

2) 뒤에 의지나 의뢰 등을 나타내는 표현은 오지 않는다.

예) 내일은 집에 있으니 전화 주세요.
   ○ **明日は家にいるので、電話してください。**
   × **明日は家にいるため、電話してください。**

3) 접속

● 동사 보통형＋ため(に)

   行くため(に)

   行かないため(に)

   行ったため(に)

行かなかったため(に)

● い형용사＋ため(に)

おもしろいため(に)

おもしろくないため(に)

おもしろかったため(に)

おもしろくなかったため(に)

● な형용사＋な＋ため(に)

便利なため(に)

便利ではないため(に)/便利じゃないため(に)

便利だったため(に)

便利ではなかったため(に)/便利じゃなかったため(に)

● 명사＋の＋ため(に)

事故のため(に)

事故ではないため(に)/ 事故じゃないため(に)

事故だったため(に)

事故ではなかったため(に)/ 事故じゃなかったため(に)

① 入学式のため、駐車場は使えません。 입학식 때문에 주차장은 사용할 수 없습니다.

② 日本で暮らしているため、日本語しかできない。

일본에서 생활하고 있기 때문에 일본어 밖에 할 수 없다.

③ 保育士が足りないため、保育園に入れない児童が増えている。

보육사가 부족하기 때문에 보육원에 들어가지 못하는 아동이 늘고 있다.

④ 父は過労のため、入院した。 아버지는 과로로 입원했다.

⑤ 事故のため、電車が遅れています。 사고로 전철이 늦어지고 있습니다.

⑥ 雨のため、試合は中止します。 비 때문에 시합은 중지합니다.

다음 괄호 안에 있는 말에 ため를 붙여서 문장을 완성하세요.

① 台風が（　近づいている　）、フライトがキャンセルされた。

태풍이 가까워지고 있어서 비행편이 취소되었다.

➡ _____

② 景気が（　悪くなった　）、失業者が増えた。 경기가 나빠져서 실업자가 늘었다.

➡ _____

③ 行事は（　雨　）、延期された。 행사는 비 때문에 연기되었다.

➡ _____

④ 東京は物価が（　高い　）、住みにくい。 도쿄는 물가가 비싸서 살기 어렵다.

단어 住みにくい 살기 어렵다

➡ _____

⑤ （　工事中　）、利用できません。 공사 중이기 때문에 이용할 수 없습니다.

➡ _____

---

4 〜し〜し

④ 〜し、〜し ~하고 ~이니,

이유를 여러 개 나열할 때 사용한다.

● 보통형＋し

行くし

行かないし

行ったし

行かなかったし

● い형용사＋し

おもしろいし

おもしろくないし

おもしろかったし

おもしろくなかったし

● な형용사＋だ＋し

便利<u>だ</u>し

便利ではないし/便利じゃないし

便利だったし

便利ではなかったし/便利じゃなかったし

● 명사＋だ＋し

学生<u>だ</u>し

学生ではないし /学生じゃないし

学生だったし

学生ではなかったし/ 学生じゃなかったし

① 彼女（かのじょ）はきれいだし、背（せ）も高（たか）いし、英語（えいご）も話（はな）せるし、うらやましい。

그녀는 예쁘고, 키도 크고, 영어도 말할 수 있으니 부럽다.

② 外（そと）は雨（あめ）だし、朝（あさ）から頭（あたま）も痛（いた）いので、今日（きょう）は家（いえ）で休（やす）みます。

밖에는 비가 내리고 아침부터 머리도 아프니 오늘은 쉽니다.

③ 日本（にほん）はきれいだし、交通（こうつう）の便（べん）もいいので、よく遊（あそ）びに行（い）きます。

일본은 깨끗하고 교통편도 좋아서 자주 놀러 갑니다.

다음 괄호 안에 있는 말에 し를 붙여서 문장을 완성하세요.

① 座るところは(ない)、人は(多い)、つかれました。

앉을 곳은 없고 사람은 많아서 지쳤습니다.

② 試験も(終わる)、課題も(提出する)、今日は思い切り遊びます。

시험도 끝났고, 과제도 제출했으니 오늘은 마음껏 놉니다.

③ 田中さんは(やさしい)、(ハンサム)、仕事もできるので人気者です。

다나카 씨는 상냥하고, 잘생기고, 일도 잘하기 때문에 인기 있는 사람입니다.

시간

1 時

💡⑤ ～時 ~때

1) 「時」 앞에 오는 시제(時制)

「時」 앞의 시제는 문장 전체의 시제와 관계가 없다. 앞의 사건이 완료되고 나서 뒤따르는 사건이 일어나는 때는 「동사 **과거형**＋時」가 되고, 앞에 일어난 사건이 뒤따르는 사건과 <u>동시</u>에 또는 <u>전에</u> 일어나는 경우는 「동사 **보통형**＋時」가 된다.

① 人に会った時は、あいさつしましょう。 사람을 만났을 때는 인사합시다.
② 昨日、寝る時、まどを閉めました。 어제 잘 때 창문을 닫았습니다.

①은 「人に会う」→「あいさつする」의 순서이기 때문에 「会った時」가 된다.

한편 ②는 「寝る」 전에 「まどを閉める」의 순서이기 때문에 「寝る時」가 된다.

③ 初めて日本へ<u>行った</u>時、道がきれいなことに驚きました。

처음으로 일본에 갔을 때 길이 깨끗한 것에 놀랐습니다.

④ <ruby>日本<rt>にほん</rt></ruby>へ<ruby>行く<rt>い</rt></ruby><ruby>時<rt>とき</rt></ruby>は<ruby>必ず<rt>かなら</rt></ruby><ruby>一人<rt>ひとり</rt></ruby>で<ruby>行き<rt>い</rt></ruby>ます。 일본에 갈 때는 반드시 혼자서 갑니다.

③은 「**日本へ行く**」→「**道がきれいなことに驚く**」의 순서이기 때문에 「**日本へ行った時**」가 된다. 한편 ④는 「**日本へ行く**」와 「**一人で行く**」가 <u>동시에</u> 일어나기 때문에 「**日本へ行く 時**」가 된다.

2) 예문

① アメリカへ<ruby>行く<rt>い</rt></ruby><ruby>時<rt>とき</rt></ruby>は、いつもお<ruby>土産<rt>みやげ</rt></ruby>をたくさん<ruby>買っ<rt>か</rt></ruby>ていきます。

　　미국에 갈 때는 항상 선물을 많이 사 갑니다.

② アメリカへ<ruby>行っ<rt>い</rt></ruby>た<ruby>時<rt>とき</rt></ruby>、<ruby>彼女<rt>かのじょ</rt></ruby>と<ruby>知<rt>し</rt></ruby>り<ruby>合い<rt>あ</rt></ruby>ました。 미국에 갔을 때 그녀와 서로 알게 되었습니다.

③ <ruby>子供<rt>こども</rt></ruby>が<ruby>幼い<rt>おさな</rt></ruby><ruby>時<rt>とき</rt></ruby>は、そばにいてあげるのが<ruby>一番<rt>いちばん</rt></ruby>いい。

　　아이가 어릴 때는 옆에 있어 주는 것이 제일 좋다.

④ ひまな<ruby>時<rt>とき</rt></ruby>は、いつでも<ruby>連絡<rt>れんらく</rt></ruby>ください。 한가할 때는 언제든지 연락 주세요.

⑤ <ruby>休み<rt>やす</rt></ruby>の<ruby>時<rt>とき</rt></ruby>は<ruby>家<rt>いえ</rt></ruby>でテレビを<ruby>見<rt>み</rt></ruby>ています。 휴일에는 집에서 텔레비전을 보고 있습니다.

2 <ruby>前<rt>まえ</rt></ruby>に

💡 ～前に ~(하)기 전에

1) 동사는 꼭 기본형(사전형)이어야 한다.

예) ○ <ruby>家<rt>いえ</rt></ruby>に<ruby>帰る<rt>かえ</rt></ruby><ruby>前<rt>まえ</rt></ruby>に<ruby>本屋<rt>ほんや</rt></ruby>に<ruby>寄っ<rt>よ</rt></ruby>た。 집에 가기 전에 서점에 들렀다.
　　× 家に帰った前に本屋に寄った。

● 동사 기본형 + 前に

行く → **行く**前に

食べる → **食べる**前に

来る → **来る**前に

する → **する**前に

● 명사＋**の**＋前に

授業<ruby>の<rt>じゅぎょう</rt></ruby>前に

連休<ruby>の<rt>れんきゅう</rt></ruby>前に

2) 예문

① 休みに入る前に一度みんなで集まりましょう。 휴일에 들어가기 전에 한 번 모두 함께 모입시다.

② 寝る前にいつもホットミルクを飲みます。 자기 전에 항상 따뜻한 우유를 마십니다.

③ 出かける前に、もう一度荷物を確認しなさい。 나가기 전에 다시 한번 짐을 확인하세요.

④ 使う前に説明書をよく読んでください。 사용 전에 설명서를 잘 읽어 주세요.

⑤ 授業の前に資料を用意しました。 수업 전에 자료를 준비했습니다.

⑥ 卒業の前に旅行へ行きました。 졸업 전에 여행을 갔습니다.

3 <ruby>後<rt>あと</rt></ruby>

💡⑤ ～後 ～(한) 후

1) 「~前に ~전에」와 「~後 ~후」의 앞에 오는 동사 시제가 서로 다르므로 주의!

예) ごはんを食べる前に、薬を飲んでください。 밥을 먹기 전에 약을 드세요.

예) ごはんを食べた後、薬を飲んでください。 밥을 먹은 후, 약을 드세요.

● 동사 **た**형＋後

行く → 行った後

食べる → 食べた後

来る → 来た後

する → した後

● 명사＋の＋後

授業の後

連休の後

2) 예문

① 郵便局に行った後、学校に行った。 우체국에 간 후, 학교에 갔다.

② 映画を見た後、食事をしましょう。 영화를 본 후, 식사를 합시다.

③ 仕事が終わった後、ジムに行きます。 일이 끝난 후, 헬스장에 갑니다.

④ 公園を散歩した後、お茶を飲みに行きました。 공원을 산책한 후, 차를 마시러 갔습니다.

⑤ 授業の後、先生に呼ばれた。 수업 후, 선생님이 나를 불렀다.(선생님에게 불려갔다.)

4 てから

⑤ ～てから ~하고 나서

1) 접속

● 동사 て형＋てから

行く → 行ってから

食べる → 食べてから

来る → 来てから

する → してから

2) 예문

① 一度家に戻ってから行きます。 일단 집에 돌아갔다가 가겠습니다.

② ソウルに来てから友達が増えました。 서울에 오고 나서 친구가 늘었습니다.

③ 大学に入ってから毎日忙しいです。 대학에 들어가고 나서 매일 바쁩니다.

④ よく考えてから決めてください。 잘 생각하고 나서 결정해 주세요.

⑤ バスが止まってから席を立ってください。 버스가 멈추고 나서 자리에서 일어나세요.

⑥ 夏休みになってから一度も勉強していない。 여름방학이 되고 나서 한 번도 공부를 하지 않고 있다.

[문장연습 쓰기노트]   정답 341쪽

① 수업을 듣기 전에 반드시 읽어 주세요.   **단어** 授業を受ける 수업을 듣다

➡ _____

② 대학을 졸업한 후 바로 결혼했다.   **단어** 大学 대학,　卒業する 졸업하다

➡ _____

③ 밥을 먹고 나서 갑니다.   **단어** ご飯 밥

➡ _____

핵심문법 3 상황 / 상태

1 　～間/～間に

🍹 ～間/～間に ~동안/~사이에(~동안에)

1) 접속

- 동사 보통형/ている형/ない형＋間/間に
- 명사＋の＋間/間に

2) 예문

[～間]

① 冬休みの間、ずっと日本にいました。 겨울방학동안 계속 일본에 있었습니다.

② 田中さんを待っている間、本を読んでいました。 다나카 씨를 기다리는 동안 책을 읽고 있었습니다.

③ 寝ている間も汗をかきます。 자고 있는 동안도 땀을 흘립니다.

④ 学校に通っている間は勉強を優先しようと思っています。

학교에 다니고 있는 동안은 공부를 우선시하려고 생각하고 있습니다.

⑤ 日本にいる間は仕事をしませんでした。 일본에 있는 동안은 일을 하지 않았습니다.

⑥ 休みの間はゆっくり休みたい。 쉬는 날 동안은 푹 쉬고 싶다.

[～間に]

① 冬休みの間に日本語の試験を受けました。 겨울 방학 동안에 일본어 시험을 봤습니다.

② 田中さんを待っている間に買い物をすませました。

다나카 씨를 기다리고 있는 동안에 쇼핑을 마쳤습니다.

③ 昨夜、私が寝ている間に、地震が2回も起きたそうです。

어젯밤 내가 자고 있는 사이에 지진이 두 번이나 일어났다고 합니다.

④ 子供が学校に行っている間に映画を観に行きました。

아이가 학교에 가 있는 사이에 영화를 보러 갔습니다.

⑤ 日本にいる間に、資格を取りたいです。 일본에 있는 동안에 자격증을 취득하고 싶습니다.

⑥ 休みの間に自動車の修理を終わらせたいです。 휴일 동안에 자동차 수리를 끝내고 싶습니다.

3) 「間」와 「間に」의 의미 차이

예) 休みの間、日本のドラマを3本みました。 휴일 동안 일본 드라마를 3개 봤습니다.

예) 休みの間に、日本のドラマを3本みました。 휴일 동안에 일본 드라마를 3개 봤습니다.

「間」: 일정한 시간의 폭을 나타낸다. 「～하는 동안 ～하고 있다(있었다).」

「間に」: 어떤 기간(시간) 사이를 나타낸다. 「～하는 동안(사이)에 ～한다(했다).」

* 「間」와 「間に」에 뒤따른 표현에 차이가 있다.

「間」: 그 시간 동안 내내 하는 표현이 뒤따른다.

「間に」: 그 기간(시간)이 끝나기 전에 하는 일회적인 표현이 뒤따른다.

① 私がテレビを見ている間、彼女は夕食の準備をしていた。

내가 텔레비전을 보고 있는 동안 그녀는 저녁 식사 준비를 하고 있었다.

② 私がテレビを見ている間に、彼女は夕食の準備を終えた。

내가 텔레비전을 보고 있는 사이에 그녀는 저녁 식사 준비를 끝냈다.

*「間に」: 뒤따르는 표현에는 끝나는 것, 끝내는 것이 오기 때문에 뒤에 계속하는 동작 이 오면 어색한 표현이 된다.

예) ○ 休みの間、ずっと本を読んでいました。 휴일 동안 계속 책을 읽고 있었습니다.

× 休みの間に、ずっと本を読んでいました。

[문장연습 쓰기노트]　　　　　　　　　　　　　　　　　　　정답 342쪽

① 쉬는 동안 계속 공부하고 있었습니다.

➡ _____

② 아이가 자고 있는 사이에 집안일을 끝냈습니다.　　**단어** 家事 집안일,　終わらせる 끝내다

➡ _____

2　ところ

상황이 어느 단계인지 설명할 때 쓰는 표현.

🔋 ～るところです ~하려던 참입니다.

🔋 ～ているところです ~하고 있는 참입니다.

🔋 ～たところです 막~한 참입니다.

1) 접속

동사 보통형＋ところです　~하려던 참입니다. [하기 직전 단계]

동사 て형＋ているところです　~하고 있는 참입니다. (~하고 있는 중입니다.) [지금 진 행중]

동사 **て**형＋<u>ていた</u>ところです　~하고 있던 참입니다. [계속하고 있었다]

동사 **た**형＋<u>た</u>ところです　막~한 참입니다. [하고난 후의 단계]

- 동사 보통형＋**ところです**

  行く　　　　行くところです

  食べる　　　食べるところです

- 동사 **て**형＋**ているところです**

  行く　　　　行っているところです

  食べる　　　食べているところです

- 동사 **た**형＋**たところです**

  行く　　　　行ったところです

  食べる　　　食べたところです

2) 예문

① 今、出かけるところです。 지금 외출하려던 참입니다.

② 今、メールを送るところです。 지금 메일을 보내려던 참입니다.

③ 今、会社に向かっているところです。 지금 회사에 가고 있는 참입니다.

④ 田中さんは仕事しているところでした。 다나카 씨는 일하고 있는 참이었습니다.

⑤ 今、コーヒーを飲んできたところです。 지금 막 커피를 마시고 오던 참입니다.

⑥ ちょうど今家に着いたところです。 마침 지금 집에 도착했던 참입니다.

⑦ 今ご飯を食べていたところです。 지금 밥을 먹고 있던 참입니다.

① 일이 끝나고 지금 집에 돌아가려던 참입니다.   단어 仕事 일

➡ _____

② 지금 밥을 먹고 있는 참입니다.

➡ _____

③ 지금 막 다나카 씨를 만나고 오던 참입니다.

➡ _____

3   ばかり

④ ～たばかりです 막 ~(한) 참입니다. ~한지 얼마 안 되었습니다.

1) 접속

● 동사 た형 + **たばかりです**

行く	**行った**ばかりです
食べる	**食べた**ばかりです
する	**した**ばかりです
来る	**来た**ばかりです

2) 「~たところです」와 「~たばかりです」
두 표현 모두 동작이 끝난지 얼마 되지 않은 것을 나타내고 있지만, 「~たばかりです」는
좀 더 직후의 의미를 강조하고 있다.

3) 「~たばかり」 뒤에 「~のに」(逆接表現)와 「~ので」를 붙인 표현
그것으로 인해 일어난 상황을 말하고 싶을 때 사용한다.

「~たばかり**なのに** ~한지 얼마 안 되었는데」

「~たばかり**なので** ~한지 얼마 안 되었기 때문에」

예) A : みんなでコーヒー飲みにいくよ。다 같이 커피 마시러 갈 거야.

   B : え。今、飲んできたばかりなのに。아. 지금 막 마시고 왔는데.

① 5月になったばかりなのに、気温が３０度まで上がりました。

　　5월이 된지 얼마 안 되었는데 기온이 30도까지 올라갔습니다.

② 電池を変えたばかりなのに、時計がもう動かない。

　　건전지를 바꾼지 얼마 안 되었는데 시계가 벌써 움직이지 않는다.

③ 東京にひっこしてきたばかりなので、まだ道がよく分かりません。

　　도쿄에 이사 온지 얼마 안 돼서 아직 길을 잘 모릅니다.

④ 日本語は最近始めたばかりなので、まだよく話せません。

　　일본어는 최근 막 시작했기 때문에 아직 잘 말할 수 없습니다.

⑤ 生まれたばかりの赤ちゃんはよく泣くのが当たり前です。

　　막 태어난 아기는 자주 우는 것이 당연합니다.

Tip 「~たばかり」는 한정을 나타내는 조사「ばかり」와는 다르다.

　　한정을 나타내는 조사「ばかり」를 이용한 예문

　　① 彼は勉強ばかりしている。그는 공부만 하고 있다.

　　② 最近彼は怒ってばかりだ。최근 그는 계속 화만 낸다.

　　(한정을 나타내는 조사「ばかり」, 『일본어문장트레이닝1』 참고)

[문장연습 쓰기노트]　　　　　　　　　　　　　　　　　　　　　　정답 342쪽

① 이 애는 이제 막 2살이 되었는데 벌써 여러 가지 말을 알고 있다.　　단어 言葉 말

　➡ ＿＿＿＿＿＿＿＿＿＿＿＿＿＿＿＿＿＿＿＿＿＿＿＿＿＿＿＿

② 어제 막 샀는데 벌써 고장 났다.　　　　　　　　　　단어 壊れる 고장 나다

　➡ ＿＿＿＿＿＿＿＿＿＿＿＿＿＿＿＿＿＿＿＿＿＿＿＿＿＿＿＿

④ ながら

🗨 **〜ながら** ~하면서

1) 접속

● 동사 ます형 + **ながら**

行く	行きながら
食べる	食べながら
する	しながら
来る	来ながら

① ごはんを食べながらテレビをみます。 밥을 먹으면서 텔레비전을 봅니다.

② 朝は新聞を読みながらコーヒーを一杯飲みます。

　　아침에는 신문을 읽으면서 커피를 한 잔 마십니다.

③ 雨の日は、かさをさしながら自転車に乗って学校に通っていました。

　　비 오는 날은 우산을 쓰면서 자전거를 타고 학교에 다니고 있습니다.

④ 仕事しながら勉強するのは大変です。 일을 하면서 공부하는 것은 힘듭니다.

[문장연습 쓰기노트]　　　　　　　　　　　　　　　　　　　　정답 342쪽

① 음악을 들으면서 산책하는 것을 좋아합니다.　　　단어 **音楽** 음악, **散歩する** 산책하다

　➡ _____

② 일을 하면서 학교를 다니고 있습니다.　　　　　단어 **通う** 다니다

　➡ _____

5 まま

④ 〜まま ~한 채(로), ~그대로

1) 접속

- 동사 た형/ない형＋まま

  寝_ねたまま

  寝_ねないまま

- い형용사＋まま

  熱_{あつ}いまま

- な형용사＋な＋まま

  きれい<u>な</u>まま

- 명사＋の＋まま

  むかし<u>の</u>まま

2) 예문

① 昨晩_{さくばん}は、テレビをつけたまま寝_ねてしまった。 어젯밤은 텔레비전을 켠 채 자 버렸다.

② ぬれたままでいると風邪_{かぜ}ひきますよ。 젖은 채로 있으면 감기에 걸려요

③ 牛乳_{ぎゅうにゅう}を冷_{つめ}たいまま飲_のんでしまって、お腹_{こわ}を壊しました。

   우유를 차가운 채로 마셔버려서 배탈이 났습니다.

④ 運転_{うんてん}がすぐにうまくなる人_{ひと}と、へたなままの人_{ひと}がいる。

   운전을 바로 잘하게 되는 사람과 서투른 상태의 사람이 있다.

⑤ いつまでも変_かわらないままでいてください。 언제까지나 변치 않은 채로 있어 주세요

⑥ 街並_{まちな}みは昔_{むかし}のまま残_{のこ}っています。 거리의 집들은 옛날 그대로 남아 있습니다.

⑦ これはそのまま食_たべられますよ。 이것은 그대로 먹을 수 있어요

① 구두는 신은 채로 있어도 괜찮아요.   단어 くつをはく 신발을 신다

   ➡ _____

② 놀러 간 채, 아직 돌아오지 않았습니다.   단어 遊びに行く 놀러가다

   ➡ _____

정리하기

質問！

Q 맞는 말을 고르세요.

A ① すみません。もう少し時間がかかりそう{だから/なので}、もう少しお待ちください。

    죄송합니다. 조금 시간이 걸릴 것 같으니, 조금만 기다려 주세요.

② 毎朝、朝ごはんを{食べて/食べてから}会社に行きます。

    매일 아침, 아침밥을 먹고나서 회사에 갑니다.

③ 今、会社を出発{する/している}ところです。 지금, 회사를 가려던 참입니다.

④ 田中さんを待っている{間/間に}、本を読んでいました。

    다나카 씨를 기다리는 동안, 책을 읽고 있었습니다.

⑤ 会場に入る{前に/後}、体温を計ってください。 회장에 들어가기 전에, 체온을 재 주세요.

일작

정답 342쪽

다음 한국어 문장을 일본어로 바꾸세요.

1. 아침 일찍 일어나서 졸립니다.

   ➡ _____

2. 등산 후, 온천에 갔다.

   ➡ _____

3. 대학에 들어가고 나서 PC를 샀습니다.

   ➡ _____

4. 휴일에, 일본 드라마를 하나 다 봤습니다.

   ➡ _____

5. 지금 다나카 씨를 만나고 오던 참입니다.

   ➡ _____

상황극

하치노:　**うわー。きれいですね。**
　　　　　우와, 예쁘네요.

구니이:　**あー、お腹(なか)すいた。**
　　　　　아, 배고파.

하치노:　**ちょっと。紅葉(こうよう)みてるんですか。**
　　　　　저기요, 단풍 보고 있어요?

구니이:　**ねえ、なんか食(た)べながら歩(ある)かない？**
　　　　　뭐라도 먹으면서 걷지 않을래?

하치노: 何(なに)食(た)べますか。

뭐 먹을래요?

구니이: おー。お団子(だんご)おいしそうだな。

오, 경단 맛있겠다.

하치노: みたらし団子(だんご)ですね。じゃあ、１本(いっぽん)ずつ買(か)いましょうか。

"미타라시 경단"이네요 그럼 하나씩 살까요?

구니이: すみません。みたらし団子(だんご)2本(にほん)ください。

저기요, 미타라시 경단 두 개 주세요.

500円(えん)だって。

500엔이래.

하치노: え？おごってくれるんじゃないんですか。

네? 사주는 거 아니였어요?

구니이: いや、さっき小銭(こぜに)を全部(ぜんぶ)使(つか)っちゃったから、カードしかないんだよね。

아니, 아까 동전을 다 써버려서 카드 밖에 없거든.

하치노: もう。

참나.

あ、雨(あめ)降(ふ)ってきた。

앗, 비 오기 시작했어.

구니이: ほんとだ。雨(あま)宿(やど)りしてからまた観光(かんこう)しようか。

정말이네. 어디 들어갔다가 다시 관광할까?

하치노: そうですね。あ、あそこの茶屋(ちゃや)に入(はい)りましょうよ。

그래요. 앗, 저쪽 찻집에 들어가요

〈잠시 후에〉

구니이: じゃあ、雨(あめ)も止(や)んだし、金閣寺(きんかくじ)見(み)に行(い)こうか。

그럼 비도 그쳤고, 킨카쿠지 보러 갈까?

하치노: あ、金閣寺(きんかくじ)に行(い)く前(まえ)にショッピングちょっと付(つ)き合(あ)ってくださいよ。

앗, 킨카쿠지에 가기 전에 쇼핑 좀 같이 가 주세요

구니이: あ、それならその間(あいだ)にぼくは服屋(ふくや)にちょっと寄(よ)ってくるよ。

그러면 그 사이에 나는 옷가게에 좀 들렀다 올게.

하치노: いいですよ。じゃあ、1時間後(いちじかんご)にバス停(てい)で会(あ)いましょう。

좋아요. 그럼 1시간 후에 버스 정류장에서 만나요.

〈잠시 후에〉

하치노: もしもし、先輩(せんぱい)、今(いま)どこですか。

여보세요. 선배님 지금 어디세요?

구니이: 今(いま)向(む)かってるところだよ。

지금 가고 있는 참이야.

하치노: じゃあ、バスのチケット買(か)っておきますよ。

그럼 버스 티켓 사 놓을게요.

〈잠시 후에〉

구니이: ごめん、ごめん。

미안, 미안.

하치노: 遅(おそ)かったですね。あ、服(ふく)買(か)ったんですか。

늦었네요. 앗, 옷 샀어요?

구니이: そう。どう、これ？

응, 어때 이거?

하치노: お似合(にあ)いですよ。あれ？値札(ねふだ)ついたままですけど。

잘 어울려요. 뭐지? 가격표 붙인 채로인데요.

구니이: あ、取(と)るの忘(わす)れてた。

앗, 빼는 것 까먹었다.

일본어 한자 쓰기연습

부수	이름	한자 1	한자 2	한자 3	한자 4
禾	のぎへん	秋	私	移	科
		<ruby>秋<rt>あき</rt></ruby>	<ruby>私<rt>わたし</rt></ruby>	<ruby>移<rt>うつ</rt></ruby>る	<ruby>科学<rt>かがく</rt></ruby>
		<ruby>秋<rt>あき</rt></ruby>	<ruby>私<rt>わたし</rt></ruby>	<ruby>移<rt>うつ</rt></ruby>る	<ruby>科学<rt>かがく</rt></ruby>
		<ruby>秋<rt>あき</rt></ruby>	<ruby>私<rt>わたし</rt></ruby>	<ruby>移<rt>うつ</rt></ruby>る	<ruby>科学<rt>かがく</rt></ruby>

ひと言

1. 「後」와 「後で」

「後」는 뒤에 오는 문장에 신경 쓰지 않고 대부분 쓸 수 있지만, 「後で」는 계속하고 있는 행위나 상태가 뒤에 오면 부자연스럽다. 「後で」는 뒤에는 동작을 나타내는 문장이 와야 한다.

예) 수업이 끝난 후 머리가 아파졌습니다.

  ○ 授業が終わった後、頭が痛くなりました。

  × 授業が終わった後で、頭が痛くなりました。 (→상태)

예) 일이 끝난 후 집에서 느긋하게 쉬고 있었습니다.

  ○ 仕事が終わった後、家でゆっくり休んでいました。

  × 仕事が終わった後で、家でゆっくり休んでいました。 (→계속하고 있는 행위)

2. 「後で」와「て/てから」

- 後で(후에) : 전후 사건의 시간적 틈이 명확하게 존재해도 문장이 성립된다.
- て/てから(하고/하고 나서) : 시간적 틈이 그다지 없고, 후의 사건이 전의 사건에 연이어 일어난다. 순간동사는 'てから'를 쓰는 것이 자연스럽다.

Tip '순간동사'란 사건, 행위가 완료된 그 시점에서 그 사건, 행위가 종료되는 것이 아니라 완료와 함께 그 결과가 상태로써 남아있는 의미를 지닌 동사. 行く(가다), 来る(오다), 卒業する(졸업하다), なる(되다) 등.

예) × ソウルへ来た後で、友だちが増えました。

　　○ ソウルへ来てから、友だちが増えました。 서울에 오고 나서 친구가 늘었습니다.

*「後で」와「てから」의 차이

- 後で : 뒤따르는 사건에는 동작을 나타내는 문장이 온다. 계속되는 행위나 상태가 뒤따르는 사건에 오면 부자연스럽다.
- てから : 뒤따르는 사건에 계속되는 행위나 상태를 나타내는 것이 가능하다.

예) × ソウルへ来た後で、ずっと下宿しています。

　　○ ソウルへ来てから、ずっと下宿しています。 서울에 오고 나서 계속 하숙하고 있습니다.

3. 「後で」와「後に」

- 後で(후에) : '시간적 전후관계'를 문제로 삼는다.
- 後に(뒤에) : '이후의 행위가 일어나는 것은 언제인가'를 문제로 삼는다. '이전 상태가 끝난 시점의 상황, 상태에서 그대로 또는 연이어'라는 뉘앙스이다.

예) 식사를 마친 후에 디저트는 어떠세요?
　　① 食事の後で、デザートはいかがですか。
　　② 食事の後に、デザートはいかがですか。

예) 일이 끝난 후에 마시는 맥주는 맛있다.

③ 仕事が終わった後で飲むビールはおいしい。

④ 仕事が終わった後に飲むビールはおいしい。

①②와 ③④는 뉘앙스 차이가 있다. ①③「後で」는 "식사가 마치면 그 이후에" "일이 마치면 그 이후에" 라는 시간적 전후 관계를 나타내고, ②④「後に」는 "식사가 마치면 이어서" "일이 마치면 이어서"라는 그 시점의 상황이나 상태 속에서 이어진다는 의미를 나타낸다.

제12장

조건표현

● 학습 내용

　일본어 조건표현 「と」「ば」「たら」「なら」의 4가지 접속 형식과 역접(逆接)표현 「が」, 「のに」의 2가지 접속 형식에 대해서 학습한다.

● 학습 목표

　조건표현 「と」「ば」「たら」「なら」와 역접(逆接)표현 「が」, 「のに」의 기본적인 특징에 대해서 알고 올바르게 사용할 수 있다.

● Point

1. 밑줄의 동사에, 「と」「ば」「たら」「なら」중에서 적절한 것을 하나 붙여 문장을 완성하세요.

　예) 春<ruby>(はる)</ruby>になる(→　なると　)、花<ruby>(はな)</ruby>が咲<ruby>(さ)</ruby>く。

　　① この薬<ruby>(くすり)</ruby>を飲<ruby>(の)</ruby>む(→　　　　　)、きっと良<ruby>(よ)</ruby>くなりますよ。
　　② 大学院<ruby>(だいがくいん)</ruby>に進<ruby>(すす)</ruby>む(→　　　　　)この本<ruby>(ほん)</ruby>を読みなさい。
　　③ 飲<ruby>(の)</ruby>んでみる(→　　　　　)それほどまずくなかったよ。
　　④ お酒<ruby>(さけ)</ruby>を飲<ruby>(の)</ruby>む(→　　　　　)すぐ眠<ruby>(ねむ)</ruby>たくなるんです。
　　⑤ 日本語<ruby>(にほんご)</ruby>がもっと話<ruby>(はな)</ruby>せる(→　　　　　)良<ruby>(よ)</ruby>かったのにな。

정답

① この薬を飲む(→ 飲めば)、きっと良くなりますよ。 이 약을 먹으면, 틀림없이 좋아질 거예요.

　　해설 : ば는 조건이 2가지 있으며, 지금 단계로서는 어느 쪽으로 할 것인지 아
　　　　　직 정할 수 없을 때 자주 사용한다. 이 문장에서는 약을 먹을지 안 먹을
　　　　　지 아직 모르는 단계. (먹으면 좋아지고 안 먹으면 좋아지지 않는다.)

② 大学院に進む(→ 進むなら)この本を読みなさい。 대학원에 진학한다면 이 책을 읽으세요

　　해설 : なら는 전제 조건을 근거로 한 자신의 생각을 말할 때 사용한다. 상대방이 대
　　　　　학원에 진학한다는 전제 조건에 대한 조언이 뒤따르고 있다.

③ 飲んでみる(→ 飲んでみたら)それほどまずくなかったよ。

　　마셔보니 그다지 맛이 없지 않더라구.

　　해설 : たら는 제한이 적어서 폭넓게 사용할 수 있다. 가정 표현이 아닌 과거 표현이
　　　　　뒤에 올 경우 たら만 사용할 수 있다. (소설 등에서는 と도 가능)

④ お酒を飲む(→ 飲むと)すぐ眠たくなるんです。 술을 마시면 바로 잠이 오거든요

　　해설 : 꼭 이루어지는 내용(자연현상,진리,기계 등)이 뒤따를 경우 사용한다.

⑤ 日本語がもっと話せる(→ 話せれば)良かったのにな。

　　일본어를 좀 더 말할 수 있으면 좋았을텐데.

　　해설 : 역접 표현은 '〜ば〜のに(하면 〜했을 텐데.)'형식으로 사용한다.

2. 한국어의 조건(条件), 가정(仮定)표현은 "〜하면, 〜이면"으로 대부분 표현 되지만,
일본어의 조건, 가정표현에는 「と」「ば」「たら」「なら」의 4가지 형식이 있다.
이 4가지 표현은 서로 바꿀 수 있는 경우가 있고, 바꾸면 안 되는 경우가 있다.
각 표현을 완벽하게 구분하여 사용하는 것은 상당히 어려우므로, 각 형식의 기본적
인 특징을 중심으로 학습한다.

3. 전건(前件)과 후건(後件)이란?

전건(前件) : 「と」「ば」「たら」「なら」 앞에 오는 문장
후건(後件) : 「と」「ば」「たら」「なら」 뒤에 오는 문장

예) 春になると、花が咲く。 봄이 되면 꽃이 핀다.
　　 → 전건(前件) : 「春になる」 / 후건(後件) : 「花が咲く」

❀ 생각해 보기

質問 : 친구가 맥주를 찾고 있는 것을 보고, 친구한테 맥주라면 냉장고 안에 있다고 말하고 싶습니다. 뭐라고 하면 될까요?

다음의 (　) 안에, 「と」「ば」「たら」「なら」 중 한 개만 골라 넣으세요.

ビール(　　　)冷蔵庫の中にあるよ。 맥주라면 냉장고 안에 있어.

정답 : ビールなら冷蔵庫の中にあるよ。

오늘의 단어

大学院に進む	대학원에 진학하다
まずい	맛이 없다
きっと	반드시, 꼭
2に5をかける	2에 5를 곱하다
辞書を引く	사전을 찾다
バーゲン	(바겐)세일
うがい	가글
早速	즉시
クーラー	쿨러, 에어컨
秋葉原	아키하바라(도쿄 千代田 구의 지명)
せっかく	모처럼

학습하기

핵심문법 1 「と」、「ば」

① と

 ～と

1) 접속

* 현재형(긍정/부정)에만 접속한다. 과거형에는 접속하지 않는다.

- 동사 보통형＋と
  行くと
  行かないと

- い형용사＋と
  大きいと
  大きくないと

- な형용사/명사＋<u>だ</u>＋と
  元気<u>だ</u>と
  学生<u>だ</u>と

- な형용사/명사＋<u>でない</u>＋と
  元気<u>でない</u>と
  学生<u>でない</u>と

Tip な형용사와 명사의 부정형은 **でないと**와 **では<u>な</u>いと** 둘 다 맞지만, **でないと**를 더 많이
　　 쓴다. 회화에서는 **じゃないと**를 많이 쓴다.

연습문제 ─── 정답 342쪽

예) 言^いう ➡ 言^いうと/ 言^いわないと

① 書^かく　　　　　　　➡ _____

② 寝^ねる　　　　　　　➡ _____

③ 来^くる　　　　　　　➡ _____

④ する　　　　　　　➡ _____

⑤ 暑^{あつ}い　　　　　　　➡ _____

⑥ いい　　　　　　　➡ _____

⑦ 上手^{じょうず}　　　　　　　➡ _____

⑧ 大人^{おとな}　　　　　　　➡ _____

2) 「と」의 용법

* "~하면 (반드시, 예외 없이) ~가 일어난다"고 할 때 「と」를 사용한다.

*예를 들어, 자연현상, 변하지 않는 진리, 기계의 조작, 길안내, 습관 등, 반복적·항상적인
　내용을 나타낼 때 사용한다.

① 春^{はる}になると、花^{はな}が咲^さく。 봄이 되면 꽃이 핀다.

② 夜^{よる}になると、すずしくなります。 밤이 되면 선선해집니다.

③ 2に5をかけると、10になります。 2에 5를 곱하면 10이 됩니다.

④ ボタンを押^おすと、きっぷが出^でてきます。 버튼을 누르면 표가 나옵니다.

⑤ この道^{みち}をまっすぐ行^いくと、銀行^{ぎんこう}があります。 이 길을 쭉 가면 은행이 있습니다.

⑥ 田中^{たなか}さんはお酒^{さけ}を飲^のむと、顔^{かお}が赤^{あか}くなります。 다나카 씨는 술을 마시면 얼굴이 빨개집니다.

3) 「と」의 제한

*「と」의 후건(後件)에 의지 표현, 희망 표현이나 상대방에게 요청하는 문장은 올 수가 없다.

(1) 말하는 사람의 의지·희망 표현이 후건에 올 수 없다.

寒いと、窓を ① ×(私が)閉めます。/ 閉めましょう。 의지

② ×閉めよう。 결의

③ ×閉めるつもりです。/ 閉めようと思っています。 의도

④ ×閉めることにします。 결심

⑤ ×閉めたいです。 희망

(2) 「と」의 후건(後件)에 상대방에게 요청하는 문장이 올 수 없다.

寒いと、窓を ① ×閉めるな。/ 閉めてはいけません。 금지

② ×閉めろ。/ 閉めなさい。 명령

③ ×閉めてください。 의뢰

④ ×閉めましょう。/ 閉めよう。 권유

⑤ ×閉めましょうか。 신청

⑥ ×閉めませんか。/ 閉めたらどうですか。 제안

⑦ ×閉めてほしいです。 요구

⑧ ×閉めてもいいです。 허가

⑨ ×閉めなければなりません。 지시(의무)

⑩ ×閉めたほうがいいですよ。 조언

⑪ ×閉めなくてもいいですよ。 지시(불필요)

Tip 위에 예문, 상대방에게 요청하는 문장이 올 때는 「と」 대신 「から/ので」를 이용하면 된다.

예) 寒いから、窓を閉めましょう。 추우니까 창문을 닫읍시다.

④ ～ば

1) 접속

＊ 현재형(긍정/부정)에만 접속한다. 과거형에는 접속하지 않는다.

● 동사＋**ば**

　1그룹 : 어미를 「**え**」단으로 바꾸고 「**ば**」를 붙인다.

　　　　行く → 行け＋ば → 行けば

　2그룹 : 어미를 떼고 「**れば**」를 붙인다.

　　　　食べる → 食べ＋れば → 食べれば

　3그룹

　　　　来る → 来れば

　　　　する → すれば

● **い**형용사**い＋ければ**

　大きい → 大きい＋ければ → 大きければ

　いい(良い) → 良い＋ければ→良ければ (×**いければ**)

　[**な**형용사와 명사]

　원래 명사와 **な**형용사는 **ば** 대신에 **ならば**를 사용하였는데, 현대 일본어에서는 거의 쓰지 않게 되었다. 현대 일본어에서 명사와 **な**형용사는 **ば** 대신에 **なら**를 사용한다. (**なら**접속은 '핵심문형2'에서 학습한다.)

● **な**형용사/명사 ＋**なら**

　静か＋なら → 静かなら

　学校＋なら → 学校なら

● 부정형 : **~ない**＋**ければ**

行かない＋ければ → 行かなければ

大きくない＋ければ → 大きくなければ

便利でない＋ければ → 便利でなければ

学生でない＋ければ → 学生でなければ

Tip **な**형용사와 명사는 회화에서는 **じゃなければ**를 많이 쓴다.

예) 便利じゃなければ

예) 学生じゃなければ

연습문제 ─────────────────────────── 정답 342쪽

예) 行く → 行けば/行かなければ

① 書く　　　　　➡ _____

② 寝る　　　　　➡ _____

③ 来る　　　　　➡ _____

④ する　　　　　➡ _____

⑤ 暑い　　　　　➡ _____

⑥ いい　　　　　➡ _____

⑦ 上手　　　　　➡ _____

⑧ 大人　　　　　➡ _____

_____

2)「ば」의 용법

(1) 조건이 2가지 있으며, 지금 단계로서는 어느 쪽으로 할 것인지 아직 정할 수 없을 때 자주 사용한다.

예) 天気が良ければ、行きます。 날씨가 좋으면 가겠습니다.

天気が良くなければ、行きません。 날씨가 좋지 않으면 안 갑니다.

예) 草く来れば、パクさんに会えます。 빨리 오면 박 씨를 만날 수 있습니다.

草く来なければ、パクさんに会えません。 빨리 오지 않으면 박 씨를 만날 수 없습니다.

① 辞書をひけば、すぐ分かります。 사전을 찾으면 바로 알 수 있습니다.

② たくさん食べれば、太ります。 많이 먹으면 살찝니다.

③ 地図があれば、一人でも行けます。 지도가 있으면 혼자서도 갈 수 있습니다.

④ 寒ければ、窓を閉めてください。 추우면 창문을 닫으세요

⑤ 高くなければ買います。 비싸지 않으면 사겠습니다.

⑥ 田中さんが行かなければ、私も行きません。 다나카 씨가 가지 않으면 나도 가지 않겠습니다.

⑦ バーゲンの時期まで待てば、安く買えますよ。 세일 시기까지 기다리면 싸게 살 수 있어요

⑧ お金さえ払えば、誰でも入会できる。 돈만 내면 누구라도 입회할 수 있다.

⑨ 予約していれば手続きは必要ありません。 예약해 놓으면 수속은 필요 없습니다.

(2) ~ば~のに(~면~텐데)

* 현실과 다른 사실을 가정하는 반사실적조건(反事実的条件) 용법.

~ば~のに ~면~텐데

① あと1000円あれば、このコートが買えるのに。 1000엔만 더 있으면 이 코트를 살 수 있을 텐데

② あと10分早ければ、バスに間に合ったのに。 10분만 더 빨리 왔다면 버스 시간에 맞았을 텐데

❀ もう一歩 step up

「ば」의 특징

1. 「ば」의 후건(後件)에 의지·희망·명령·의뢰 등의 표현이 오지 않는다.

예) ○ 帰宅したら、必ずうがいをしなさい。 집에 돌아가면 반드시 가글을 하세요

× 帰宅すれば、必ずうがいをしなさい。

예외: 후건(後件)에 의지·희망·명령·의뢰 등의 표현이 올 경우.

* 전건의 술어가 무의지동사(자동사, **できる**) 또는 형용사 등 상태성(**状態性**)인 경우

예) 分からないことがあれば、いつでも聞いてください。 모르는 것이 있으면 언제든지 물으세요.

예) 暑ければ窓を開けてください。 더우면 창문을 여세요.

* 전건과 후건의 주체가 다른 경우.

예) 父が許してくれれば、彼と結婚するつもりです。 아빠가 허락해주면 그와 결혼 할 겁니다.

2. 「ば」는 과거에 있던 일을 나타낼 수 없다. ('~했더니','~하자'로 번역이 되는 사실적
   조건(**事実的条件**)을 나타낼 수 없다.)

   ○ 行ったらもう終わっていた。 갔더니 벌써 끝나 있었다.

   × 行けばもう終わっていた。

3. 「と」와 「ば」의 뉘앙스 차이

   ① ボタンを押せば、きっぷが出てきますよ。 버튼을 누르면 표가 나옵니다.
      : 표를 사는 방법을 질문 받았을 때의 대답으로 적당하다.

   ② ボタンを押すと、きっぷが出てきますよ。 버튼을 누르면 표가 나와요.
      : 판매기의 사용법을 단지 설명하고 있는 뉘앙스.

[문장연습 쓰기노트]　　　　　　　　　　　　　　　　　　　　　　정답 343쪽

다음 문장을 「と」와 「ば」 중에서 적당한 것을 선택하여 일본어로 바꾸세요.

① 매년 여름이 되면 관광객이 늘어납니다.

　➡ _____

② 8시에 도착하면 늦지 않습니다. 　　　　　　　　　　　단어 間に合う 늦지 않다

　➡ _____

③ 말해 주었으면 도우러 갔을 텐데.

➡ _____

1 たら

④ ～たら

1) 접속

● 동사 た형 + たら

行ったら

行かなかったら

● い형용사 た형 + たら

大きかったら

大きくなかったら

● な형용사/명사 + だったら

元気だったら

学生だったら

● な형용사/명사 + でなかったら

元気でなかったら

学生でなかったら

Tip な형용사와 명사는 **でなかったら**와 **ではなかったら** 둘 다 맞지만, **でなかったら**를 더 많이 쓴다. 회화에서는 **じゃなかったら**를 많이 쓴다.

연습문제 ────────────────────────────────── 정답 343쪽

예) 言^いう → 言^いったら/ 言^いわなかったら

① 書^かく　　　➡ _____

② 寝^ねる　　　➡ _____

③ 来^くる　　　➡ _____

④ する　　　➡ _____

⑤ 暑^{あつ}い　　　➡ _____

⑥ いい　　　➡ _____

⑦ 上手^{じょうず}　　　➡ _____

⑧ 大人^{おとな}　　　➡ _____

---

2) 「たら」의 용법

(1) 「と」「ば」「たら」「なら」 중에서 가장 제약이 적고 많이 사용되는 것이 「たら」이다.

* 말하는 사람의 의지가 담긴 문장이나, 상대방에게 요청하거나 명령하는 내용도 가능.

* 「~たら」는 회화에서 많이 쓰인다.

① 雨^{あめ}が降^ふったら、キャンプは中止^{ちゅうし}です。비가 오면 캠프는 중지됩니다.

② 午後^{ごご}になったら、散歩^{さんぽ}に行^いきましょう。오후가 되면 산책하러 갑시다.

③ ボーナスがたくさん出^でたら、車^{くるま}を買^かってあげます。보너스가 많이 나오면 차를 사 줄게요.

④ 授業^{じゅぎょう}が終^おわったら、コーヒー飲^のみに行^いきませんか。수업이 끝나면 커피 마시러 가지 않겠습니까?

⑤ 明日雨^{あしたあめ}だったら、家^{いえ}にいます。내일 비가 오면 집에 있겠습니다.

⑥ ゲームする時間があったら、本を読みなさい。 게임할 시간이 있으면 책을 읽으세요.

⑦ 山本さんに会ったら、よろしくお伝えください。 야마모토 씨를 만나면 안부 전해 주세요.

(2) ④ 〜たらいいですよ ~하면 좋아요.

　예) 京都へ行ってみたらいいですよ。 교토에 가 보는 게 좋아요.

　④ 〜たらいいですね ~하면 좋겠어요.

　예) 明日雨が降らなかったらいいですね。 내일 비가 내리지 않으면 좋겠어요.

　④ 〜たらどうですか ~하면 어때요?

　예) 少し休んだらどうですか。 조금 쉬면 어때요?

❀ もう一歩 step up

「と」와「〜たら」에는 가정(仮定) 표현 외에 사실적 용법(事実的用法)이라고 불리는 용법도 있다. 이것은 전건(前件)의 행위를 하고 있을 때 후건(後件)의 일이 일어날 경우에 사용한다. 우연이나 생각하지 못한 일이라는 뉘앙스가 있다.

④ 〜ると〜た ~(하)고 있더니 ~(했)다
④ 〜たら〜た ~(하)고 있더니 ~(했)다

① 窓を開けると、海が見えた。 창을 여니 바다가 보였다.
② 窓を開けたら、海が見えた。 창문을 여니 바다가 보였다.
③ 田中さんにメールを送ると、すぐ返事が来た。 다나카 씨에게 메일을 보냈더니 바로 답장이 왔다.
④ 部長は部屋に入ってくると、早速会議を始めた。 부장님은 방에 들어오더니 바로 회의를 시작했다.
⑤ 田中さんと話していたら、すずきさんが来た。 다나카 씨와 이야기하고 있으니 스즈키 씨가 왔다.

👆 ～なら ~(하)면, ~(라)면

1) 접속

*현재형, 과거형 모두 접속할 수 있다.

● 동사 보통형＋**なら**

行くなら

行かないなら

行ったなら

行かなかったなら

● い형용사＋**なら**

暑いなら

暑くないなら

暑かったなら

暑くなかったなら

● な형용사＋**なら**

静かなら

静かでないなら

静かだったなら

静かでなかったなら

● 명사＋**なら**

学生なら

学生でないなら

学生だったなら

学生でなかったなら

Tip な형용사와 명사는 **でなかったなら**와 **ではなかったなら** 둘 다 맞지만, **でなかったなら**를 더 많이 쓴다. 회화에서는 **じゃなかったなら**를 많이 쓴다.

연습문제 ──────────────────────────────── 정답 343쪽

예) **言う→言うなら／言わないなら**

① <ruby>書<rt>か</rt></ruby>く　　　　➡ _____

② <ruby>寝<rt>ね</rt></ruby>る　　　　➡ _____

③ <ruby>来<rt>く</rt></ruby>る　　　　➡ _____

④ する　　　　➡ _____

⑤ <ruby>暑<rt>あつ</rt></ruby>い　　　　➡ _____

⑥ いい　　　　➡ _____

⑦ <ruby>上手<rt>じょうず</rt></ruby>　　　　➡ _____

⑧ <ruby>大人<rt>おとな</rt></ruby>　　　　➡ _____

2)「なら」의 용법

* 「なら」는 확정된 전제조건(상대방의 발언이나 상태, 내가 가정한 내용)을 근거로 하여, 자신의 생각이나 의견, 조언, 판단 등을 말할 경우에만 사용한다.

[확정된 조건] **なら** [앞의 사건에 기초한 귀결]

① A：<ruby>日本<rt>にほん</rt></ruby>へ<ruby>旅行<rt>りょこう</rt></ruby>に<ruby>行<rt>い</rt></ruby>きたいんですが、どこがいいですか。

　　일본으로 여행 가고 싶은데, 어디가 좋을까요?

B：<ruby>日本旅行<rt>にほんりょこう</rt></ruby>なら、<ruby>京都<rt>きょうと</rt></ruby>がいいですよ。 일본 여행이라면 교토가 좋아요.

② A：土曜日か日曜日にみんなで集まろうと思います。 토요일이나 일요일에 다같이 모이려고 합니다.

　　B：土曜日はだめですが、日曜日なら行けると思います。

　　　　토요일은 안 되지만, 일요일이라면 갈 수 있을 겁니다.

③ 市役所へ行くなら、地下鉄が便利です。 시청에 간다면 지하철이 편리합니다.

④ たばこを吸うなら、外に出てください。 담배를 피울 거면, 밖에 나가주세요.

⑤ 暑くないなら、クーラーを消しましょうか。 덥지 않으면 에어컨을 끌까요?

⑥ ひまなら、手伝ってください。 한가하면 도와주세요.

⑦ みんなで飲みに行くなら、電話ください。 다같이 마시러 간다면 전화 주세요.

⑧ 日本料理なら、食べられます。 일본 요리라면 먹을 수 있습니다.

[문장연습 쓰기노트] 정답 343쪽

다음 문장을 「たら」와「なら」 중에서 적당한 것을 선택하여 일본어로 바꾸세요.

① 컴퓨터를 산다면 아키하바라(秋葉原)가 좋아요. **단어** パソコン 컴퓨터

➡ _____

② 서울에 오면 연락주세요. **단어** ソウル 서울

➡ _____

③ 3시가 되면 갑시다.

➡ _____

❀ もう一歩 step up

1)「なら」는 전후관계가 필요 없다.

① 日本に行く(の)なら、かさを持っていった方がいいですよ。

일본에 간다면 우산을 가지고 가는 편이 좋아요.

② 彼が日本に行った(の)なら、戻ってくるまで連絡は来ませんよ。

그가 일본에 갔다면 돌아올 때까지 연락은 오지 않을 거예요.

(회화에서는 「のなら」나 「んなら」, 「んだったら」가 되는 경우도 있다.)

한편, 「と」「ば」「たら」는 전후 관계가 「前件(전건)→後件(후건)」 순이다.

③ 日本に行くと、おすしが食べたくなる。 일본에 가면 초밥이 먹고 싶어진다.

④ 日本に行けば、おいしいおすしが食べられる。 일본에 가면 맛있는 초밥을 먹을 수 있다.

⑤ 日本に行ったら、ちょうどお祭りの期間だった。 일본에 갔더니 딱 축제 시기였다.

2) 「と」「ば」「たら」는 사건과 사건의 의존관계를 나타내나, 「なら」는 어떤 사건을 가정하는 것으로부터 도출되는 화자의 판단을 뒤따르는 문장에 나타낸다.

⑥ 明日雨が降ったら、遠足は中止です。 내일 비가 오면 소풍은 중지됩니다.

⑦ 明日雨なら遠足は中止にしましょう。 내일 비가 오면 소풍은 중지합시다.

핵심문법 3 역접(逆接)

1 ～が

🥤 ～が ~(이)지만

1) 접속

● 보통형/정중형＋が
　行くが/行きますが
　暑いが/暑いですが
　静かだが/静かですが
　学生だが/学生ですが

2) 용법

* 대립이 되는 두 문장을 잇는다. 예상할 수 있는 결과와 반대가 되는 내용이 뒤에 올 수 있다.

* 일반적으로 뒤에 정중형이 오면 정중형＋**が**, 뒤에 보통형이 오면 보통형＋**が**가 된다.

① あのお店のコーヒーはおいしいです**が**、高いです。 저 가게의 커피는 맛있지만 비쌉니다.

② 大阪には行きました**が**、大阪城は観光しませんでした。
　　오사카에는 갔지만 오사카 성은 관광하지 않았습니다.

③ 旅行に行きたい**が**、お金も時間もない。 여행을 가고 싶지만 돈도 시간도 없다.

④ 雨が降っていました**が**、かさをさして観光しました。
　　비가 내리고 있었지만 우산을 쓰고 관광했습니다.

⑤ 旅行にさそわれました**が**、日程が合わなくて行けませんでした。
　　여행 가자는 말을 들었지만 일정이 맞지 않아 가지 못했습니다.

⑥ 説明を聞きました**が**、よく分かりません。 설명을 들었습니다만 잘 모르겠습니다.

⑦ 母は家にいます**が**、父は出かけました。 어머니는 집에 있습니다만, 아버지는 나갔습니다.

Tip 「~**が**」는 회화에서 「**けど**」를 사용하는 경우가 많다.

① 買い物に行く**けど**、何か買ってくるものある？ 쇼핑 갈 건데 뭐 사올 거 있어?

② 明日は家でゆっくり休むつもりだ**けど**。 내일은 집에서 쉴 예정이야

---

2 〜のに

👄 〜のに ~(는)데도

의외, 불만, 비난, 유감 등의 기분을 나타낸다.

1) 접속

● 동사 보통형＋**のに**

行く**のに**

行かないのに

行ったのに

行かなかったのに

● い형용사＋のに

暑いのに

暑くないのに

暑かったのに

暑くなかったのに

● な형용사＋<u>な</u>＋のに

静か<u>な</u>のに

静かでないのに

静かだったのに

静かでなかったのに

● 명사＋<u>な</u>＋のに

学生<u>な</u>のに

学生でないのに

学生だったのに

学生でなかったのに

2) 예문

① せっかく職場まで行ったのに彼女に会えませんでした。

일부러 일하는 곳까지 갔는데 여자 친구를 만날 수 없었습니다.

② 忙しいのによくがんばりましたね。 바쁜데도 잘 하셨네요.

③ 彼はまだ小学生なのに計算が速い。 그는 아직 초등학생인데 계산이 빠르다.

④ パクさんは日本語の勉強を始めたばかりなのに、もう日本人と話している。

박 씨는 일본어 공부를 막 시작했는데 벌써 일본인과 이야기하고 있다.

⑤ まだ8月なのに朝晩すずしくなりましたね。 아직 8월인데 아침저녁으로 선선해졌네요.

⑥ そのお店は人気がありそうなのにいつも空いています。

그 가게는 인기가 있을 것 같은데 언제나 비어 있습니다.

⑦ バスが便利なのに電車で行ったんですか。 버스가 편리한데 전철로 갔어요?

⑧ 来ると分かっていれば待っていたのに。 올 줄 알았으면 기다렸을 텐데.

[문장연습 쓰기노트] 정답 343쪽

① 이 호텔은 깨끗하지만 비쌉니다. 【단어】 ホテル 호텔

➡ _____

② 야마다 씨는 아이도 있는데 젊게 보입니다. 【단어】 若い 젊다

➡ _____

③ 일부러 갔는데 가게가 쉬는 날이었습니다. 【단어】 せっかく 일부러

➡ _____

정리하기

1. 「と」「ば」「たら」「なら」의 구분

1)「たら」를 쓸 수 없는 경우

「と」「ば」「たら」「なら」중에서 제약이 적고 가장 많이 사용되는 것이 「たら」이다. 따라서 「たら」를 사용할 수 없는 경우를 외워두면 좋다.

「たら」를 사용할 수 없는 것은 「なら」의 용법인 확정된 전제조건(상대방의 발언이나 상태, 내가 가정한 내용)에 근거하여 자신의 생각, 조언, 판단 등을 말할 경우인데, 그 중에

<u>서 동사가 전건에 올 때 「たら」를 사용할 수 없다. 이 경우는 「なら」만 쓴다.</u>

① 市役所へ{○行くなら/×行ったら}、地下鉄が便利です。 시청에 간다면 지하철이 편리합니다.
② 大学院に{○進むなら/×進んだら}、この本を読みなさい。

　대학원에 진학한다면 이 책을 읽으세요.

③ たばこを{○吸うなら/×吸ったら}、外に出てください。 담배를 피울 거면, 밖에 나가주세요.
④ みんなで{○飲みに行くなら/×飲みに行ったら}、電話ください。

　다같이 마시러 갈 거라면 전화주세요.

2) 「たら」와 「なら」의 차이

「なら」와 「たら」로 전후 관계가 바뀐다.

① 大学院に進むなら、この本を読みなさい。 대학원에 진학한다면 이 책을 읽으세요.
　　　　　　②　　　⇐　　　①

　:「이 책을 읽고」나서 「대학원에 진학」하는 순서

② 大学院に進んだら、この本を読みなさい。 대학원에 진학하면 이 책을 읽으세요.
　　　　　　①　　　⇒　　　②

　:「대학원에 진학」하고 나서 「이 책을 읽는다」라는 순서

일작

정답 343쪽

다음 한국어 문장을 일본어로 바꾸세요.

1. 박 씨를 만나면 이 봉투를 건네 주세요.

　➡ _____

2. 아이를 데리고 간다면 택시가 편리하겠어요.

　➡ _____

3. 이 버튼을 누르면 주스가 나옵니다.

➡ _____

4. 내일 날씨가 좋으면 참가합니다.

➡ _____

5. 1시간이나 기다렸는데도, 그녀는 오지 않았습니다.

➡ _____

상황극

구니이: 暇(ひま)なら手伝(てつだ)ってよ。
한가하면 도와 줘.

하치노: いや、ちょっと。
아니,좀..

先輩(せんぱい)、ソウルから知(し)り合(あ)いが遊(あそ)びに来(く)るんですけど、どこに遊(あそ)びに行(い)ったらいいですかね。
선배, 서울에서 아는 사람이 놀러 오는데요, 어디로 가면 좋을까요?

구니이: さあ。どこか行(い)きたいとこはないって？
글쎄. 어디 가고 싶은 곳은 없대?

하치노: うーん。あ、温泉(おんせん)に行(い)きたいって言(い)ってました。
온천에 가고 싶다고 해요.

구니이: 温泉(おんせん)かあ。温泉旅行(おんせんりょこう)なら九州(きゅうしゅう)がいいよね。
온천.. 온천 여행이면 큐슈가 좋지요.

하치노: あー、九州(きゅうしゅう)なら温泉地(おんせんち)がいっぱいありますよね。
아, 큐슈라면 온천지가 많이 있지요.

구니이: 車(くるま)があれば、便利(べんり)だよね。
차가 있으면 편리한데.

하치노: 車(くるま)かあ。レンタルしようかな。

차.. 렌탈할까.

구니이: レンタカーなら確(たし)か福岡空港(ふくおかくうこう)の中(なか)にあったよ。

렌탈카라면 아마 후쿠오카 공항 안에 있었어요.

하치노: あ、本当(ほんとう)ですか。

아, 정말요?

구니이: 空港(くうこう)からまっすぐ行(い)くと、看板(かんばん)が見(み)えるから。

공항에서 쭉 가면 간판이 보여.

하치노: へえ。そうなんですね。

그렇군요.

구니이: 分(わ)からなかったら、駅員(えきいん)に聞(き)いたらいいよ。

모르겠으면 역 직원에게 물으면 돼.

하치노: 分(わ)かりました。じゃあ、車(くるま)借(か)りよう。

알겠습니다. 그럼, 차 빌려야겠다.

구니이: で、友達(ともだち)はいつ来(く)るの？

그런데, 친구는 언제 와?

하치노: 来年(らいねん)の春(はる)です。

내년 봄이요.

구니이: は？まだ先(さき)の事(こと)じゃん。忙(いそが)しいのに、まったく。

뭐? 아직 멀었잖아. 바쁜데, 진짜.

일본어 한자 쓰기연습

부수	이름	한자 1	한자 2	한자 3	한자 4
糸	いとへん	紙	約	細	絵
		てがみ 手紙	やくそく 約束	ほそ 細い	え 絵
		てがみ 手紙	やくそく 約束	ほそ 細い	え 絵
		てがみ 手紙	やくそく 約束	ほそ 細い	え 絵

✏️ ひと言

「~ば」는 속담(ことわざ)에 자주 쓰인다.

① 犬も歩けば棒に当たる。(개도 쏘다니면 몽둥이에 맞는다)

　1. 무언가를 하고자 하는 사람은 그만큼 재난을 만날 일도 많다. 2. 무엇인가를 계속해 나간다면 생각지 못한 행운을 만날 수도 있다. 또, 재능이 없는 사람이라도 몇 번이고 반복하는 사이에 잘할 수 있다.

② 急がば回れ。(급할수록 돌아가라)

　위험한 지름길보다는 돌아가더라도 안전하고 확실한 길을 걷는 편이 결국은 목적지에 빨리 도달한다. 돌아가는 것처럼 보여도 안전한 수단을 택하는 것이 득책이다.

③ 魚心あれば水心。(가는 정이 있어야 오는 정이 있다)

　물고기에게 물과 친해지려는 마음이 있으면, 물도 그에 응하는 마음을 가진다는 의미로, 상대가 자신에 대해 호의를 가지면 자신도 상대에게 호의를 가질 마음이 된다는 것.

④ 朱に交われば赤くなる。 (근묵자흑)

사람은 교제하는 동료에 의해 감화되기 마련이다. 사람은 놓인 환경에 의해 선하게
도 악하게도 변한다.

⑤ 所変われば品変わる。 (로마에 가면 로마법을 따르라.)

고장이 바뀌면 그에 따라 풍속·습관·말 따위도 다른 법이다.

⑥ 喉元過ぎれば熱さを忘れる。 (목구멍만 넘어가면 뜨거움을 잊는다.)

뜨거운 것도 넘기고 나면 뜨거웠던 것을 잊어버리고 마는 것에서, 괴로운 일도 그것
이 지나고 나면 간단히 잊어버리고 마는 것을 비유적으로 표현했다. 또, 괴로울 때 받
은 은혜를 편해지고 나면 바로 잊어버리고 마는 것의 비유이다.

⑦ 窮すれば通ず。 (궁하면 통한다.)

막다른 길에서 어쩔 수도 없는 지경이 되면, 묘한 계기로 예상외 타계의 길이 열린다.

제13장

경어표현
－ 존경어 －

● 학습 내용

1. 일본어 경어(敬語)의 종류는 크게 나누어 존경어(尊敬語), 겸양어(謙譲語), 정중
   어(丁寧語)의 3가지가 있다. 여기서는 존경어에 대해서 학습한다.

2. 일본어 존경어 표현
   1) 존경을 나타내는 특별한 동사
   2) お～になります
   3) ～(ら)れます
   4) 의뢰 표현「～てください」의 존경어「お～ください」
   5)「お～です」(～하십니다, ～하고 계십니다)

● 학습 목표

1. 나와 가까운 사람(内/안)과 가깝지 않은 사람(外/밖)의 개념을 이해하고 나와 가
   까운 사람을 주어로 할 때는 경어를 사용하지 않은 것을 이해한다.

2. 존경어를 만드는 3가지 형식을 사용할 수 있다.
   ① 존경을 나타내는 특별한 동사
   ②「お～になる」의 형태
   ③「～れる / られる」의 형태

❀ Point 한국어 경어표현과 다른 일본어 경어표현

1. 한국어의 절대경어와 일본어의 상대경어

한국어와 일본어의 경어 표현이 다르다. 한국어 경어는 절대경어(絶対敬語)로, 주어가 나보다 윗사람이면 경어를 사용하지만, 일본어 경어는 상대경어(相対敬語)로, 주어와 나의 관계 뿐만 아니라 주어가 나와 가까운 사람인지 아닌지(内/外)에 따라 경어를 사용하는지 안하는지에 대해서 결정된다.

2. 일본어 경어의 종류

일본어 경어(敬語)의 종류는 크게 나누어 존경어, 겸양어, 정중어의 3가지가 있다.

1) 존경어 尊敬語
   * 상대방에게 존경의 마음을 표현할 때 사용한다.
   * 존경 받는 사람을 주어로 하여, 그 사람의 행위를 높이는 표현.

   先生が来ました。 선생님이 왔습니다.
   ↓
   先生がいらっしゃいました。 선생님이 오셨습니다. [존경어 尊敬語]

2) 겸양어 謙譲語
   * 상대방에 대한 존경의 마음을 표현하기 위해 자신의 행위를 낮추어 겸손하게 말할 때 사용하는 표현.
   * '겸손어'라고 생각하면 된다.
   * 존경어는 상대방의 행동에 쓰지만, 겸양어는 내가 하는 행위에 사용한다.

   私は昨日来ました。 저는 어제 왔습니다.
   ↓
   私は昨日まいりました。 저는 어제 왔습니다. [겸양어 謙譲語]

3) 정중어 丁寧語
   * 존경의 마음을 담아 말 자체를 아름답게 말함.
   (1) ～でございます・～がございます
   (2) お/ご＋명사/형용사

3. 언제 경어를 사용하는가?

    ① 손윗사람과 이야기할 때

    ② 격식을 차린 장면에서 이야기할 때

    ③ 모르는 사람이나 친하지 않는 사람과 이야기할 때

4. 한국어와 다른 일본어 경어

  1) '親疎関係' 친소관계

    나이가 어리더라도 모르는 사람이나 친하지 않은 사람에 대해 경어를 사용한다.

    예) 山田会長のお孫さんでいらっしゃいますか。 야마다 회장님의 손자분이십니까?

  2) '内と外の関係' 안팎관계

    가깝지 않은 사람(外)과의 대화에서 가까운 사람(内)을 높이는 표현은 사용하지 않는다. 가까운 사람(内)이란 가족이나, 자신이 속하는 집단·회사·조직 등에 소속하는 사람을 말한다.

    예) ×社長様は今いらっしゃいません。 사장은 지금 안 계십니다.

       ○社長は今おりません。 사장은 지금 없습니다. [겸양어]

❀ 생각해 보기

아버지는 8시에 돌아온다고 상대방에게 말할 때 일본어로 뭐라고 하면 될까요?

1. お父さんは、8時ごろお帰りになります。

2. 父は8時ごろ帰ります。

정답 : 2

해설 : 가깝지 않은 사람(外)과의 대화에서 가까운 사람(内)을 높이는 표현은 사용하지 않는다.가까운 사람(内)이란 가족이나, 자신이 속하는 집단·회사·조직 등에 소속하는 사람을 말한다.

오늘의 단어

親疎関係 (しんそかんけい)	친소관계
内と外の関係 (うちとそとのかんけい)	안팎관계
会員証 (かいいんしょう)	회원증
謝恩会 (しゃおんかい)	사은회
雑誌 (ざっし)	잡지
来場 (らいじょう)	내장(그 장소에 옴)
正装 (せいそう)	정장
すいせん書 (しょ)	추천서
席 (せき)	자리, 좌석
利用する (りよう)	이용하다

학습하기

핵심문법 1 존경을 나타내는 특별한 동사

1 일본어 존경어의 특징

1) 상대방에게 존경의 마음을 나타낼 때 사용하는 표현.

2) 존경어는 존경 받는 사람을 주어로 하여, 그 사람의 행동에만 써야 한다.

3) 존경어의 형식에는 다음 3가지가 있다.

　① 존경을 나타내는 특별한 동사

　②「お~になる」의 형태

　③「~れる / られる」의 형태

* '존경을 나타내는 특별한 동사'(①)에 없는 단어들은 ②,③ 형태로 만들어서 존경어를 만들어 주면 된다.
* '존경을 나타내는 특별한 동사'(①)가 제일 존경의 의미가 크고, 그 다음 ②번이고, 마지막 ③번이다.

　예) '**食べる**'의 존경어는 다음 3가지.

　　　① **めしあがる** 드시다

　　　② **お食べになる** 드시다

　　　③ **食べられる** 드시다

2　존경을 나타내는 특별한 동사

1) 🖐️④ 존경을 나타내는 특별한 동사

사전형	존경어	
	보통형	정중형
行く 가다	いらっしゃる 가시다	いらっしゃいます 가십니다
来る 오다	お見えになる おこしになる いらっしゃる おいでになる 오시다	お見えになります おこしになります いらっしゃいます おいでになります 오십니다
いる 있다	いらっしゃる 계시다	いらっしゃいます 계십니다

～ている ～하고 있다 ～ていく ～하고 가다 ～てくる ～하고 오다	～ていらっしゃる ～하고 계시다 ～하고 가시다 ～하고 오시다	～ていらっしゃいます ～하고 계십니다 ～하고 가십니다 ～하고 오십니다
食べる・飲む 먹다・마시다	めしあがる 드시다, 잡수시다	めしあがります 드십니다, 잡수십니다
寝る 자다	お休みになる 주무시다	お休みになります 주무십니다
死ぬ 죽다	お亡くなりになる 돌아가시다	お亡くなりになります 돌아가십니다
言う 말하다	おっしゃる 말씀하시다	おっしゃいます 말씀하십니다
見る 보다	ご覧になる 보시다	ご覧になります 보십니다
着る 입다	お召しになる 입으시다	お召しになります 입으십니다
する 하다	なさる 하시다	なさいます 하십니다
知っている 알고 있다	ご存じだ 알고 계시다	ご存じです 알고 계십니다

2) 예외적인 ます형

いらっしゃる, おっしゃる, くださる, ござる, なさる의 ます형은 어미 る가 り로 바뀌지 않고, い로 바뀌어 다음과 같이 된다.

* いらっしゃる : いらっしゃり + ます→いらっしゃいます 가시다・오시다・계시다

* おっしゃる : おっしゃり + ます→おっしゃいます 말씀하시다

* なさる : なさり + ます→なさいます 하시다

* くださる : くださり + ます→くださいます 주시다

3) 예문

① 会長、どちらへいらっしゃいますか。 회장님, 어디에 가십니까?

② 会長がいらっしゃいました。 회장님께서 오셨습니다.

会長_{かいちょう}がおいでになりました。

③ 会長_{かいちょう}はどちらにいらっしゃいますか。 회장님께서는 어디에 계십니까?

④ 会長_{かいちょう}はどちらに住_すんでいらっしゃいますか。 회장님께서는 어디에 살고 계십니까?

⑤ 会長_{かいちょう}は何_{なに}をめしあがりますか。 회장님께서는 무엇을 드시겠습니까?

⑥ 会長_{かいちょう}はもうお休_{やす}みになりました。 회장님께서는 벌써 주무십니다.

⑦ 今朝_{けさ}、会長_{かいちょう}がお亡_なくなりになりました。 오늘 아침 회장님께서 돌아가셨습니다.

⑧ 会長_{かいちょう}は何_{なん}とおっしゃいましたか。 회장님께서는 뭐라고 말씀하셨습니까?

⑨ 会長_{かいちょう}はゆうべテレビをご覧_{らん}になりましたか。 회장님께서는 어젯밤 텔레비전을 보셨습니까?

⑩ 一度_{いちど}おめしになりますか。 한번 입어보시겠습니까?

⑪ 会長_{かいちょう}はこれから何_{なに}をなさいますか。 회장님께서는 이제부터 무엇을 하실 겁니까?

⑫ 会長_{かいちょう}はパクさんをご存知_{ぞんじ}ですか。 회장님께서는 박 씨를 알고 계십니까?

연습문제 ──────────────────────────────── 정답 343쪽

다음 문장을 존경어로 바꾸세요.

예) 先生_{せんせい}は行_いきますか。 선생님은 갑니까?

➡ 先生_{せんせい}はいらっしゃいますか。 선생님께서는 가십니까?

① 会長_{かいちょう}が来_きました。 회장님이 왔습니다.

➡ _____

② 会長_{かいちょう}はどこにいますか。 회장님은 어디에 있습니까?

➡ _____

③ 会長_{かいちょう}はどこに住_すんでいますか。 회장님은 어디에 살고 있습니까?

➡ _____

④ 会長_{かいちょう}は何_{なに}を食_たべますか。 회장님은 무엇을 먹겠습니까?

➡ _____

⑤ 会長はもう寝ました。 회장님은 벌써 잠들었습니다.

　➡ _____

⑥ 会長が死にました。 회장님이 죽었습니다.

　➡ _____

⑦ 会長は何と言いましたか。 회장님은 뭐라고 말했습니까?

　➡ _____

⑧ 会長は今朝のニュースを見ましたか。 선생님은 오늘 아침 뉴스를 봤습니까?

　➡ _____

⑨ 一度着てみますか。 한 번 입어보겠습니까?

　➡ _____

⑩ 会長はこれから何をしますか。 회장님은 이제부터 무엇을 합니까?

　➡ _____

⑪ 会長はやまださんを知っていますか。 회장님은 야마다 씨를 알고 있습니까?

　➡ _____

핵심문법 2 お / ご〜になります

🙂 お/ご〜になります

1) 만드는 법

「**お/ご~になる**」형식으로 존경어를 만들 수 있다.

- [1, 2그룹 동사] お＋동사 ます형＋になります

  書く → 書きます → お書きになります 쓰십니다

  呼ぶ → 呼びます → お呼びになります 부르십니다

  帰る → 帰ります → お帰りになります 귀가하십니다

  入る → 入ります → お入りになります 들어가십니다

- [する동사] ご ＋ する동사의 명사부분 ＋ になります

  出発する → ご出発になります 출발하십니다

  入学する → ご入学になります 입학하십니다

  進学する → ご進学になります 진학하십니다

  研究する → ご研究になります 연구하십니다

* 来る → お見えになる、おこしになる、いらっしゃる, おいでになる　오시다

2) 예문

① 会員証はお持ちになりましたか。 회원증은 지참하셨습니까?

② 先生、謝恩会の件はもうお聞きになりましたか。 선생님, 사은회 건은 이미 들으셨습니까?

③ 会長は式典で感謝状をお受けになりました。 회장님께서는 식전 행사에서 감사증을 받게 되셨습니다.

④ 先生がこの車にお乗りになります。 선생님께서 이 차에 타십니다.

⑤ 日本からいつお帰りになりましたか。 일본에서 언제 돌아오셨습니까?

⑥ よろしかったら、これをお使いになりますか。 괜찮으시다면, 이것을 사용하시겠습니까?

⑦ 社長にお会いになりましたか。 사장님을 만나셨습니까?

⑧ これは先生がお書きになった本です。 이것은 선생님께서 쓰신 책입니다.

⑨ いつご出発になりますか。 언제 출발하시겠습니까?

다음을 **お/ご~になります**로 바꾸세요.

예) **出かける** 외출하다 ➡ **お出かけになります**

① **読む** 읽다   ➡ _____

② **待つ** 기다리다   ➡ _____

③ **送る** 보내다   ➡ _____

④ **泊まる** 묵다   ➡ _____

⑤ **使う** 사용하다   ➡ _____

⑥ **生まれる** 태어나다   ➡ _____

⑦ **借りる** 빌리다   ➡ _____

⑧ **心配する** 걱정하다   ➡ _____

⑨ **卒業する** 졸업하다   ➡ _____

핵심문법 3 ~(ら)れます

🗨 ~(ら)れます

1) 만드는 법

「~(ら)**れる**」형식으로 존경어를 만들 수 있다.

「~(ら)**れる**」는 <u>수동태</u>와 같은 활용을 한다. (수동태 활용은 제5장 참조)

다음 ①은 「읽다」의 수동형이며, ②는 존경어이다.

① **この雑誌は広く読まれている。** (수동형)이 잡지는 널리 읽히고 있다.

② **先生はこの雑誌をよく読まれます。** (존경어)선생님께서는 이 잡지를 자주 읽으십니다.

1그룹 동사는 어미를 **あ**단으로 바꾸고, **れる**를 붙인다.

2그룹 동사는 어미**る**를 떼고, **られる**를 붙인다.

3그룹은 **する→される、来(く)る→来(こ)られる**

동사	사전형	~(ら)れる
1그룹	**書く**쓰다	**書かれる**쓰시다
	読む읽다	**読まれる**읽으시다
2그룹	**起きる**일어나다	**起きられる**일어나시다
	受ける받다	**受けられる**받으시다
3그룹	**来る**오다	**来られる**오시다
	する하다	**される**하시다

2) 예문

① **たばこは吸われますか。** 담배는 피우십니까?

② **部長はもう出発されましたか。** 부장님께서는 벌써 출발하셨습니까?

③ **昨日田中さんに会われましたか。** 어제 다나카 씨를 만나셨습니까?

④ **ソウルには一人で行かれますか。** 서울에는 혼자서 가십니까?

⑤ **何時に起きられましたか。** 몇 시에 일어나셨습니까?

⑥ **お酒は飲まれますか。** 술은 드시겠습니까?

⑦ **今朝のニュースは見られましたか。** 오늘 아침 뉴스는 보셨습니까?

Tip 「**~(ら)れる**」보다 앞에서 배운 '존경을 나타내는 특별 동사'와 「**お~になる**」쪽이 존경의 의미가 더 크다.

　예) **お酒はめしあがりますか。** 술은 드시겠습니까?

　　お酒はお飲みになりますか。

　　お酒は飲まれますか。

다음을 「~(ら)れます」로 바꾸세요.

예) 出かける 외출하다 ➡ 出かけられます

① 読む 읽다   ➡ _____

② 待つ 기다리다   ➡ _____

③ 送る 보내다   ➡ _____

④ 泊まる 묵다   ➡ _____

⑤ 使う 사용하다   ➡ _____

⑥ 止める 세우다   ➡ _____

⑦ 借りる 빌리다   ➡ _____

⑧ 心配する 걱정하다   ➡ _____

⑨ 卒業する 졸업하다   ➡ _____

핵심문법 4 의뢰표현

④ お/ご~ください ~해 주십시오. ~하십시오.

1) 만드는 법

「お/ご~ください」는 초급에서 배운 의뢰 표현 「~てください~해 주세요.」의 존경어이다.
이 표현은 공적인 장소에서, 특히 서비스 업종에서 일하는 사람이나, 예의를 갖춰야 할
상황에서 상대에게 의뢰를 하고 싶을 때 사용한다.

● お + 동사 ます형 + ください

    書く → 書きます → お書きください

呼ぶ → 呼びます → お呼びください

入る → 入ります → お入りください

● [する動사] ご ＋ する동사의 명사부분 ＋ ください

説明する　→　ご説明ください

利用する　→　ご利用ください

確認する　→　ご確認ください

2) 예문

① もう少しお待ちください。 조금 더 기다려주십시오.

② 会員証をお持ちください。 회원증을 지참해 주십시오.

③ ご自由にお取りください。 마음대로 가져 가세요.

④ どうぞご利用ください。　 많이 이용해 주세요.

⑤ 15分前までにご来場ください。 15분전까지 오십시오.

3) 존경을 나타내는 특별한 동사의 의뢰 표현

行く 가다	いらっしゃる 가시다	いらしてください 가 주십시오.
来る 오다	お見えになる おこしになる いらっしゃる おいでになる 오시다	おこしになってください、 おこしください、 いらしてください、 おいでください 오십시오.
いる 있다	いらっしゃる 계시다	いらしてください いらっしゃってください 계십시오.
食べる・飲む 먹다・마시다	めしあがる 드시다, 잡수시다	おめしあがりください めしあがってください お食べください/お飲みください 드십시오.

寝る 자다	お休みになる 주무시다	お休みになってください お休みください 주무십시오.
言う 말하다	おっしゃる 말씀하시다	おっしゃってください 말씀하십시오.
見る 보다	ご覧になる 보시다	ご覧になってください ご覧ください 보십시오.
着る 입다	お召しになる 입으시다	お召しになってください お召しください 입으십시오.

① 社長がお呼びですので、社長室へいらしてください。 사장님께서 부르시니 사장실로 가 주십시오.

② 本日3時におこしになってください。 오늘 3시에 와 주십시오.

③ ありがとうございました。また、おこしくださいませ。 감사합니다. 또 와 주십시오.

④ ぜひ、一度遊びにいらしてください。 꼭 한번 놀러 와 주십시오.

⑤ 入学式は正装でおいでください。 입학식은 정장으로 오십시오.

⑥ そのままお席にいらしてください。 그대로 자리에 계십시오.

　（＝そのままお席にいらっしゃってください。）

⑦ お早めにおめしあがりください。 빨리 드십시오.

⑧ 事務所のみなさんでめしあがってください。 사무소 사람들과 같이 드십시오.

⑨ ご自由にお食べください。 마음대로 드십시오.

⑩ 準備をしておきますので、いつでもおっしゃってください。

　준비를 해 놓을 테니 언제든지 말씀해 주십시오.

⑪ 館内をご自由にご覧ください。 관내를 마음대로 보십시오.

　（＝ 館内をご自由にご覧になってください。）

⑫ ガウンをお召しになってください。 가운을 입으십시오.

다음을 「お/ご~ください」로 바꾸세요.

예) 取る 집다 ➡ お取りください

① 読む 읽다 ➡ _____

② 待つ 기다리다 ➡ _____

③ 送る 보내다 ➡ _____

④ 泊まる 묵다 ➡ _____

⑤ 使う 사용하다 ➡ _____

⑥ 集まる 모이다 ➡ _____

⑦ 座る 앉다 ➡ _____

⑧ 出席する 출석하다 ➡ _____

⑨ えんりょする 사양하다 ➡ _____

핵심문법 5 お~です

1 お~です

🕊 お~です ~하십니다.~하고 계십니다.

「~ていらっしゃいます」의 간결한 표현.

1) 만드는 법

● お + 동사 ます형 + です

書く → 書きます → お書きです 쓰십니다. 쓰고 계십니다.

飲む → 飲みます → お飲みです 드십니다. 드시고 계십니다.

待つ → 待ちます → お待ちです 기다리십니다. 기다리고 계십니다.

2) 예문

① 田中さんがお呼びです。(＝呼んでいらっしゃいます。) 다나카 씨가 부르십니다.

② 袋はお持ちですか。(＝持っていらっしゃいますか。) 봉지는 가지고 계십니까?

③ あちらで鈴木様がお待ちです。(＝待っていらっしゃいます。)

　거기서 스즈키 님께서 기다리고 계십니다.

2 お～ですか

④ **お～ですか** ~하십니까? ~하고 계십니까?

「～ますか。~합니까?」, 「～ていますか。~하고 있습니까?」는 「お～ですか」를 사용하면 간단히 "~하십니까?/~하시겠습니까?" 또는 "~하고 계십니까?" 라는 존경 표현을 만들 수 있다.

1) 만드는 법

● お＋동사 ます형＋ですか

書く → 書きます → お書きですか 쓰십니까? 쓰시겠습니까?

飲む → 飲みます → お飲みですか 드십니까? 드시겠습니까?

入る → 入ります → お入りですか 들어오십니까? 들어오시겠습니까?

2) 예문

① パスポートはお持ちですか。 여권은 가지고 계십니까?

② どちらへお出かけですか。 어디로 외출하십니까?

③ 今お帰りですか。 지금 귀가하시는 겁니까?

④ どんな品物をお探しですか。 어떤 물건을 찾으십니까?

⑤ どなたをお待ちですか。 어느 분을 기다리고 계십니까?

정리하기

1. 일본어 존경어의 특징

1) 존경어는 존경 받는 사람을 주어로 하여, 그 사람의 행동에만 써야 한다.
2) 존경어의 형식에는 다음 3가지가 있다.
    ① 존경을 나타내는 특별한 동사
    ②「お/ご~になる」의 형태
    ③「~れる / られる」의 형태
3) 의뢰표현「お/ご~ください」
4)「お~です」(~하십니다, ~하고 계십니다)

2. '内と外の関係' 안팎관계

가깝지 않은 사람(外)과의 대화에서 가까운 사람(内)을 높이는 표현은 사용하지 않는다.

3. 나를 위해 해달라고 의뢰를 할 때는 「お/ご~ください」를 사용하지 않는다.

「お/ご~ください」는 정중하게 상대방을 재촉하거나 유도할 때 쓰는 표현이다.

예) 추천서를 써 주십시오.

    × すいせん書をお書きください。
    ○ すいせん書を書いていただけないでしょうか。
    ○ すいせん書を書いていただきたいのですが。

나를 위해 추천서를 쓰도록 재촉하거나 유도하는 것은 실례가 되는 것이다. 의뢰를 하고 싶을 때는 「~ていただけないでしょうか。」「~ていただきたいのですが。」를 사용한다.

일작

정답 344쪽

다음 한국어 문장을 일본어로 바꾸세요.

1. 야마다 선생님은 귀가하셨습니다.

   ➡ _____

2. 야마다 선생님은 언제나 이 자리에 앉으십니다.

   ➡ _____

3. 어느 역에서 내리십니까?

   ➡ _____

4. 스즈키 님은 계십니까?

   ➡ _____

5. 다음 전철을 이용해 주십시오.

   ➡ _____

상황극

하치노:　　**先輩(せんぱい)、お昼(ひる)食(た)べましたか？**

선배, 점심 먹었어요?

구니이:　　**八野(はちの)さんも僕(ぼく)が先輩(せんぱい)なんだから、尊敬語(そんけいご)使(つか)わないと。**

하치노 씨도 내가 선배인데 존경어 써야지.

하치노:　　**え？**

에?

구니이: 「先輩(せんぱい)、お昼(ひる)召(め)し上(あ)がりましたか？」でしょう。
선배님, 점심 드셨습니까? 잖아.

하치노: そうですね。じゃあ、私(わたし)が言(い)った言葉(ことば)を＜尊敬語(そんけいご)＞にしてくださいね。
그렇네요. 그럼 제가 한 말을 존경어로 바꿔 주세요.

구니이: いいですよ。
좋아요.

하치노: じゃあ、行(い)きますよ。
그럼 할게요.

先生(せんせい)、来(き)ますか。
선생님 옵니까?

구니이: 先生(せんせい)、お見(み)えになりますか。
선생님, 오십니까?

하치노: 先生(せんせい)、いますか。
선생님 있습니까?

구니이: 先生(せんせい)、いらっしゃいますか。
선생님 계십니까?

하치노: 先生(せんせい)、飲(の)みますか。
선생님 마십니까?

구니이: 先生(せんせい)、召(め)し上(あ)がりますか。
선생님 드십니까?

하치노: 早(はや)いですね。
빠르네요.

구니이: 当(あ)たり前(まえ)です。
당연합니다.

하치노: 先生(せんせい)、寝(ね)ますか。
선생님, 잡니까?

구니이: 先生(せんせい)、お休(やす)みになりますか。
선생님, 주무십니까?

하치노: 先生(せんせい)、死(し)にますか。
선생님, 죽습니까?

구니이: 先生(せんせい)、お亡(な)くなりになりますか。

선생님, 돌아가십니까?

하치노: 先生(せんせい)、言(い)いますか。

선생님 말합니까?

구니이: 先生(せんせい)、おっしゃいますか。

선생님 말씀하십니까?

하치노: 先生(せんせい)、見(み)ますか。

선생님 봅니까?

구니이: 先生(せんせい)、ご覧(らん)になりますか。

선생님 보십니까?

하치노: 先生(せんせい)、着(き)ますか。

선생님 입습니까?

구니이: 先生(せんせい)、お召(め)しになりますか。

선생님 입으십니까?

하치노: 先生(せんせい)、しますか。

선생님 합니까?

구니이: 先生(せんせい)、なさいますか。

선생님 하십니까?

하치노: 先生(せんせい)、知(し)っていますか。

선생님 알고 있습니까?

구니이: 先生(せんせい)、ご存知(ぞんじ)ですか。

선생님 알고 계십니까?

하치노: さすがですね。

역시 대단하네요.

구니이: もう終(お)わりですか。

벌써 끝난거에요?

하치노: じゃあ、せっかくだから＜謙譲語(けんじょうご)＞もやりましょう。

그럼 모처럼 하는 것 겸양어도 합시다.

구니이: あー、いいですよ。

좋아요.

하치노:	じゃあ、行(い)きますよ。
	그럼 갑니다.
구니이:	はい、はい。
	네, 네.
하치노:	私(わたし)が行(い)きます。
	내가 갑니다.
구니이:	私(わたし)が参(まい)ります。
	제가 갑니다.
하치노:	私(わたし)が来(き)ます。
	내가 옵니다.
구니이:	どこに？
	어디에?
하치노:	だから謙譲語(けんじょうご)に。
	그러니까 겸양어로. (해 주세요)
구니이:	私(わたし)が参(まい)ります。
	제가 옵니다.
하치노:	私(わたし)がいます。
	내가 있습니다.
구니이:	私(わたし)がおります。
	제가 있습니다.
하치노:	私(わたし)が聞(き)きます。
	내가 물어봅니다.
구니이:	私(わたし)が伺(うかが)います。
	제가 물어봅니다.
하치노:	私(わたし)が食(た)べます。
	내가 먹습니다.
구니이:	私(わたし)がいただきます。
	제가 먹습니다.
하치노:	私(わたし)が言(い)います。
	내가 말합니다.

구니이: 私(わたし)が申(もう)し上(あ)げます。

제가 말씀 드립니다.

하치노: 私(わたし)が見(み)ます。

내가 봅니다.

구니이: 私(わたし)が拝見(はいけん)します。

제가 봅니다.

하치노: 私(わたし)が会(あ)います。

내가 만납니다.

구니이: 私(わたし)がお目(め)にかかります。

제가 만나뵙니다.

하치노: 私(わたし)がします。

내가 합니다.

구니이: 私(わたし)がいたします。

제가 해드립니다.

하치노: 私(わたし)があげます。

내가 줍니다.

구니이: 私(わたし)が差(さ)し上(あ)げます。

제가 드립니다.

하치노: 私(わたし)がもらいます。

내가 받습니다.

구니이: 私(わたし)がいただきます。

제가 받습니다.

하치노: すばらしかったですね。

훌륭했네요.

구니이: すばらしかったですね。

훌륭했어요.

하치노: みなさんもやってみてください。

여러분도 해 보세요.

경어표현
— 겸양어, 정중어 —

● 학습 내용

1. 겸양어(謙譲語)
2. 정중어(丁寧語)

● 학습 목표

1. 겸양어(謙譲語)를 이해하고, 존경어(尊敬語)와 겸양어(謙譲語)를 올바르게 구사할 수 있다.

2. 겸양어를 만드는 3가지 형식을 사용할 수 있다.

  ① 겸양을 나타내는 특별한 동사

  ② お~します

  ③ お~いたします

3. 정중 표현을 사용할 수 있다.

  ① ~でございます・~がございます

  ② お/ご + 명사/형용사

1. 겸양어 謙譲語^{けんじょう ご} 란

상대방에 대한 존경의 마음을 표현하기 위해 <u>자신의 행위를 낮추어</u> 겸손하게 말할 때 사용하는 표현. '겸손어'라고 생각하면 된다.

2. 정중어 丁寧語^{ていねい ご} 란

상대방에 대한 존경의 마음을 표현하기 위해 말 자체를 아름답게 말하는 표현.

3. 존경어와 겸양어의 차이

   1) 존경어는 상대방의 행동에 쓰지만, 겸양어는 내가 하는 행위에 사용한다.

   예) 私^{わたし}は昨日^{き のう}来^きました。　저는 어제 왔습니다.

   ↓

   私^{わたし}は昨日^{きのう}まいりました。[겸양어]

   2) 겸양어는 자신의 행위 말고도 나와 가까운 사람을 낮추어 겸손하게 말할 때도 사용한다.

   예) 父^{ちち}は出^でかけております。 아버지는 외출했습니다. [겸양어]

4. 한국어와 다른 일본어

   겸양어는 한국어로 번역하기 어렵다. 한국어 해석에서 어떤 차이를 찾으려고 하지 말고, 일본어의 용법으로 그 차이를 찾기 바란다. 한국어로는 같은 해석이지만 일본인들 귀에는 다른 어감으로 들린다는 점을 이해하게 되면 여러분도 얼마든지 정중하고 겸손한 일본어를 구사할 수 있다.

❀ 생각해 보기

① 다음 대화에서 한국어를 일본어로 바꿔서 대화문을 완성하세요.

   A : 明日^{あした}の会議^{かいぎ}の詳細^{しょうさい}を教^{おし}えてくれる？
   B : はい。すぐに(메일을 보내 드리겠습니다)。

② 윗사람이 우산을 들고 있는 것을 보고 '우산을 들어드리겠습니다'라고 하고 싶습니다. 일본어로 뭐라고 하면 될까요?

정답 : ① メールをお送りします。

メールをお送りいたします。

② かさをお持ちします。

かさをお持ちいたします。

해설 : ① ×メールを送って差し上げます。 ② ×かさを持って差し上げます。와 같이

「て差し上げます」를 윗사람에게 하게 되면 생색내는 뉘앙스가 있다.

일본어는 내가 상대방에게 무언가를 해준다는 우위의 입장에선 경어표현을 사용할 수 없다. 한국어의 「~드리다」에는 생색내는 뉘앙스가 없지만, 일본어는 상대방에게 은혜(혜택)을 주는 것을 말로 표현하는 것은 적절하지 않다.

오늘의 단어

先日（せんじつ）	일전, 요전(날)
係員（かかりいん）	담당자
座席（ざせき）	자리, 좌석
国産（こくさん）	국산
ソファー	소파
Mサイズ	M사이즈
こども用（よう）	아동용
デザート	디저트
アイスコーヒー	아이스커피

학습하기

핵심문법 1 겸양어

1 겸양어(謙讓語)란

1) 상대방에 대한 존경의 마음을 표현하기 위해 자신의 행위를 낮추어 겸손하게 말할 때 사용한다.

2) 겸양어의 형식에는 다음 3가지가 있다.
   ① 겸양을 나타내는 특별 동사
   ②「お~します」의 형태
   ③「お~いたします」의 형태

3) 존경어는 상대방의 행동에 쓰지만, 겸양어는 내가 하는 행위에 사용한다.

2 겸양을 나타내는 특별한 동사

④ 겸양을 나타내는 특별한 동사

사전형	겸양어
行く 가다	まいる 가다(찾아 뵙다)
来る 오다	まいる 오다
いる 있다	おる 있다
~ている ~하고 있다	~ておる ~하고 있다
~ていく ~하고 가다 ~てくる ~하고 오다	~てまいる ~하고 가다/~하고 오다
聞く 묻다	うかがう 여쭙다

食べる 먹다 飲む 마시다	いただく 먹다・마시다
言う 말하다	申し上げる 말씀 드리다
見る 보다	拝見する 보다
会う 만나다	お目にかかる 만나뵙다
する 하다	いたす 하다
あげる 주다	さしあげる 드리다
もらう 받다	いただく 받다

① 明日の1時にまいります。 내일 1시에 가겠습니다.

② 昨日まいりました。 어제 왔습니다.

③ 日中は事務室におります。 낮에는 사무실에 있습니다.

④ ソウルに住んでおります。 서울에 살고 있습니다.

⑤ おみやげを持ってまいりました。 선물을 가지고 왔습니다.

⑥ その話はうかがいました。 그 이야기는 들었습니다.

⑦ 私はおすしをいただきます。 저는 초밥을 먹겠습니다.

⑧ 先日申し上げた通りです。 일전에 말씀드린 대로입니다.

⑨ 先生の書かれた本を拝見しました。 선생님께서 쓰신 책을 보았습니다.

⑩ 明日またお目にかかります。 내일 또 뵙겠습니다.

⑪ お先にしつれいいたします。 먼저 실례하겠습니다.

⑫ 記念品をさしあげます。 기념품을 드리겠습니다.

⑬ 先生に本をいただきました。 선생님께 책을 받았습니다.

3 申し上げる

'言う'의 겸양어는 '申し上げる'이지만, 자기소개를 할 때는 '○○○と言います。'의 겸양어로 '○○○と申し上げます。'라고 하지 않는다. 자기소개를 할 때는 '申す'를 사용.

예) ○ 私は、田中と申します。

　　× 私は、田中と申し上げます。

④　うかがっております。(들었습니다.)

「うかがっております」는「聞いています」의 겸양어이다.

예) その件については、うかがっております。 그 건에 대해서는 들었습니다. [겸양어]

　　(その件については、聞いています。 그 건에 대해서는 들었습니다.)

		겸양어
聞く	→	うかがう
聞いて	→	うかがって
～ています	→	～ております

연습문제 ──────────────────────── 정답 344쪽

다음 문장을 겸양어로 바꾸세요.

예) 1時に行きます。 1시에 가겠습니다.

　⇒ 1時にまいります。

① 昨日来ました。 어제 왔습니다.

　⇒ _____

② 家にいます。 집에 있습니다.

　⇒ _____

③ ソウルに住んでいます。 서울에 살고 있습니다.

　⇒ _____

④ おみやげを持ってきました。 기념 선물을 가지고 왔습니다.

　➡ _____

⑤ その話は聞きました。 그 이야기는 들었습니다.

　➡ _____

⑥ わたしはおすしを食べます。 나는 초밥을 먹겠습니다.

　➡ _____

⑦ 先生に言いました。 선생님에게 말했습니다.

　➡ _____

⑧ 写真を見ました。 사진을 보았습니다.

　➡ _____

⑨ 明日また会います。 내일 다시 만납니다.

　➡ _____

⑩ テニスをします。 테니스를 칩니다.

　➡ _____

⑪ 記念品をあげます。 기념품을 줍니다.

　➡ _____

⑫ 先生に本をもらいました。 선생님에게 책을 받았습니다.

　➡ _____

④ お/ご～します ~하겠습니다. ~해 드리겠습니다.
④ お/ご～いたします ~하겠습니다. ~해 드리겠습니다.

1) 만드는 법

「お/ご~します」 형식으로 겸양어를 만들 수 있다. 「する」의 겸양어 「いたす」를 사용해서 「お/ご~いたします」라고 하면 좀 더 겸손한 표현이 된다.

- お＋동사ます형＋します/いたします

  書く → 書きます → お書きします/お書きいたします 적어드리겠습니다

  呼ぶ → 呼びます → お呼びします/お呼びいたします 불러드리겠습니다

  待つ → 待ちます → お待ちします/お待ちいたします 기다리겠습니다

- [する동사] ご＋ する동사의 명사부분 ＋します/いたします

  説明する → ご説明します/ご説明いたします 설명해 드리겠습니다

  案内する → ご案内します/ご案内いたします 안내해 드리겠습니다

  確認する → ご確認します/ご確認いたします 확인해 드리겠습니다

2) 「~ています」의 겸양표현 「~ております」

예) お待ちしております。 기다리고 있겠습니다.

3) 예문

① お荷物をお持ちします。 짐을 들어드리겠습니다.
② この本、お借りしてもいいですか。 이 책 빌려도 될까요?
③ すぐにメールをお送りします。 바로 메일을 보내 드리겠습니다.
④ 明日ご連絡します。 내일 연락 드리겠습니다.

⑤ 係員がご案内します。 담당자가 안내해 드리겠습니다.

⑥ 来週までにお届けいたします。 다음 주까지 전해 드리겠습니다.

⑦ 以前、お会いしたことがあります。 이전에 뵌 적이 있습니다.

⑧ 後でお知らします。 나중에 알려 드리겠습니다.

연습문제 ──────────────────────────────── 정답 345쪽

겸양어로 바꾸세요.

예) とる (사진을) 찍다 ➡ おとりします/おとりいたします 찍어 드립니다

① 読む 읽다　　　　　　　➡ _____

② 待つ 기다리다　　　　　➡ _____

③ 送る 보내다　　　　　　➡ _____

④ 持つ 들다　　　　　　　➡ _____

⑤ 開ける 열다　　　　　　➡ _____

⑥ 借す 빌려주다　　　　　➡ _____

⑦ 借りる 빌리다　　　　　➡ _____

⑧ 相談する 상담하다　　　➡ _____

⑨ 連絡する 연락하다　　　➡ _____

[문장연습 쓰기노트]　　　　　　　　　　　　　　　　　　　　정답 345쪽

「お/ご～します」로 바꾸세요.

① 차로 데려다 드리겠습니다.

　➡ _____

② 어제 스즈키 선생님을 만나 뵈었습니다.

➡ _____

③ 나중에 보여드리겠습니다.　　　　　　　　　　　 단어 あとで 나중에

➡ _____

④ 서울을 안내해 드리겠습니다.

➡ _____

핵심문법 3 　정중어 ていねい語

1　～でございます・～がございます

1) 「**です**」와 「**ある**」의 정중어「**ござる**」를 이용한 정중 표현.

　～です。 → ～<u>で</u>ございます。

　～があります。 → ～<u>が</u>ございます。

2) 상점이나 역, 레스토랑 등 고객을 상대로 하는 장소나 서비스업에서 자주 사용하는 표현.

　① お座席はこちらでございます。 좌석은 이쪽입니다.

　② こちらがランチセットでございます。 이쪽이 런치 세트입니다.

　③ お飲み物はコーヒーと紅茶がございます。 음료는 커피와 홍차가 있습니다.

3) 만드는 법

④ ～ございます

● 명사＋で＋ございます(「**です**」의 정중어)

　① これです。 → これでございます。 이것입니다.

② 国産<ruby>国<rt>こく</rt></ruby><ruby>産<rt>さん</rt></ruby>です。 → 国産でございます。 국산입니다.

③ <ruby>輸<rt>ゆ</rt></ruby><ruby>入<rt>にゅう</rt></ruby><ruby>品<rt>ひん</rt></ruby>ではありません。 → 輸入品ではございません。 수입품이 아닙니다.

● 명사＋が/は＋ございます　(「ある」의 정중어)

① <ruby>資<rt>し</rt></ruby><ruby>料<rt>りょう</rt></ruby>があります。 → 資料がございます。 자료가 있습니다.

② お<ruby>部<rt>へ</rt></ruby><ruby>屋<rt>や</rt></ruby>にテレビがあります。 → お部屋にテレビがございます。 방에 텔레비전이 있습니다.

③ ソファーはありません。 →ソファーはございません。 소파는 없습니다.

연습문제 ──────────────────────────── 정답 345쪽

정중어로 바꾸세요.

예) 5<ruby>階<rt>かい</rt></ruby>です。

　　➡ 5階でございます。 5층입니다.

① お<ruby>茶<rt>ちゃ</rt></ruby>です。 차입니다.

　　➡ _____

② Mサイズがあります。 M사이즈가 있습니다.

　　➡ _____

③ こども<ruby>用<rt>よう</rt></ruby>はありません。 아동용은 없습니다.

　　➡ _____

② お/ご＋명사/형용사

④ お～・ご～

1) 만드는 법

명사나 형용사 앞에 「お」나 「ご」를 붙여 정중어를 만들 수 있다.

- お＋い형용사
- お/ご＋な형용사
- お/ご＋명사

원칙은 「お」는 和語(わご、순수 일본어), 「ご」는 漢語(かんご、한자어)에 붙는다.

	お＋和語	ご＋漢語
성함	お名前(なまえ)	ご氏名(しめい)
생각, 의견	お考(かんが)え	ご意見(いけん)
초대	お招(まね)き	ご招待(しょうたい)

예) [お＋和語]

명사	형용사
お金(かね) 돈	お忙(いそが)しい 바쁘시다
お米(こめ) 쌀	おひま 한가하시다
お水(みず) 물	お上手(じょうず) 능숙하시다
お皿(さら) 그릇	お早(はや)い 빠르시다
おはし 젓가락	お元気(げんき) 건강하시다
おもち 떡	お美(うつく)しい 아름다우시다
お仕事(しごと) 일	
お部屋(へや) 방	
お祝(いわ)い 축하	

예) [ご+漢語]

명사	형용사
ご住所 주소	ご多忙 바쁘시다
ご両親 부모님	ご心配 걱정하시다
ご兄弟 형제	ご満足 만족하시다
ご家族 가족	ご親切 친절하시다
	ご出席 출석하시다

2) 예외 (お+漢語)

일상생활에서 쓰는 **漢語** 중에는 예외로 「お」가 붙는 것이 있다.

예)

お宅 댁	お時間 시간	お電話 전화
お客 고객	お勉強 공부	お食事 식사
お料理 요리	お洗濯 빨래	お掃除 청소

3) 예문

① お仕事は何をされているんですか。 하시는 일은 무엇입니까?

② ご家族はどちらにいらっしゃいますか。 가족 분들은 어디에 계십니까?

③ 先生は来週もお忙しいようです。 선생님께서는 다음 주도 바쁘실 것 같습니다.

④ 先生は来週もご多忙のようです。 선생님께서는 다음 주도 바쁘실 것 같습니다.

⑤ ここにご住所とお名前をお書きください。 여기에 주소와 성함을 써 주십시오.

⑥ お食事はもうなさいましたか。 식사는 벌써 하셨습니까?

⑦ 何かあったら、お電話ください。 무슨 일 있으면 전화 주세요.

⑧ 何かあったら、ご連絡ください。 무슨 일 있으면 연락 주세요.

⑨ お元気ですか。 잘 지내시죠?

⑩ 日本語がお上手ですね。 일본어를 잘하시는군요.

⑪ 田中さんはおきれいですね。 다나카 씨는 미인이시군요.

⑫ ご親切にどうもありがとうございます。 친절하게 (해주셔서) 감사드립니다.

⑬ お若くみえます。 젊어 보이십니다.

[문장연습 쓰기노트] 정답 345쪽

① 커피와 홍차가 있습니다.

  ➡ _____

② 디저트입니다.

  ➡ _____

③ 음료는 무엇으로 하시겠습니까?

  ➡ _____

정리하기

1. 겸양어를 만드는 3가지 형식

  ① 겸양을 나타내는 특별한 동사
  ② お~します
  ③ お~いたします

2. 정중 표현

  ① ~でございます・~がございます
  ② お/ご＋명사/형용사

3. 한국어와 다른 존경어와 겸양어

1) 존경어와 겸양어

존경어: 존경 받는 사람을 주어로 하여, 그 사람의 행위를 높이는 표현.

겸양어: <u>자신의 행위를 낮추어</u> 겸손하게 말할 때 사용하는 '겸손어'.

존경어는 상대방의 행동에 쓰지만, 겸양어는 내가 하는 행위에 사용한다.

[존경어]

社長は昨日<u>来ました</u>。 사장님은 어제 왔습니다.

社長は昨日いらっしゃいました。 사장님은 어제 오셨습니다.

[겸양어]

私は昨日<u>来ました</u>。 저는 어제 왔습니다.

私は昨日まいりました。 저는 어제 왔습니다.

2) '内と外の関' 안팎관계

가깝지 않은 사람(外)과의 대화에서 가까운 사람(内)을 높이는 표현은 사용하지 않는다. 겸양어는 자신의 행위 말고도 나와 가까운 사람을 낮추어 겸손하게 말할 때도 사용한다.

예) × 社長様は今いらっしゃいません。 사장은 지금 안 계십니다.

　　○ 社長は今おりません。 사장은 지금 없습니다. [겸양어]

 일작

정답 345쪽

겸양어 또는 정중어를 이용해서 일본어로 바꾸세요.

1. 메일을 보내드리겠습니다.

➡ _____

2. 우산을 가지고 오겠습니다.

　➡ _____

3. 이것은 스즈키 선생님께 받은 편지입니다.

　➡ _____

4. 그럼 내일 기다리고 있겠습니다.

　➡ _____

5. 디저트인 아이스 커피입니다.

　➡ _____

복습

정답 345쪽

의지(意志)/예정(予定)/추측(推測)

1. 맞는 것을 고르시오.

① 今日は、雨が{降る/降ろう}と思います。

② 明日は、学校を{休む/休もう}かもしれません。

③ 今日は、お店は休み{だと思います。/と思います。}

④ 駅から遠くない{だと思います。/と思います。}

2. 맞는 것을 고르시오.

① 山田さんは何でもできます。料理も上手な{はずです/かもしれません}。

② 夜は危険{はずです/かもしれません}。

③ パクさんはまだ学生の{はずです/かもしれません}。

3. (　　) 안의 말을 적당한 형태로 바꾸어 쓰시오.

① 田中さんは家にいます。 다나카 씨는 집에 있습니다.

　　→ 田中さんは家に(　　　　　)はずです。

② 田中さんは今、ソウルにいません。 다나카씨는 지금 서울에 없습니다.

　　→ 田中さんは今、ソウルに(　　　　　)はずです。

③ 会社をやめます。 회사를 그만둡니다.

→ 会社を(　　　　　)かもしれません。

④ 東京は暑いです。 도쿄는 덥습니다.

→ 東京は(　　　　　)かもしれません。

⑤ 会議は明日です。 회의는 내일입니다.

→ 会議は(　　　　　)かもしれません。

추량(推量)/전문(伝聞)

1. (　　) 안에 적절한 말을 넣어서 문장을 완성하세요.

① 田中さんは風邪(　　　　　)ようです。

② 田中さんは風邪(　　　　　)そうです。

2. (　　)안에 「降る」를 적절한 형태로 바꿔서 문장을 완성하세요.

A : <하늘을 보면서> 雨が(　　　降る　　　)そうですね。

B : ええ、午後から(　　　降る　　　)そうです。
　　朝、天気予報でそう言ってました。

3. (　　) 안에 「決まる」를 적절한 형태로 바꿔서 문장을 완성하세요.

① 日程が来週には(決まる)そうだ。　일정이 다음 주에는 결정된다고 한다. <전문(伝聞)>

② 日程が来週には(決まる)そうだ。　일정이 다음 주에는 결정될 것 같다. 〈징후〉

4. 맞는 것을 고르시오.

① 田中さんは{ひまな/ひまの}ようです。

② 鈴木さんは{元気な/ 元気だ}そうです。

③ 彼女は独身{な/の}ようです。

④ 最終電車は11時半{な/だ}そうです。

5. 다음 문장을 일본어로 바꾸세요.

① 다나카 씨는 연휴에 유럽여행에 갈 것 같습니다. (나의 판단)

단어 連休^{れんきゅう} 연휴, ヨーロッパ旅行^{りょこう} 유럽여행

➡ _____

② 다나카 씨는 연휴에 유럽여행에 갈 것 같습니다. (본인에게 직접 들은 내용은 아니지만, 다른 사람한테 들었다.)

➡ _____

③ 다나카 씨는 연휴에 유럽여행에 간다고 합니다. (본인에게 직접 들은 정보)

➡ _____

여러가지 접속 형식 −이유, 시간, 상태−

1. 다음 문장을 일본어로 바꾸세요.

⑤

① 위험하니까 달리지 마.

단어 危^{あぶ}ない 위험하다

➡ _____

② 거기는 학생 때, 자주 먹으러 갔던 가게입니다.

단어 学生^{がくせい} 학생

➡ _____

③ 역에 도착하기 전에 전화해 주세요.

단어 電話^{でんわ}する 전화하다

➡ _____

④식사 후에 호텔 주변을 산책했다.

단어 ホテル 호텔, まわり 주변

➡ _____

⑤대학을 졸업하고 나서 바로 집을 나갔습니다.

➡ _____

⑥커피라도 마시면서 이야기할까요?　　　　　　　　　　　　단어 コーヒー 커피

➡ _____

④

① 오늘은 일이 있어서 먼저 실례하겠습니다.　　　　　　단어 用事がある 일이 있다

➡ _____

② 겨울방학 동안 한 번 일본을 방문하려고 생각합니다.　　단어 冬休み 겨울방학

➡ _____

③ 지금 프로그램을 만들고 있는 참입니다.　　　　　　단어 プログラム 프로그램

➡ _____

④ 스즈키 씨는 막 입사한 참입니다.　　　　　　　　단어 入社 입사

➡ _____

⑤ 구두를 신은 채로 들어와 주세요.　　　　　　　　단어 上がる 들어오다

➡ _____

조건표현

1. 다음 (　　　)안에 단어를 적절한 형태로 바꿔서 문장을 완성하세요.
　① 冬に(なる)と、雪が降ります。 겨울이 되면 눈이 내립니다.

➡ _____

　② 車で1時間ぐらい(行く)と、富士山が見えます。 차로 1시간 정도 달리면 후지산이 보입니다.

➡ _____

　③ まわりが(静か)と、よく寝られます。 주변이 조용하면 잘 잘 수 있습니다.

➡ _____

④ へやが(暗い)と、本が読めません。 방이 어두우면 책을 읽을 수 없습니다.

　　➡ _____

⑤ 雨が(降らない)ば、ドライブに行きます。 비가 오지 않으면 드라이브하러 가겠습니다.

　　➡ _____

⑥ (おもしろい)ば、買います。 재미있으면 사겠습니다.

　　➡ _____

⑦ (おもしろくない)ば、買いません。 재미없으면 사지 않겠습니다.

　　➡ _____

⑧ 冬に(なる)たら、スキーに行きましょう。 겨울이 되면 스키를 타러 갑시다.

　　➡ _____

⑨ 駅に(着く)たら、電話します。 역에 도착하면 전화하겠습니다.

　　➡ _____

⑩ (良い)たら、いっしょに行きませんか。 괜찮다면 같이 가지 않겠습니까?

　　➡ _____

⑪ 田中さんが(行かない)なら、私も行きません。 다나카 씨가 가지 않는다면 저도 가지 않겠습니다.

　　➡ _____

⑬ 駅に(行く)なら、バスが便利です。 전철역에 간다면 버스가 편리합니다.

　　➡ _____

⑬ 学生証を(見せる)ば、記念品がもらえます。 학생증을 보여주면 기념품을 받을 수 있습니다.

　　➡ _____

2. 맞는 것을 고르시오.

① 桜が{咲くと/咲いたら}、花見に行くつもりだ。 벚꽃이 피면 꽃놀이를 갈 예정이다.

② 食事が{できると/できたら}、呼んでください。 식사가 준비되면 불러주세요.

③ {寒いと/寒かったら}まどを閉めてください。 추우면 창문을 닫아 주세요.

④ パソコンを{買ったら/買うなら}秋葉原に行ったらいいですよ。 PC를 사려면 아키하바라에 가면 좋아요.

경어표현

1. 다음 동사를 お〜になる를 사용하여 존경어로 바꾸세요.

예) 車に乗る　차에 타다
　⇒ 車にお乗りになりますか。　차에 타십니까?

① 部屋に入る　방에 들어가다

　⇒ _____

② 山田さんに会う　야마다 씨를 만나다

　⇒ _____

③ 田中さんを待つ　다나카 씨를 기다리다

　⇒ _____

④ パソコンを使う　PC를 사용하다

　⇒ _____

⑤ 日本へ帰る　일본으로 돌아가다

　⇒ _____

2. 다음 동사를 れる・られる를 사용하여 존경어로 바꾸세요.

예) 車に乗る　차를 타다
　⇒ 車に乗られますか。 차에 타시겠습니까?

① 毎日何時に寝る。 매일 몇 시에 자다

　⇒ _____

② 新聞を読む。 신문을 읽다

　➡ _____

③ おみやげを買う。 선물을 사다

　➡ _____

④ テレビを見る。 텔레비전을 보다

　➡ _____

⑤ 参加する。 참가하다

　➡ _____

3. 다음 동사를 お〜ください(〜해 주십시오)를 사용하여 존경어로 바꾸세요.

　예) 車に乗る차에 타다

　　➡ 車にお乗りください。 차에 타십시오.

① 名前を書く　이름을 쓰다

　➡ _____

② 少し待つ　조금 기다리다

　➡ _____

③ ロビーに集まる　로비에 모이다

　➡ _____

④ ぜひ参加する　반드시 참가하다

　➡ _____

⑤ メールを確認する　메일을 확인하다

　➡ _____

4. 다음 문장을 존경어尊敬語로 고치세요.

① 行ってください。 가 주세요

➡ _____

② 来てください。 와 주세요

➡ _____

③ お部屋にいてください。 방에 계세요.

➡ _____

④ たくさん食べてください。 많이 먹어요

➡ _____

⑤ ごゆっくり寝てください。 푹 주무세요

➡ _____

⑥ なんでも言ってください。 무엇이든지 말해 주세요

➡ _____

⑦ こちらを見てください。 여기를 봐 주세요

➡ _____

⑧ ガウンを着てください。 가운을 입어 주세요.

➡ _____

5. 다음 문장을 존경어尊敬語로 고치세요.

① 新聞を読みますか。 신문을 읽습니까?

➡ _____

② コーヒーを飲みますか。 커피을 마십니까?

➡ _____

③ 何時ごろ来ますか。 몇 시쯤 옵니까?

　➡ _____

④ 会員証を持ってきてください。 회원증을 가져와 주세요

　➡ _____

⑤ 少し待ってください。 조금 기다려 주세요

　➡ _____

6. 다음 문장을 겸양어謙讓語로 고치세요.

① メールを送ります。 메일을 보냅니다.

　➡ _____

② かさを持ってきます。 우산을 가지고 옵니다.

　➡ _____

③ 連絡します。 연락하겠습니다.

　➡ _____

부록

정답 및 해설

핵심문법 1 　문장연습 쓰기노트
① 身分証明書を持ってきてください。
② 日曜日に妹を遊園地へ連れていきました。
③ 傘を持っていった方がいいですよ。

핵심문법 2 　문장연습 쓰기노트
① 先にこの仕事を済ませていきます。(先にこの仕事を終わらせていきます。)
② 事件後、二人の心はどんどん離れていきました。
③ 自転車のタイヤがパンクして、家まで引っ張っていきました。

핵심문법 3 　문장연습 쓰기노트
① 父がケーキを買ってきました。
② 道が分からなくて、タクシーに乗ってきました。
③ 夏休みに北海道へ行ってきました。
④ 友達の家に遊びに行ってきます。

핵심문법 4 　문장연습 쓰기노트
① これからも努力していきます。
② 高齢者人口はこれからもますます増えていく。
③ 男は人ごみの中に消えていった。

핵심문법 5 　문장연습 쓰기노트
① ずっと努力してきたのに、なかなか結果が出ない。
② おなかが空いてきました。
③ 最近、暑くなってきました。

일작
1. 駅まで歩いていきます。
2. 下の子も連れていきます。
3. お昼は準備してきてください。
4. 友人が同窓会の案内状を送ってきました。

5. 雪が降ってきました。

핵심문법 1　문장연습 쓰기노트

① 電気を{つけて}ください。　　② 家の前に車が{とまって}います。

③ 冷蔵庫にジュースを{入れて}ください。　　④ 店の前に人が{並んで}います。

⑤ かぎが{かかって}います。

핵심문법 2

용법 1. 문장연습 쓰기노트

① 家の前に車が止めてあります。 집 앞에 차가 세워져 있습니다.

② ドアが開けてあります。 문이 열려 있습니다.

③ 洗濯物が干してあります。 세탁물이 말려져 있습니다.

④ 花が飾ってあります。 꽃이 장식되어 있습니다.

⑤ 名前が書いてあります。 이름이 쓰여(써져) 있습니다.

용법 2. 문장연습 쓰기노트

① 予約してあります　　② とってあります

③ 買ってあります　　④ 準備してあります

⑤ 決めてあります

핵심문법 3　문장연습 쓰기노트

① 田中さんに連絡しておきます。 다나카 씨에게 연락해 놓겠습니다.

② 食事を準備しておきました。 식사를 준비해 놓았습니다.

③ ドアを開けたままにしておいてください。 문을 열어둔 채로 놓아 주세요.

④ 行く前に電話しておいた方がいいですよ。 가기 전에 전화를 해 놓는 이 좋을거에요.

⑤ 果物を食べる前によく洗っておきましょう。 과일을 먹기 전에 잘 씻어 둡시다.

핵심문법 4　문장연습 쓰기노트

① Ａ : ホテルを予約しておきましたか。 호텔을 예약해놓았습니까?

　　Ｂ : はい、予約しておきました。 네, 예약해놓았습니다.

② Ａ : いすは、並べてありますか。 의자는 진열되어 있습니까?

　　Ｂ : はい、並べておきました。 네, 진열해 두었습니다.

일작

1. テストの前にしっかり復習しておきます。　　2. 結婚する前にお金をためておきます。

3. 旅行の前にパスポートをとっておいてください。　　4. 机は、そのままにしておいてください。

5. 親に連絡してあります。 / 親に連絡しておきました。

핵심문법 1

1.

1) 문장연습 쓰기노트

① 試験が難しくなりました。
② 引っ越して、会社が遠くなりました。
③ 最近、涼しくなりました。
④ 今年から規則が厳しくなりました。
⑤ がんばって勉強したので、成績が良くなりました。

2) 문장연습 쓰기노트

① 早く元気になってください。
② 最近、きれいになりました。
③ 日本のドラマがきっかけで、日本が好きになりました。
④ そうじをして、部屋がきれいになりました。
⑤ 心配になって、親に電話してみました。

3) 문장연습 쓰기노트

① 春になりました。
② 旅行先は北海道になりました。
③ 開始時間になりました。
④ 息子は、今年で二十歳になりました。
⑤ 集合場所は、運動場になりました。

2.

1) 문장연습 쓰기노트

① 期間を短くしました。
② 少し辛くしてください。
③ できるだけ部屋を暗くしてください。
④ 画像のサイズを小さくしてから送ります。
⑤ この歯磨き粉は、歯を白くしたい人におすすめです。

2) 문장연습 쓰기노트

① 人に親切にする。
② 彼は、仕事をきちんと、まじめにする人です。
③ 時間を無駄にしないための方法。
④ これは、料理を簡単にする調味料セットです。
⑤ プレゼントありがとう。大切にします。

3) 문장연습 쓰기노트

① 今日はもう遅いので、会議は明日にします。 ② どっちにしますか。
③ 青い方にします。

핵심문법 2

1. 문장연습 쓰기노트

① 来月、東京に引っ越すことになりました。
② 出張は行かないことになりました。
③ 今度、本を出版することになりました。
④ おかげさまで、名古屋にも支店を出すことになりました。
⑤ 8時50分までに出勤することになっています。

2. 문장연습 쓰기노트

① 来月からコンビニでアルバイトをすることにしました。

② 今年は実家に帰らないことにしました。

③ これから甘いものは、たくさん食べないことにします。

④ テレビは一日に一時間だけ見ることにしています。

⑤ 夜は、コーヒーを飲まないことにしている。

핵심문법 3

1.

1) 문장연습 쓰기노트

① 日本語が少し話せるようになりました。　② このごろよく寝られるようになりました。

③ 漢字が読めるようになりました。　④ パソコンが使えるようになりました。

⑤ 料理をもっとおいしく作れるようになりたい。

2) 문장연습 쓰기노트

① このごろ運動をぜんぜんしなくなりました。（やらなくなりました。）

② 子供は、小学校に入ってから、よく本を読むようになりました。

③ 子供が外で遊ばなくなりました。　④ 料理をおいしく作れるようになりました。

⑤ 仕事を続けられなくなりました。

2.

1) 문장연습 쓰기노트

① すぐに連絡するようにします。　② 1時間前には、いるようにします。

③ 3時には行けるようにします。

2) 문장연습 쓰기노트

① 食べ過ぎないようにしました。　② 明日は絶対に忘れないようにします。

3) 문장연습 쓰기노트

① できるだけ日本語で話すようにしています。　② 健康のために、階段を使うようにしています。

③ 毎日漢字を覚えるようにしています。　④ 毎日メールをチェックするようにしています。

⑤ ラーメンを食べないようにしています。

일작

1. 日本語がずいぶん上手になりました。　2. 来月、引っ越しすることになりました。

3. 今日からたばこをやめることにしました。　4. 漢字が読めるようになりました。

5. 一日30分、単語を覚えるようにしています。

핵심문법 1

1. 연습문제

① 去年、彼女にマフラーを(あげました)。작년에 여자친구에게 머플러를 줬습니다.

② 今なら無料クーポンを(さしあげます)。지금이라면 무료 쿠폰을 드리겠습니다.

③ 毎朝、犬にえさを(やる)のが私の日課です。개에게 먹이를 주는 것이 나의 일과입니다.

2. 연습문제

① 商店街でクーポンを(もらいました)。상점가에서 쿠폰을 (받았습니다).

② 商品返品の際はご来店(いただく)ことになります。상품 반품 시에는 내점하셔야 합니다.

③ これは祖母から(もらった)エプロンです。이것은 할머니로부터(받은) 앞치마입니다.

3. 연습문제

① 友達が誕生日にかばんを(くれました)。친구가 생일에 가방을 (주었습니다).

② 社長がボーナスを(くださいました)。사장님이 보너스를 (주셨습니다).

③ これは祖父が(くれた)本です。이것은 할아버지가 (준) 책입니다.

4. 문장연습 쓰기노트

① 山田さんが(花をくれました)。야마다 씨가 꽃을 주었습니다.

② 社長に(ネクタイをいただきました)。사장님에게 넥타이를 받았습니다.

③ 祖父に(万年筆をもらいました)。할아버지에게 만년필을 받았습니다.

핵심문법 2

1. 문장연습 쓰기노트

① おい(めい)にケーキを作ってあげました。　② 中村さんにキムさんを紹介してあげました。

③ 観光客に道を教えてあげました。

2. 문장연습 쓰기노트

① 昨日、木村さんに東京を案内してもらいました。

② 今朝、6時に母に起こしてもらいました。　③ 山田さんに引っ越しを手伝ってもらいました。

3. 문장연습 쓰기노트

① 山田さんがきっぷを買いに行ってくれました。

② お店の人が写真をとってくれました。

③ 娘を家まで送ってくださって、ありがとうございました。

핵심문법 3　문장연습 쓰기노트

① ひっこしを手伝ってくれませんか。　② かばんを持ってくれませんか。

③ タクシーを呼んでもらえませんか。　④ すみませんが、韓国語に訳していただけませんか。

⑤ 先生、この漢字の読み方を教えていただけませんか。

일작

1. 誕生日に父がかばんをくれました。 / 誕生日に父にかばんをもらいました。
   誕生日に父からかばんをもらいました。
2. 友達にアルバムを見せてあげました。
3. 山田さんに傘を貸してもらいました。 / 山田さんが傘を貸してくれました。
4. 先生が日本語に訳してくださいました。
5. すみません、写真を撮っていただけませんか。

제5장 수동표현(受身表現)

핵심문법 2 문장연습 쓰기노트

1. ① 部長に呼ばれました。　　　　② 警官に注意されました。
   ③ 兄はみんなに信頼されています。
2. ① 外国人に道を聞かれました。　　② 兄に友達を紹介されました。
   ③ 娘はピアノの先生にレッスンを休んではいけないと言われました。
3. ① 男の子は犬にかまれて、病院へ行きました。
   ② 警官に止められて、びっくりしました。　　③ 妹はみんなにかわいがられて育ちました。

핵심문법 3

3. 문장연습 쓰기노트

1. ① 隣の人にジュースをこぼされた。 옆 사람이 주스를 엎질렀다..
   ② ガイドに道に迷われた。 가이드가 길을 헤맸다..
   ③ 家の前にビルを建てられた。 집 앞에 빌딩을 세웠다.
2. ① 友達にうそを(つかれて)、困った。 친구가 거짓말을 해서 곤란했다..
   ② 渋滞に(まきこまれて)、大変だった。 교통 체증에 휩쓸려서 힘들었다..
   ③ 後ろから(押されて)、転んでしまった。 (누군가가) 뒤에서 밀어서 넘어지고 말았다.

4. 문장연습 쓰기노트

1. ① 学生は先生にまんが本を取り上げられた。 ② 子供に服を汚された。
   ③ 犬にめがねをふまれた。
2. ① 姉に化粧品を(使われ)て、困った。　　② 友達に勝手にくつを(はかれ)て、困った。
   ③ 木村さんに書類を(なくされ)て、困った。

핵심문법 4 문장연습 쓰기노트

1. ① 運動会は今週の土曜日に行なわれます。 ② 図書館は8時に閉められます。
   ③ このお寺は江戸時代に建てられました。
2. ① この小説は色々な国の言葉で翻訳されています。
   ② この歌は小学生たちによく歌われています。
   ③ 日本のキャラクター商品は世界中に輸出されています。

일작

1. 田中さんに講演会に誘われました。
2. 木村さんにコピーを頼まれました。
3. 美容院で前髪を短く切られました。
4. 彼女に急に泣かれて、困りました。
5. この公園は、2020年に作られました。

제6장 사역표현(使役表現)

핵심문법 2
2. 연습문제 1
① 子供を歩かせました。아이를 걷게 했습니다.
② 子供を立たせました。아이를 서게 했습니다.
③ 子供を車に乗らせました。아이를 차에 태웠습니다.
④ 子供を部屋に入らせました。아이를 방에 들어가게 했습니다.
  * ③은 타동사「乗せる」를 써서「子供を車に乗せました。」라고 해도 됨.

2. 연습문제 2
① 子供にごはんを食べさせました。아이에게 밥을 먹였습니다.
② 子供にあいさつをさせました。아이에게 인사를 시켰습니다.
③ 子供に話を聞かせました。아이에게 이야기를 듣게 했습니다.
④ 子供に部屋をそうじさせました。아이에게 방을 청소하게 했습니다.
⑤ 子供にドアを閉めさせました。아이에게 문을 닫게 했습니다.

핵심문법 3 연습문제
① 2、3日休ませていただけませんか。2, 3일 쉬게 해 주실 수 있습니까?
② 私も行かせていただけませんか。저도 가게 해 주실 수 있습니까?
③ 授業を聞かせていただけませんか。수업을 듣게 해 주실 수 있습니까?
④ 少し考えさせていただけませんか。조금 생각 하게 해 주실 수 있습니까?
⑤ 話を聞かせていただけませんか。이야기를 듣게 해 주실 수 있습니까?

핵심문법 4
1. 연습문제
① 安心させる
② 落ち着かせる
③ 悲しませる
④ 怖がらせる
⑤ びっくりさせる
⑥ 笑わせる
⑦ はらはらさせる
⑧ がっかりさせる
⑨ 怒らせる
⑩ 驚かせる
⑪ 困らせる
⑫ 泣かせる
⑬ 喜ばせる
⑭ 嘆かせる
⑮ いらだたせる

2. 연습문제
① 妹を泣かせました。 여동생을 울렸습니다.
② 先生を安心させました。 선생님을 안심시켰습니다.
③ 父を怒らせました。 아버지를 화나게 했습니다.
④ 友達をがっかりさせました。 친구를 실망시켰습니다.
⑤ 彼女を悲しませました。 여자 친구를 슬프게 만들었습니다.

핵심문법 5
1. 연습문제
① 聞かされる   ② 泳がされる
③ 休まされる   ④ 消させられる
⑤ 止めさせられる   ⑥ 開けさせられる
⑦ 閉めさせられる   ⑧ 来させられる
⑨ そうじさせられる

2. 문장연습 쓰기노트
① 本を読まされた。   ② 野菜を食べさせられた。
③ うそを言わされた。   ④ 運動場を走らされた。
⑤ 山に登らされた。

일작
1. 子供に野菜を食べさせた。   2. 田中さんにも聞かせてあげたい。
3. みんなを笑わせた。   4. 子供の体調が悪くて、今日は学校を休ませた。
5. 販売員に高価な化粧品を買わされた。

제7장 복습

2. 정리문제
제1장 복습
1. ① 学生証を持ってきてください。   ② ジュースを買っていきます。
   ③ 弟がりんごを送ってきました。   ④ これからも日本語の勉強を続けていきます。
2. ① 持ち物に名前を(書いてき)てください。 ② 明日は地下鉄に(乗っていきます)。
   ③ 息子が走って(帰ってきました)。   ④ 運動ぐつを(はいてき)てください。
   ⑤ 友達が年賀状を(送ってきました)。   ⑥ 人が(多くなってきた)。

제2장 복습
1. ① 箱に説明が書いてあります。
   ② 荷物はもう準備してあります。 / 荷物はもう準備しておきました。
   ③ 会議の前に書類を読んでおいてください。
   ④ 田中さんに会議の時間を知らせておいてください。

⑤ 本を机の上に置いておきました。
2. ① 今、手紙を書いています。　　　② 箱に説明が書いてあります。
③ 本に名前を書いておきます。

3. ②

第3章 復習
연습 1

① ピアノがひけるようになりたいです。 피아노를 칠 수 있게 되고 싶습니다.
② 漢字が書けるようになりたいです。 한자를 쓸 수 있게 되고 싶습니다.
③ 自転車に乗れるようになりたいです。 자전거를 탈 수 있게 되고 싶습니다.

연습 2

① 胃をこわして、辛いものが食べられなくなりました。

위에 탈이 나서, 매운 것을 먹을 수 없게 되었습니다.
② 用事ができて、集まりに参加できなくなりました。

일이 생겨서 모임에 참가 할 수 없게 되었습니다.
③ ひっこして、田中さんと連絡がとれなくなりました。

이사 가서, 다나카 씨와 연락이 되지 않게 되었습니다.

연습 3

① いらない物は買わないようにしています。 필요 없는 물건은 사지 않도록 하고 있습니다.
② くだものを食べるようにしています。 과일을 먹도록 하고 있습니다.
③ 毎朝ジョギングをするようにしています。 매일 아침 조깅을 하도록 하고 있습니다.

연습 4

① 必ず電話するようにしてください。 반드시 전화하도록 하세요.
② 書類をなくさないようにしてください。 서류를 잃어버리지 않도록 하세요.
③ 毎日、本を読むようにしてください。 매일 책을 읽도록 하세요.

일작

① できるだけ日本のドラマを見るようにしています。
② 明日は朝8時までに来るようにしてください。
③ コーヒーはあまり飲みすぎないようにしましょう。

第4章 復習

1. (5) ① バレンタインデーは、女の子が男の子にチョコレートをあげる日です。
② バレンタインデーは、男の子が女の子にチョコレートをもらう日です。
③ ホワイトデーに田中君があめをくれました。
④ すずきさんに(から)旅行のお土産をいただきました。

(4) ① すずきさんに社内を案内してさしあげました。
　　② 田中さんが荷物を持ってくれました。 / 田中さんに荷物を持ってもらいました。
　　③ 田中さんに家まで送っていただきました。
　　④ 日程表をすぐに送っていただけませんか。 / 日程表をすぐに送ってくださいませんか。
　　　日程表をすぐに送ってもらえませんか。 / 日程表をすぐに送ってくれませんか。

2. ① えりかさんは恋人にマフラーをあんであげた。
　② 妹の宿題をみてあげた。　　　　　③ 山本さんが弟の自転車を直してくれた。

3. ① に　　　　　　　　　　　　　　② に
　③ が/に　　　　　　　　　　　　④ が

제5장 복습

1. ① 後ろから押されて、転んでしまいました。
　② 子供にパソコンを壊されて、仕事ができませんでした。
　③ 隣の人にたばこを吸われて、息ができませんでした。

2. ① 社長の家に招待されました。　　　② 会場は、40席準備されています。
　③ 面接でいろいろ質問されました。　④ 家の前に車を止められて、出られませんでした。
　⑤ 新館は去年建てられました。

제6장 복습

1. ① 少し休ませてもらった。　　　　　② パソコンを使わせてください。
　③ 子供に傘をもってこさせた。
　④ 子供に宿題をやらせてから、遊びに行かせました。

2. ① 子供のころ、兄によく泣かされた。　② 警察に罰金を払わされた。
　③ すずきさんに1時間も待たされた。

3. ① 友達の家に(泊まらせて)もらいました。　② 店長にトイレのそうじを(させられました)。
　③ お店で30分も(待たされました)。

제9장 의지(意志)/예정(予定)/추측(推測)

핵심문법 1

1. 연습문제
　① 聞こう　　　　　　　　　　　② 呼ぼう
　③ 切ろう　　　　　　　　　　　④ 閉めよう
　⑤ 勉強しよう

2. 문장연습 쓰기노트
　① 明日は家でゆっくりしようと思います。　② 今日は早く帰ろうと思います。
　③ 明日は早く起きようと思います。　　　④ おすしを食べに行こうと思います。

⑤ 来月、試験を受けようと思います。

3.
1) 문장연습 쓰기노트
① 勉強しようとした時、電話が鳴った。　　② 寝ようとした時、突然チャイムが鳴った。
③ バスに乗ろうとした時、突然後ろから呼ばれた。
④ 会社に行こうとした時、急に雨が降ってきた。　⑤ 出かけようとした時、思い出した。

2) 문장연습 쓰기노트
① 山田さんは(話を聞こう)としません。　　② 山田さんは(病院に行こう)としません。
③ 山田さんは(手伝おう)としません。　　④ 山田さんは(運転しよう)としません。
⑤ 山田さんは(休もう)としません。

핵심문법 2　연습문제
① 来月から料理教室に{通うつもりです}。　　② 今月も東京に{行くんですか}。
③ 飛行機は明日の午後3時に到着する{予定です}。

핵심문법 3
1. 연습문제
① 明日は雨が降ると思います。　　② 田中さんは来ないと思います。
③ 東京は暖かいと思います。　　④ 明日は忙しくないと思います。
⑤ 田中さんは元気だと思います。　　⑥ そんなに簡単ではないと思います。
⑦ 図書館は休みだったと思います。

2. 연습문제
① かぜをひいたかもしれません。 감기에 걸렸을지도 모릅니다.
② 部屋が狭いかもしれません。 방이 좁을 지도 모릅니다.
③ ちょっと量が多かったかもしれません。 조금 양이 많았을 지도 모릅니다.
④ バスより地下鉄の方が便利かもしれません。 버스보다 지하철이 더 편리할 지도 모릅니다.

3. 연습문제
① 木村さんは家にいるはずです。　　② 部屋にだれもいないはずです。
③ 田中さんは月曜日は忙しいはずです。　　④ この問題は難しくないはずです。
⑤ 成績はA+のはずです。

일작
1. 今日は、家で勉強しようと思います。　　2. 出かけようとした時、電話が鳴りました。
3. 田中さんは、来ないと思います。　　4. 田中さんは、来ないかもしれません。
5. 田中さんは、来ないはずです。

핵심문법 1

1. 연습문제

① このお店、まずそうだよ。
② 田中さんは、元気そうでした。
③ 田中さんは、かしこそうな人でした。
④ 幸せそうな家族ですね。

2. 연습문제

① ボタンが落ちそうですよ。 단추가 떨어질 것 같아요.
② 昨日、自転車とぶつかりそうになりました。 어제 자전거와 부딪칠 뻔 했습니다.
③ 今年の冬は寒くなりそうです。 올해 겨울은 추워질 것 같습니다.
④ 今回はいい点数を取れそうです。 이번에는 좋은 점수를 딸 수 있을 것 같습니다.

핵심문법 2

1. 문장연습 쓰기노트

① このお店はおいしいようです。
② 山田さんは、お酒が好きなようです。
③ 田中さんは、もう帰ったようです。

2. 문장연습 쓰기노트

① キムチが食べられない韓国人もいるらしいです。
② 田中さんの息子さんは学校で一番らしいです。
③ 春は桜がとてもきれいらしいです。

핵심문법 3

2. 연습문제

① A : 田中さん、具合が(悪そう)ですね。 타나카 씨, 컨디션이 안 좋아 보이네요.
   B : 今朝から具合が(悪いそう)です。 田中さんがそう言っていました。

   오늘 아침부터 컨디션이 안 좋다고 합니다. 다나카 씨가 그렇게 말했습니다.
② A : 電車よりバスの方が早く(着きそう)ですね。 전철보다 버스 쪽이 빨리 도착할 것 같네요.
   B : バスの方が早く(着くそう)です。 山田さんがそう言っていました。

   버스 쪽이 빨리 도착한다고 합니다. 다나카 씨가 그렇게 말했습니다.

3. 문장연습 쓰기노트

① 少し遅れそうです。(少し遅くなりそうです。)
② 田中さんは、少し遅れるそうです。(田中さんは、少し遅くなるそうです。)
③ 後 5 分ぐらいで着きそうです。
④ 鈴木さんは後 5 分ぐらいで着くそうです。

핵심문법 4

1. 연습문제

① 山田さんが来月帰国すると言っていました。 야마다 씨가 다음 달 귀국한다고 말했었습니다.

② すずきさんが風邪をひいたと言っていました。 스즈키 씨가 감기에 걸렸다고 말했었습니다.

③ パクさんがお世話になったと言っていました。 박 씨가 신세를 졌다고 말했었습니다.

2. 문장연습 쓰기노트

① 先生に日本語が上手になったと褒められました。

② 駅前の「とも」という居酒屋で8時に集まります。

③ 私は山田商事の鈴木という者です。

일작

1. おいしそうなお菓子ですね。　　2. 今年の夏は、暑くなりそうです。

3. 山田さんは、引っ越したそうです。　　4. 山田さんは、引っ越したらしいです。

5. もうみんな集まっているようです。 /　　もうみんな集まっているみたいです。

제11장 여러가지 접속 형식 - 이유, 시간, 상태 -

핵심문법 1

1. 문장연습 쓰기노트

① もう遅いから早く寝なさい。　　② すぐ行くから待ってて。

③ 暑いから窓、開けて。

2. 문장연습 쓰기노트

① 明日は土曜日なので会社は12時までです。　② 頭が痛いので今日は休みます。

③ 音楽が好きなので、よくコンサートに行きます。

3. 연습문제

① 台風が(近づいているため)、フライトがキャンセルされた。

② 景気が(悪くなったため)、失業者が増えた。　③ 行事は(雨のため)、延期された。

④ 東京は物価が(高いため)、住みにくい。　　⑤ (工事中のため)、利用できません。

4. 연습문제

① 座るところは(ないし)、人は(多いし)、つかれました。

② 試験も(終わったし)、課題も(提出したし)、今日は思い切り遊びます。

③ 田中さんは(やさしいし)、(ハンサムだし)、仕事もできるので人気者です。

핵심문법 2　문장연습 쓰기노트

① 授業を受ける前に必ず読んでください。　② 大学を卒業した後、すぐ結婚した。

③ ご飯を食べてから行きます。

핵심문법 3

1. 문장연습 쓰기노트
① 休みの間、ずっと勉強していました。　② 子供が寝ている間に、家事を終わらせました。

2. 문장연습 쓰기노트
① 仕事が終わって今、家に帰るところです。　② 今ご飯を食べているところです。
③ 今ちょうど田中さんに会ってきたところです。

3. 문장연습 쓰기노트
① この子は、まだ2歳になったばかりなのに、もういろいろな言葉を知っている。
② 昨日買ったばかりなのに、もう壊れた。

4. 문장연습 쓰기노트
① 音楽を聞きながら散歩するのが好きです。　② 仕事しながら学校に通っています。

5. 문장연습 쓰기노트
① くつは、はいたままでも大丈夫ですよ。（くつは、はいたままいても大丈夫ですよ。）
② 遊びに行ったまま、まだ帰ってきません。（遊びに行ったまま、まだ帰ってきていません。）

일작

1. 朝早く起きたので、ねむいです。（朝早く起きたから、ねむいです。）
2. 登山の後、温泉に行った。　　　　3. 大学に入ってからパソコンを買いました。
4. 休みの間に、日本のドラマを一つ見終えました。
5. 今、田中さんに会ってきたところです。

제12장 조건표현

핵심문법 1

1. 연습문제
① 書く→書くと/書かないと　　　② 寝る→寝ると/寝ないと
③ 来る→来ると/来ないと　　　　④ する→すると/しないと
⑤ 暑い→暑いと/暑くないと　　　⑥ いい→いいと(良いと)/良くないと
⑦ 上手→上手だと/上手でないと　⑧ 大人→大人だと/大人でないと

2. 연습문제
① 書く→書けば/書かなければ　　② 寝る→寝れば/寝なければ
③ 来る→来れば/来なければ　　　④ する→すれば/しなければ
⑤ 暑い→暑ければ/暑くなければ　⑥ いい→良ければ/良くなければ
⑦ 上手→上手なら/上手でなければ　⑧ 大人→大人なら/大人でなければ

문장연습 쓰기노트
① 毎年夏になると観光客が増えます。
③ 言ってくれれば手伝いに行ったのに。
② 8時に到着すれば間に合います。

핵심문법 2

1. 연습문제

① 書く→書いたら/書かなかったら
② 寝る→寝たら/寝なかったら
③ 来る→来たら/来なかったら
④ する→したら/しなかったら
⑤ 暑い→暑かったら/暑くなかったら
⑥ いい→良かったら/良くなかったら
⑦ 上手→上手だったら/上手でなかったら
⑧ 大人→大人だったら/大人でなかったら

2. 연습문제

① 書く→書くなら/書かないなら
② 寝る→寝るなら/寝ないなら
③ 来る→来るなら/来ないなら
④ する→するなら/しないなら
⑤ 暑い→暑いなら/暑くないなら
⑥ いい→いいなら/良くないなら
⑦ 上手→上手なら/上手でないなら
⑧ 大人→大人なら/大人でないなら

문장연습 쓰기노트
① パソコンを買うなら秋葉原がいいですよ。
③ 3時になったら行きましょう。
② ソウルに来たら連絡ください。

핵심문법 3   문장연습 쓰기노트

① このホテルはきれいですが、高いです。
② 山田さんは子供もいるのに若く見えます。
③ せっかく行ったのにお店が休みでした。

일작

1. パクさんに会ったらこの封筒を渡してください。
2. 子供を連れていくならタクシーが便利ですよ。
3. このボタンをおすと、ジュースが出ます。
4. 明日天気が良ければ、参加します。
5. 1時間も待ったのに、彼女は来ませんでした。

제13장 경어표현 – 존경어 –

핵심문법 1   연습문제

① 会長がいらっしゃいました。회장님께서 오셨습니다.
② 会長はどちらにいらっしゃいますか。회장님께서는 어디에 계십니까?
③ 会長はどちらに住んでいらっしゃいますか。회장님께서는 어디에 살고 계십니까?
④ 会長は何を召し上がりますか。회장님께서는 무엇을 드시겠습니까?
⑤ 会長はもうお休みになりました。회장님께서는 벌써 주무십니다.
⑥ 会長がお亡くなりになりました。회장님께서 돌아가셨습니다.
⑦ 会長は何とおっしゃいましたか。회장님께서는 뭐라고 말씀하셨습니까?

⑧ 会長は今朝のニュースをご覧になりましたか。 회장님께서는 오늘 아침 뉴스를 보셨습니까?

⑨ 一度おめしになりますか。 한번 입어 보시겠습니까?

⑩ 会長はこれから何をなさいますか。 회장님께서는 이제부터 무엇을 하실 겁니까?

⑪ 会長は山田さんをご存じですか。 회장님께서는 야마다 씨를 알고 계십니까?

핵심문법 2 연습문제

① お読みになります

② お待ちになります

③ お送りになります

④ お泊まりになります

⑤ お使いになります

⑥ お生まれになります

⑦ お借りになります

⑧ ご心配になります

⑨ ご卒業になります

핵심문법 3 연습문제

① 読まれます

② 待たれます

③ 送られます

④ 泊まられます

⑤ 使われます

⑥ 止められます

⑦ 借りられます

⑧ 心配されます

⑨ 卒業されます

핵심문법 4 연습문제

① お読みください

② お待ちください

③ お送りください

④ お泊まりください

⑤ お使いください

⑥ お集りください

⑦ お座りください

⑧ ご出席ください

⑨ ごえんりょください

일작

1. 山田先生はお帰りになりました。 / 山田先生は帰られました。

2. 山田先生は、いつもこの席にお座りになります。

3. どの駅でお降りになりますか。 / どの駅で降りられますか。

4. 鈴木様は、いらっしゃいますか。

5. 次の電車をご利用ください。

제14장 경어표현 – 겸양어, 정중어 –

핵심문법 1 연습문제

① 昨日まいりました。

② 家におります。

③ ソウルに住んでおります。

④ おみやげを持ってまいりました。

⑤ その話はうかがいました。

⑥ 私はおすしをいただきます。

⑦ 先生に申し上げました。

⑧ 写真を拝見しました。

⑨ 明日またお目にかかります。 　　⑩ テニスをいたします。
⑪ 記念品をさしあげます。 　　⑫ 先生に本をいただきました。

핵심문법 2 　연습문제

① お読みします/お読みいたします 읽어드리겠습니다
② お待ちします/お待ちいたします 기다리겠습니다
③ お送りします/お送りいたします 데려다 드리겠습니다
④ お持ちします/お持ちいたします 들어 드리겠습니다
⑤ お開けします/お開けいたします 열어드리겠습니다
⑥ お貸しします/お貸しいたします 빌려드리겠습니다
⑦ お借りします/お借りいたします 빌리겠습니다
⑧ ご相談します/ご相談いたします 상담해 드리겠습니다
⑨ ご連絡します/ご連絡いたします 연락 드리겠습니다

문장연습 쓰기노트

① 車でお送りします。 　　② 昨日、鈴木先生にお会いしました。
③ あとでお見せします。 　　④ ソウルをご案内します。

핵심문법 3

1. 연습문제

① お茶でございます。 　　② Mサイズがございます
③ こども用はございません

2. 문장연습 쓰기노트

① コーヒーと紅茶がございます。 　　② デザートでございます。
③ お飲み物は何になさいますか。

일작

1. メールをお送りします。 ／ メールをお送りいたします。
2. かさをお持ちします。 ／ かさをお持ちいたします。
3. これは鈴木先生にいただいた手紙です。
4. では明日お待ちしております。
5. デザートのアイスコーヒーでございます。

제15장 복습

의지(意志)/예정(予定)/추측(推測)

1. ① 今日は、雨が{降る}と思います。내일은 비가 올 거예요.
　② 明日は、学校を{休む}かもしれません。내일은 학교를 쉴 지도 모릅니다
　③ 今日は、お店は休み{だと思います}。오늘은 가게가 쉬는 날일 거예요.

④ 駅から遠くない{と思います}。역에서 멀지 많을 거에요.

2. ① 山田さんは何でもできます。料理も上手な{はずです}。

야마다 씨는 무엇이든 가능합니다. 요리도 능숙할 것입니다

② 夜は危険{かもしれません}。밤에는 위험할지도 모릅니다.

③ パクさんはまだ学生の{はずです}。박 씨는 아직 학생 일 것입니다.

3. ① 田中さんは家に(いる)はずです。다나카 씨는 집에 있을 것입니다.

② 田中さんは今、ソウルに(いない)はずです。다나카 씨는 지금, 서울에 없을 것입니다.

③ 会社を(やめる)かもしれません。회사를 그만 둘지도 모릅니다.

④ 東京は(暑い)かもしれません。도쿄는 더울 지도 모릅니다.

⑤ 会議は(明日)かもしれません。 회의는 내일일 지도 모릅니다.

추량(推量)/전문(伝聞)

1. ① 田中さんは風邪(の)ようです。다나카 씨는 감기인 것 같습니다.

② 田中さんは風邪(だ)そうです。다나카 씨는 감기라고 합니다.

2. A : 雨が(降り)そうですね。비가 내릴 것 같네요.

B : ええ、午後から(降る)そうです。 , 오후부터 내린다고 합니다.

朝、天気予報でそう言ってました。아침에 일기예보에서 그렇게 말했었어요.

3. ① 日程が来週には(決まる)そうだ。　　② 日程が来週には(決まり)そうだ。

4. ① 田中さんは{ひまな}ようです。다나카 씨는 한가한 것 같습니다

② 鈴木さんは{げんきだ}そうです。스즈키 씨는 건강하다고 합니다.

③ 彼女は独身{の}ようです。그녀는 독신인 것 같습니다.

④ 最終電車は11時半{だ}そうです。막차는 11시 반이라고 합니다.

5. ① 田中さんは連休にヨーロッパ旅行へ行くようです。

田中さんは連休にヨーロッパ旅行へ行くみたいです。

② 田中さんは連休にヨーロッパ旅行へ行くらしいです。

③ 田中さんは連休にヨーロッパ旅行へ行くそうです。

여러가지 접속 형식—이유, 시간, 상태—

1.

(5) ① 危ないから走らないで。　② あそこは学生のとき、よく食べに行ったお店です。

③ 駅に着く前に電話してください。　④ 食事の後、ホテルのまわりを散歩した。

⑤ 大学を卒業してからすぐ家を出ました。　⑥ コーヒーでも飲みながら話しましょうか。

(4) ① 今日は用事がありますので、お先に失礼します。

② 冬休みの間、日本にいました。　③ 今プログラムを作っているところです。

④ 鈴木さんは入社したばかりです。　⑤ くつをはいたまま上がってください。

조건표현

1. ① 冬に(なる)と、雪が降ります。 ② 車で1時間ぐらい(行く)と、富士山が見えます。

   ③ まわりが(静かだ)と、よく寝られます。 ④ へやが(暗い)と、本が読めません。

   ⑤ 雨が(降らなけれ)ば、ドライブに行きます。 ⑥ (おもしろけれ)ば、買います。

   ⑦ (おもしろくなけれ)ば、買いません。 ⑧ 冬に(なっ)たら、スキーに行きましょう。

   ⑨ 駅に(着い)たら、電話します。 ⑩ (良かっ)たら、いっしょに行きませんか。

   ⑪ 田中さんが(行かない)なら、私も行きません。

   ⑫ 駅に(行く)なら、バスが便利です。 ⑬ 学生証を(見せれ)ば、記念品がもらえます。

2. ① 桜が{咲いたら}、花見に行くつもりだ。 ② 食事が{できたら}、呼んでください。

   ③ {寒かったら}まどを閉めてください。

   ④ パソコンを{買うなら}秋葉原に行ったらいいですよ。

경어표현

1. ① 部屋にお入りになりますか。 ② 山田さんにお会いになりますか。
   ③ 田中さんをお待ちになりますか。 ④ パソコンをお使いになりますか。
   ⑤ 日本へお帰りになりますか。

2. ① 毎日何時に寝られますか。 ② 新聞を読まれますか。
   ③ おみやげを買われますか。 ④ テレビを見られますか。
   ⑤ 参加されますか。

3. ① 名前をお書きください。 ② 少しお待ちください。
   ③ ロビーにお集まりください。 ④ ぜひご参加ください。
   ⑤ メールをご確認ください。

4. ① いらしてください

   ② おこしになってください。 / おこしください。 / いらしてください。 / おいでください。

   ③ お部屋にいらしてください。 / お部屋にいらっしゃってください。

   ④ たくさんおめしあがりください。 / たくさんめしあがってください。 / たくさんお食べください。

   ⑤ ごゆっくりお休みになってください。 / ごゆっくりお休みください。

   ⑥ なんでもおっしゃってください。

   ⑦ こちらをご覧になってください。 / こちらをご覧ください。

   ⑧ ガウンをお召しになってください。 / ガウンをお召しください。

5. ① 新聞をお読みになりますか。 / 新聞を読まれますか。

   ② コーヒーをめしあがりますか。 / コーヒーをお飲みになりますか。
   　　コーヒーを飲まれますか。

   ③ 何時ごろお見えになりますか。 / 何時ごろおこしになりますか。
   　　何時ごろいらっしゃいますか。 / 何時ごろおいでになりますか。

何時ごろ来られますか。
④ 会員証をお持ちください。　　　　　⑤ 少しお待ちください。

6. ① メールをお送りします。 / メールをお送りいたします。

　② かさをお持ちします。 / かさをお持ちいたします。

　③ ご連絡します。 / ご連絡いたします。

일본어문장 트레이닝 2

초판 1쇄 인쇄 2020년 08월 25일
초판 1쇄 발행 2020년 09월 03일

저   자 하치노 토모카
발 행 인 윤석현
발 행 처 제이앤씨
책임편집 최인노
등록번호 제7-220호

우편주소 서울시 도봉구 우이천로 353
대표전화 02) 992 / 3253
전   송 02) 991 / 1285
전자우편 jncbook@hanmail.net

ⓒ 하치노 토모카 2020 Printed in KOREA.

ISBN 979-11-5917-162-8   13730   정가 23,000원